九州文库

经典文本解读与语文教师专业发展

毋小利 著

九州出版社
JIUZHOUPRESS

图书在版编目（CIP）数据

经典文本解读与语文教师专业发展 / 毋小利著 . --

北京 : 九州出版社 , 2022.7

ISBN 978-7-5225-1059-0

Ⅰ.①经… Ⅱ.①毋… Ⅲ.①中学语文课—师资培养

—研究 Ⅳ . ① G633.302

中国版本图书馆 CIP 数据核字（2022）第 123296 号

经典文本解读与语文教师专业发展

作　　者	毋小利　著	
责任编辑	黄明佳	
出版发行	九州出版社	
地　　址	北京市西城区阜外大街甲 35 号（100037）	
发行电话	（010）68992190/3/5/6	
网　　址	www.jiuzhoupress.com	
印　　刷	唐山才智印刷有限公司	
开　　本	710 毫米 × 1000 毫米　16 开	
印　　张	17	
字　　数	242 千字	
版　　次	2023 年 1 月第 1 版	
印　　次	2023 年 1 月第 1 次印刷	
书　　号	ISBN 978-7-5225-1059-0	
定　　价	95.00 元	

目　录
CONTENTS

第一章

语文教材中的经典篇目选读

第一节 《论语·侍坐》篇解读

《论语·侍坐》篇是中国文学史上文化内涵最为丰厚的经典名篇之一，历代读者都从中受到了潜移默化的文化熏陶和感染。但是，文中的"曾点之志"究竟是何所指？孔夫子"吾与点也"的喟叹是否表明对曾点之志的认同？在这两个问题上，解读者莫衷一是，各种论见之间存在很大分歧。解决好这两个问题，对于正确理解文本，意义重大。问题解决的核心，在于能否抓住"君子不器"与"无为而治"这两个关键词，从这两个关键词入手，问题便可迎刃而解。

一、三子之"器"与曾点之"不器"

（一）三子之"器"

《侍坐》篇开头，孔子说："以吾一日长乎尔，毋吾以也。"孔子这句话的意思，并非很多人理解的"我比你们年长一些，但你们不要因为我年长而不敢说话"，孔子的弟子们何时因老师年龄大而不敢说话呢？孔子其实说的是："因为我年纪比你们大一点，所以现在没有人用我了。"这和下边的话意思一脉贯通："你们平时常说：'没有人赏识我呀！'现在假如有人赏识你们，你们打算如何施展自己的抱负呢？"先说自己老了，没人用了，再说你们和我不一样，很年轻，还有被赏识的机会，假如有了这样的机会，你们会有何想法。这里，"毋吾以也"中的"以"，义为"任用"，而非"因为"；以下两个"知"，义为"赏识"，而非"了解"或"知道"。"人不知而不愠，不亦君子乎"句中的"知"同为"赏识"义。总之，这是老师在启发、激励学生谈为政理想。

子路的理想是三年以后，就能够让千乘之国的百姓"有勇且知方"。宋李纲《议战》说道："改法更令，信赏必罚，以壮国威，以养士气，使之有勇而知方。然后兵乃可用也。"[①]"方"，于此两处，均指法度、准则，而非"做人的道理"或"辨别是非的道理"。也就是说，子路的为政理想在治军，他有志于带出一支能战斗、守军规的队伍。冉有志在治财，希望在经济上有所作为，让老百姓富起来。公西华则志在治礼，希望自己能够在国君的宗庙祭祀或者诸侯会盟这样的重大场合上做一个优秀的司仪。

为何子路和冉有二人之志未能得到夫子的高度评价呢？且看《论语·颜渊》篇之七：

子贡问政。子曰："足食，足兵，民信之矣。"子贡曰："必不得已而去，于斯三者何先？"曰："去兵。"子贡曰："必不得已而去，于斯二者何先？"曰："去食。自古皆有死，民无信不立。"[②]

可以看出，在孔子的政治理念中，军事治理和经济治理两个方面固然都很重要，但和"为政以德、取信于民"这样的德治相比，它们还只是末。因此，子路和冉有的为政理想得不到老师的高度评价，是必然的。

《礼记·礼运》篇说："圣人所以治人七情，修十义，讲信修睦，尚辞让，去争夺，舍礼何以治之？"[③]也就是说，只有通过"礼"的手段，才能搞好德治，才能"讲信修睦"，以此取信于民。按照这个思路，公西华的礼治是比较接近于孔子的德治思想的，应该会受到老师的高度肯定了吧？但实际上，他的为政理想也未能被老师高度肯定。这是为什么呢？

大思想家王阳明目光如炬，他一针见血地指出："三子是有意必，有意必便偏着一边。能此未必能彼。曾点这意思却无意必……三子所谓'汝器也'，

① 李纲.李纲全集（中卷）[M].长沙：岳麓书社，2004：642.

② 王显才.论语通解[M].长春：吉林大学出版社，2010：128.

③ 王文锦.礼记译解[M].北京：中华书局，2001：299.

曾点便有不器意。"①意思是：子路、冉有和公西华三人均将自己定位于处于一定层次、能够承担某一具体职务的对国家有用的人，即追求人的"器皿"之用。有此种理想固然也很不错，但一个人倘若给自己外在的事业如此定位，那么，在内在的人格上，他也很难去追求君子之道和君子全德，也终究难具君子的圆满天性。从某种意义上说，他们乃小才而已，缺乏独立意识和首创精神，更缺乏高尚而卓越的天下情怀，不仅不能很好地"治平"，甚至连"修齐"之事也做不好。

一方面，孔子对自己弟子的具体才能表示充分的肯定：

季康子问："仲由可使从政也与？"子曰："由也果，于从政乎何有？"曰："赐也可使从政也与？"曰："赐也达，于从政乎何有？"曰："求也可使从政也与？"曰："求也艺，于从政乎何有？"②（《论语·雍也》篇之八）

另一方面，孔子又对自己的某些弟子只追求"器皿之用"表示遗憾。孔子就曾将子贡定义为"瑚琏"③之器。瑚琏固然尊贵，可用于庙堂，然终究只是为人所用的盛粮之"器"。子贡以"成器"的标准来要求自己，自然未若以"不器"的标准要求自己更能使自己的人格趋向圆满和完善。也就是说，和"成器"相对应的人格，远未达到君子"仁"的人格。正因为此，孔子才有下边的话：

孟武伯问："子路仁乎？"子曰："不知也。"又问。子曰："由也，千乘之国，可使治其赋也，不知其仁也。""求也何如？"子曰："求也，千室之邑，百乘之家，可使为之宰也，不知其仁也。""赤也何如？"子曰："赤也，束带立于朝，可使与宾客言也，不知其仁也。"④（《论语·公冶长》篇之八）

此处，孔子虽承认子路、冉有和公西华三人有独当一面的治国之才，但又称三人为"不仁"，仍是说三人只以"器"的标准要求自己，因而也不会

---

① 陈永.传习录素解［M］.广州：中山大学出版社，2017：45.
② 王显才.论语通解［M］.长春：吉林大学出版社，2010：62.
③ 王显才.论语通解［M］.长春：吉林大学出版社，2010：49.
④ 王显才.论语通解［M］.长春：吉林大学出版社，2010：51.

将圆满的君子之"仁"作为人格上的追求。"人而不仁，如礼何？人而不仁，如乐何？"①礼、乐（当然也包括其他事物）如果失去了"仁"的灵魂，终将只是躯壳而已。在此情形下，三子所为，无论是治军、治财，还是治礼，都只能说是一种职业，而非事业。袁枚说："圣人无一日忘天下，子路能兵，冉有能足民，公西华能礼乐……倘明王复作，天下宗予，与二三子各行其志，则东周之复，期月而已可也。"②袁子才此语有一定道理：靠此三子，明王确实有可能很快实现"东周之复"。但若他只有三子这样的"器"之才和"具臣"可用，无有"不器"之才和"大臣"襄助，要想实现大同盛世却是根本不可能的。

再看《论语·雍也》篇之四：

子华使于齐，冉子为其母请粟。子曰："与之釜。"请益。曰："与之庾。"冉子与之粟五秉。子曰："赤之适齐也，乘肥马，衣轻裘。吾闻之也，君子周急不济富。"③

从冉有和公西华此处的表现可以看出，二人显然都未能以君子仁者风范引领自己的人格发展，表现在政治理想上，也不可能有太高的追求。

（二）曾点之"不器"

说曾点有"不器"之志，乃是说他摆脱了三子的偏狭格局，也就是王阳明说的"不偏着一边"。他的志向，不是和几个年轻人一起到沂水边游乐踏春或是洗濯祓除，也不是到舞雩台上祭天求雨或是对青少年施以教化，更不求在哪个具体的职位上有点事做、干出点成绩。"莫春者，春服既成，冠者五六人，童子六七人，浴乎沂，风乎舞雩，咏而归"的景象，实际上就是一幅人与自然和谐、人与人和谐、人与自我内心和谐的大同理想图。将当下乱世改造成连孔子也"有志焉"的大同社会，这样的志向如何不让"丘未之逮也"

①　王显才.论语通解［M］.长春：吉林大学出版社，2010：26.
②　袁枚.小仓山房诗文集［M］.上海：上海古籍出版社，1988：1671–1672.
③　王显才.论语通解［M］.长春：吉林大学出版社，2010：60.

的老师激动万分呢？

有人因此而讥讽曾点为狂者，殊不知孔子在政治抱负上也有"狂"的时候："苟有用我者，期月而已可也，三年有成。"①（《论语·子路》篇之十）他还说过这样的话："不得中行而与之，必也狂狷乎！狂者进取，狷者有所不为也。"②（《论语·子路》篇之二十一）闻听曾点此种"狂"言，作为老师，孔子心有戚戚焉而"与点"，那是肯定的，正如他在农山上听到颜渊言志，禁不住说"吾愿负衣冠而从颜氏子也"③一样。

程颢曰："孔子'与点'，盖与圣人之志同，便是尧、舜气象也，诚'异三子者之撰'，特行有不掩焉者，真所谓狂矣。子路等所见者小。"④

朱熹也说："曾点之学，盖有以见夫人欲尽处，天理流行，随处充满，无少欠阙。故其动静之际，从容如此……而其胸次悠然，直与天地万物上下同流，各得其所之妙，隐然自见于言外。视三子之规规于事为之末者，其气象不侔矣，故夫子叹息而深许之。"⑤

在程子和朱子心目中，曾点所追求的，就是能够成为超脱于具体事务、着眼于天下宏大格局变革的"不器"之才。当然，还需要有"胸次悠然，直与天地万物上下同流"这样的君子圆满人格追求与"不器"之志相适应。可以说，曾点之志与三子之志的差异，乃是本与末的差异，前者对后者的超越，完全等同于《韩诗外传》（卷七第二十五章、卷九第十五章）中颜渊之志对子路和子贡之志质的超越。打个不太恰当的比方：如果说曾点之志是当有思想、有情怀的教育家，三子之志则是做无主见、无创造的教书匠。

需要注意的是，这里所谈论的，是政治理想，亦是人格追求，并非就是说曾点之实际修养和施政能力已经完全达到了应有的境界和水平，也不能认为，实际修养和施政能力不完善，就不允许有卓越的政治和人格追求。这

---

① 王显才.论语通解［M］.长春：吉林大学出版社，2010：137.

② 王显才.论语通解［M］.长春：吉林大学出版社，2010：141.

③ 方勇.说苑［M］.北京：商务印书馆，2018：703.

④ 程颢，程颐.二程集［M］.北京：中华书局，1981：136.

⑤ 朱熹.四书章句集注［M］.北京：中华书局，1983：130.

是两回事，不可混为一谈。程颢谓曾点"未必能为圣人之事，而能知夫子之志"①，所言甚是。因此，有人以"季武子死，倚其门而歌"以及"打曾参仆地"这样的生活细节来否定曾点之志，认为其无非孔门中一"狂怪"者而已，并说程子和朱子对曾点的上述评价是抬之过高。这种看法是不恰当的。而朱子晚年也曾懊悔对曾点评价过高，我们认为此懊悔似乎也无必要。毕竟，连孔子也不敢自称人格完美无缺，而且曾点之人品除了上述无伤大雅的生活细节问题，也未见有明显不堪接受者。不过，可以肯定的是，一个人有了"不器"之志，未必马上就可以成为完人；但若无"不器"之志，便肯定难以产生对君子圆满人格的内在追求。

二、曾点之志与无为而治

曾点之志究竟倾向于入世还是出世？整体来看，多数论者比较倾向于认同曾点之志属于无意从政、消极避世一类。以下观点很有代表性："（朱熹）褒曾皙，而贬'三子'，使自己滑到与儒家积极用世的根本精神背道而驰的歧路上去，不知不觉投入了道家怀抱。"②这其实就是说，曾点之志属于出世的道家思想。

又有不少论者进而认为，孔子时逢乱世而到处碰壁，且年事已高，对为政心灰意冷，因而才会"与点"。皇侃就说："吾与点也，言我志与点同也。所以与同者，当时道消世乱，驰竞者众，故诸弟子皆以仕进为心，唯点独识时变，故与之也。"③邢昺也认为："夫子闻其乐道，故喟然而叹曰：吾与点之志，善其独知时，而不求为政也。"④

这些，都是说曾点对世道失望而生退隐之心，这正暗合了孔子当时失落的心态，因而得到了老师的赞赏。

---

① 程颢，程颐．二程集［M］．北京：中华书局，1981：369.
② 董楚平．《论语·侍坐》真实性献疑［J］，浙江社会科学，2009（3）：79.
③ 何晏，皇侃．论语集解义疏［M］．北京：中华书局，1985：160.
④ 何晏，邢昺．论语注疏［M］．北京：中华书局，1980：2510.

但实际上，这种说法首先从逻辑上就站不住脚。如果师生谈论过程中孔子对三子从政的积极态度颇有微词，同时发出"吾与点也"的喟叹，形成两种态度的鲜明对比，那么，上述说法逻辑上是说得通的。但文末孔子说道："为国以礼，其言不让，是故哂之。唯求则非邦也与？安见方六七十如五六十而非邦也者？唯赤则非邦也与？宗庙会同，非诸侯而何？赤也为之小，孰能为之大？"明摆着，老师对三子从政本身并无根本性的否定，甚至还"亦皆许之"①，隐隐透露出欣赏之意，只是说其志较之于曾点之志，境界有异而已。

还是钱穆先生眼光深邃："然孔子固抱行道救世之志者，岂以忘世自乐，真欲与许巢伍哉？然则孔子之叹，所感深矣，诚学者所当细玩。"②李汉兴博士说得也好："就个人价值取向而言，曾点无疑是儒门中人，非'鄙薄仁义'的庄、列之徒。"③也就是说，师生谈话过程中，孔子、曾点二人和子路、冉有、公西华三人一样，均表现出了积极进取的儒家精神，而绝无消极颓废之意。

那么，为何如此多人对孔子和曾点师生二人的政治取向存在严重误解呢？对孔子的误解，是因为他在特定时候说过"用之则行，舍之则藏"④（《论语·述而》篇之十一）和"道不行，乘桴浮于海"⑤（《论语·公冶长》篇之七）这样的话。但我们知道，孔子在特定情境下说的这几句话绝无普适性和代表性。而将曾点界定为消极避世的道家人物，显然是因为"莫春者，春服既成，冠者五六人，童子六七人，浴乎沂，风乎舞雩，咏而归"这几句话。在很多人看来，这是曾点在追求过一种不涉政治、逍遥自在的隐居生活（至少可以算是游乐生活），进而给他戴上了一顶道家的帽子。

诚然，在曾点描绘的大同景象中，"无为"是极其重要的内涵，正是这个"无为"，误导了很多论者，一看到无为而治，他们就轻易认定这是属于道家

---

① 陈永.传习录素解［M］.广州：中山大学出版社，2017：45.

② 钱穆.论语新解［M］.成都：巴蜀书社，1985：280.

③ 李汉兴.曾点之志与儒家"仁"的践行方式——关于《论语·侍坐》的重新解读［J］，学术界，2016（2）：152.

④ 王显才.论语通解［M］.长春：吉林大学出版社，2010：76.

⑤ 王显才.论语通解［M］.长春：吉林大学出版社，2010：50.

的专利。但实际上，作为一种治道理想，"无为而治"其实是包括儒家、道家等在内的众多学派治道的共同追求和中心命题。从远古的黄帝和尧舜时代开始，在治理天下的过程中，"无为而治"就一直是中国人心中一个美好的梦想。

禹之行水也，行其所无事也。如智者亦行其所无事，则智亦大矣。① （《孟子·离娄下》）

（周武王）惇信明义，崇德报功，垂拱而天下治。② （《尚书·武成》）

之主者，守至约而详，事至佚而功，垂衣裳，不下簟席之上，而海内之人莫不愿得以为帝王。③ （《荀子·王霸》）

无为而治者，其舜也与？夫何为哉？恭己正南面而已矣。④ （《论语·卫灵公》篇之五）

舜、禹承安继治，任贤使能，恭己无为而天下治。舜、禹承尧之安，尧则天而行，不作功邀名，无为之化自成，故曰"荡荡乎民无能名焉"。年五十者击壤于涂，不能知尧之德，盖自然之化也。⑤ （《论衡·自然》）

儒道两家的治道理想，可以说是殊途同归。

先说"殊途"。尽管都希望天下实现无为而治，但道家的无为而治，是让人直接地、无条件地退回到人在婴儿阶段的那种简单、无欲的状态，这是道家治道理想实现的根本性的人性保障。因此，道家是强烈反对儒家的礼乐教化手段的。有别于道家这种"心灵虚寂，坚守清静"的无为而治，儒家主张的是"不废礼乐刑政""以德先之"⑥的无为而治，意在使人恢复"贤者能勿丧耳"的本心，达到君子"仁"的人格境界，这是儒家治道理想实现的根本性的人性保障。当然，这种礼乐教化充分浸润了君子"仁"的精神内涵，并且是以自然感化的方式来施行的。否则，依靠"不仁"之人，以强制手段推行

---

① 王立民.译评.孟子［M］.长春：吉林文史出版社，2014：187.

② 陈戊国.四书五经（上）［M］.长沙：岳麓书社，2014：246.

③ 荀况.荀子［M］.哈尔滨：北方文艺出版社，2013：106.

④ 王显才.论语通解［M］.长春：吉林大学出版社，2010：164.

⑤ 王充.论衡［M］.长沙：岳麓书社，2015：227.

⑥ 乐爱国.朱熹解《论语》"无为而治"［J］.中州学刊，2019（3）：105.

空有形式的礼乐教化，是不可能引导社会达到大治状态的。

再说"同归"。如上所述，无论是儒家还是道家，在追求天下实现无为而治的过程中，都极为重视这个治道理想实现的人性保障。有了"好的"人性作为根本保障，天下无事的状态和无为而治的梦想就会水到渠成地实现。这时，曾点的平天下之志就会如愿，这和老子所希求的理想社会状态"虽有甲兵，无所陈之""甘其食，美其服，安其居，乐其俗"①，以及颜回所希求的理想社会状态"城郭不修，沟池不越，锻剑戟以为农器，使天下千岁无战斗之患"②在精神本质上完全契合。回过头来看，在曾点描绘的美好图景中，圆满的人性充分表现为舒展和自由，而子路、冉有和公西华三子显然对人性这个根本性的大问题没有表现出应有的兴趣。也就是说，逐末而失本。因此，三子之治无论如何不可能发展到无为而治的境界，当然也不可能发展到天下大同的境界。

天下无为而治之时，子路、冉有和公西华三子虽不至于如孔子所言"大人出，小人匿；圣者起，贤者伏"③那样完全失去社会价值，但其所行之事必会如朱熹所言，成为"事为之末者"。因为三子心忧的，还只是国家层面的事务而非天下层面的大事，正如程颢所批评的"子路、冉有、公西华皆欲得国而治之，故孔子不取"④。而无论是儒家还是道家，最终追求的理想的治道局面都是超越国家层面而直达天下层面的。

儒家和道家共同追求的无为而治，还是超越"善"的层面而直达"美"的层面的。也就是说，在无为而治的状态下，对天下的统治，当然有求功利的一面，但却不仅是功利的，更有对超功利的美的追求。正如朱光潜先生所言："'至高的善'还是一种美，最高的伦理的活动还是一种艺术的活动了。"⑤在这种治道状态下，人心是乐的，这种乐是超越物的、来自内心的"绝对之

---

① 饶尚宽.老子［M］.北京：中华书局，2006：190.
② 颜景琴，张宗舜.颜子评传［M］.济南：山东友谊出版社，1994：146.
③ 李启谦.孔门弟子研究［M］.济南：齐鲁书社，1988：10.
④ 程颢，程颐.二程集［M］.北京：中华书局，1981：136，369，369.
⑤ 朱光潜.谈美［M］.芜湖：安徽师范大学出版社，2014：102.

乐"，有如孔子的乐，即"生趣盎然，天机活泼，无入而不自得，绝没有哪一刻是他心里不高兴的时候"①。这时，人性才会充分地舒展和自由。显然，将治道当作一种艺术来做，此种境界，也远远超越了三子汲汲于功利层面而不得脱的低层次治道境界，而孔子"吾与点也"的喟叹也表明了自己对"美者生存"异日必会取代"适者生存"而成为社会进化和发展的根本法则的坚定信念。

总之，在曾点描绘的沂水春风图景中，绝无隐居山林、无意为政的内涵。相反，其志正体现了儒家为政所希望达到的最高境界——天下大同和无为而治。而能够突破"器"的偏狭格局，内心有此宏愿的士子，心中必定还有一份对君子圆满人格的追求。

第二节　诸葛亮《诫子书》解读

诸葛亮《诫子书》虽只有短短86字，但因其意涵丰厚，文字朴实而优美，故足以称得上经典之作。全文如下：

夫君子之行，静以修身，俭以养德。非淡泊无以明志，非宁静无以致远。夫学须静也，才须学也，非学无以广才，非志无以成学。淫慢则不能励精，险躁则不能治性。年与时驰，意与日去，遂成枯落，多不接世，悲守穷庐，将复何及！

此文已入选统编版语文教材多年，并越来越引起语文教学领域的深度关注。而遗憾的是，对此文的解读却由于各种原因而问题重重，出现了不少误读。因此，有必要对其中疑难之处再作梳理和解析。

一、诸葛亮所言之"君子"应该具备什么样的品行？

《诫子书》开头的"夫君子之行"，是以"夫"开启话题：具备了什么样的品行，才能被称为君子呢？

《礼记·曲礼上》是这样对"君子"定义的："博闻强识而让，敦善行而

---

① 梁漱溟.梁漱溟全集（第一卷）[M].济南：山东人民出版社，1989：464.

不息，谓之君子。"①《论语·宪问》则说："君子道者三，我无能焉：仁者不忧，知者不惑，勇者不惧。"② 也就是说，作为君子，一个人要有很高的德性修养（"让""敦善行""仁""勇"）。但只有德性修养显然是不够的，君子同时还应是一位有知识的智者（"博闻强识""知"）。王彩云教授也指出："'天行健，君子以自强不息'，从天'健'的内涵来看，作为主宰万物发生、发展并取得成就的'天'，体现出来的不仅仅是'德'，更多的是一种'能'。因此，自强不息、厚德载物构成了君子德能互补、仁智双彰的品格。"③

《诫子书》首句"夫君子之行、静以修身、俭以养德"是说：君子的为人处世，必须做到"静"和"俭"，以此来修身养德。"静"是指摒除一切私心杂念，沉下来，内心清静无为，将自己的心和宇宙打通，做到天人合一，才能最终无不为（到了一定境界，儒道两家的理念是相通的）。"人生最好的境界是丰富和安静。安静，是因为摆脱了外界虚名浮利的诱惑，丰富是因为拥有了内在精神世界的宝藏。"④ 周国平这句话用来解释此处的"静"最为适宜。"俭"，统编教材没有注解，大概是认为不需要，而实际上却最容易被误解。不少人将其理解为"铺张浪费"的反面，解释为"俭朴节约"，这是很狭隘的。"养德"，只靠俭朴节约就可以了吗？当然不行，俭朴节约只是"养德"需要注意的一个方面。事实上，"俭"的本义是自我约束、不放纵自己。《说文解字》解释为："俭，约也。从人，金声。"⑤ 这个含义包括但又大于"俭朴节约"，是指人约束自己不做不合矩的行为（孔子说的"非礼勿视，非礼勿听，非礼勿言，非礼勿动"即有此义）。如"君子以俭德避难"⑥，意思是说君子处处注意约束自己、不放纵自己，有了这样的德行，就不容易招致灾祸。在以下文献

---

① 孔令河.五经注译（上）[M].济南：山东友谊出版社，2001：1268.

② 王显才.论语通解[M].长春：吉林大学出版社，2010：159.

③ 王彩云.试析德能互补、仁智双彰的君子人格——以自强不息、厚德载物为内涵[J].南阳理工学院学报，2017，9（5）：1-2.

④ 门忠民.人生百味[M].北京：中国青年出版社，2018：143.

⑤ 李振中.《说文解字》研究[M].长沙：湖南师范大学出版社，2014：158.

⑥ 兰甲云.周易通释[M].长沙：岳麓书社，2016：51.

中，"俭"都有这样的含义：

夫子温、良、恭、俭、让以得之。①（《论语·学而》）

分别有让，恭俭下人，常思奋不顾身，以徇国家之急。②（司马迁《报任安书》）

一曰慈，二曰俭，三曰不敢为天下先。③（老子《老子》）

只有当"俭"和"财""物"等词对应时才表"俭朴节约"义，如"俭于财用，节于衣食，宫室器械周于资用，不事玩好，则人多"④。老子曰："君子之道，静以修身，俭以养生。"⑤这句话应该是诸葛亮"夫君子之行，静以修身，俭以养德"的来源。在道家看来，生乃道之别体⑥，这就把养生提到了修道的高度。如何养生呢？当然不能只限于俭朴节约，而要整体上约束种种物欲不让其膨胀。综上可见，《诫子书》中的"俭"不可能是指"俭朴节约"。

通过以上分析可知，"静"和"俭"实为一体之两面："静"指内在道德境界，"俭"为其外在表现。一个人能够做到"静"和"俭"，其道德品质当然就非常高了。

再看"修身"和"养德"的关系："心正而后身修"，是说修身在正心，修身也就是修心，"为修身而正心就是要培育良善的精神化身体"⑦。可见"修身"和"养德"其实也是一回事。同时还可看出，"静以修身，俭以养德"两句其实是互文关系：修身和养德既要做到"静"又要做到"俭"。有论者认为："诸葛亮所谓的'修身'，其实是指学习知识，增长才干，也就是修'德才兼备'中的'才'。"⑧我们认为这种说法是错误的："修身"很早就已成为中国传

---

① 王显才.论语通解［M］.长春：吉林大学出版社，2010：7.

② 吴楚材，吴调侯.古文观止［M］.西安：三秦出版社，2017：124.

③ 饶尚宽.老子［M］.北京：中华书局，2006：163.

④ 韩非.韩非子［M］.长沙：岳麓书社，2015：146.

⑤ 文子.文子［M］.长春：时代文艺出版社，2008：113.

⑥ 刘昭瑞.《老子想尔注》导读与译注［M］.南昌：江西人民出版社，2012：30.

⑦ 杨海文.为修身而正心：《大学》传七章的思想史阐释［J］.江南大学学报（人文社会科学版），2020，19（1）：5.

⑧ 何元俭，张祖国.《诫子书》文脉梳理［J］.中学语文教学，2019（6）：58.

统文化中内涵非常固定的词汇了，其核心就是个人完善人格的修养，即"德才兼备"中的"德"。

也就是说，诸葛亮通过"静以修身，俭以养德"，强调君子的品行就是德性，这与君子应有的品质——德能互补、仁智双彰是否有不一致之处呢？

事实上，诸葛亮在《诫子书》中，不仅强调了君子应该具备的内在德性，也没有忽视君子应该具备的才能及应该由此而实现的外在事功，这在下文的"接世"这个关键词里多有体现，我们将在下文论述。只是诸葛亮受儒家思想的影响，深刻体认到"壹是皆以修身为本"，做不到"静"和"俭"，失去了"修身"和"养德"这个根本，一切都是空谈，所以在信的开头首先就抓住一切之本来与儿子谈心。诸葛亮之所以如此重视德性修养，当然还与他对儿子诸葛瞻"聪慧可爱，嫌其早成，恐不为重器耳"的担心有重要关系：一个人再聪慧早成，如果修身养德的根基浅，终究成就不了大器。

二、在"非淡泊无以明志，非宁静无以致远"中，诸葛亮希望诸葛瞻明什么志，致何种远？

在《诫外甥书》中，深受儒家思想影响的诸葛亮开头第一句就是希望外甥"夫志当存高远"，要有远大志向，做出一番事业。当然，对儿子提出"静以修身，俭以养德"时，诸葛亮肯定不是希望他只是做一个能够独善其身的"立德"之士，而是还希望他在有了深厚的德性修养的前提下能够兼济天下，做一个成就一番事功的"立功"（即下文所言之"接世"）之人。因此，接下来的"非淡泊（'淡泊'即看淡名和利，呼应上文之'俭'）无以明志，非宁静（'宁静'即内心清静，呼应上文之'静'）无以致远"句中，明什么志、致何种远，并不难理解：所明之志，乃修齐治平之志；所致之远，即追求实现兼济天下之远大目标。

"非淡泊无以明志，非宁静无以致远"，诸葛亮这两句话内含深刻的道理：要做大事，实现远大理想，首先要学会做人，做一个宁静淡泊之人，否则将来可能一事无成。当然，这两句相互渗透，仍然运用了互文手法。

有论者提出以下论见："非淡泊无以明志"的意思是"（俭行）不到淡泊的程度，（养德）就没有用来使内心明亮的办法"，"志"义为"内心"而非"志向"，"明志"就是"使内心明亮"；"非宁静无以致远"意思是"不使内心宁静，修身就没有用来达到很高境地的办法"。① 在这位论者看来，"致远"的意思就是"修身达到很高的境地"，和"明志"一样，都指向人的内在修养而非外在事功的追求。我们认为：这些观点的提出，不仅使简单问题复杂化了，而且缺乏说服力，尽管其绕来绕去的论证花费了不少气力。

三、在"夫学须静也，才须学也，非学无以广才，非志无以成学"中，诸葛亮要让诸葛瞻"学"什么？靠什么来"学"？

在"夫学须静也，才须学也，非学无以广才，非志无以成学"句中，诸葛亮一连四次提到"学"，体现了对学习的重视。那么，诸葛亮此处是要让儿子诸葛瞻学什么呢？有人认为："唯有将'学'理解为学'修身养德'，'志'理解为志于'静俭'，最终也要'志'于'修身养德'，然后才能将这句话与前面的语句从逻辑上彻底疏通。"② 这种解读错误，是过分泥守于君子之"德"所致，与前述那位主张"修身就是修才"的论者过分泥守于君子之"才"正好走了两个极端。

诚然，作为一个学子，首先是先要学做人，然后再学专业知识和能力，但这个意思在《诫子书》的前几句已经强调得足够充分了，所以不必处处揪住不放。在此处语境中，诸葛亮通过"才须学也，非学无以广才"强调的是"才"（知识和能力）的学习：知识和能力的增长和提升需要学习；不学习，就不会增长知识、提升能力。当然，不光是修身养德要靠"静"，知识和能力方面的学习也要靠"静"（私欲杂念会阻塞心灵继而影响学习），还需要远大志向作为动力去推动（即"非志无以成学"），否则学习就不会持久。此处之

① 何元俭，张祖国.《诫子书》文脉梳理［J］.中学语文教学，2019（6）：57-58.
② 水寒.《诫子书》中的这个词部编语文教材该注没注，教参解释了，却错了［DB/OL］.（2019-11-27）［2020-05-04］. https://www.sohu.com/a/356748932_734586

"志"和上文"明志"之"志"意思同为"志向"，有人引经据典将其解释为"静志""宁静内心"，将"非志无以成学"等同于"非静无以成学"[①]，以为"静以修身"有双重否定形式"非宁静无以致远"与之呼应，"俭以养德"有双重否定形式"非淡泊无以明志"与之呼应，"才须学也"有双重否定形式"非学无以广才"与之呼应，那么，将"非志无以成学"理解为"非静无以成学"，"学须静也"就有了"非志无以成学"与之呼应了。这种缺乏学理依据的解读实属牵强。

四、"年与时驰，意与日去，遂成枯落，多不接世，悲守穷庐，将复何及"，意味着诸葛亮要儿子追求名利吗？

诸葛亮当然希望自己的后人在平时博学多才，好在将来积极用世，而不希望他们虚度光阴，导致最终"多不接世，悲守穷庐"。统编教材注解："多不接世"的意思是"大多对社会没有任何贡献"；"穷庐"指"穷困潦倒之人住的陋室"。教材对前者以意译方式注解，是比较合适的；但对后者的注解却出现了偏差：以现代汉语的思维理解"穷"继而给"穷庐"定义。事实上，"穷"繁体字写作"窮"，从穴，躬声。躬，身体。身在穴下，不得舒展，很窘困。简化成"穷"。庐，与房屋有关，本义指田中看守庄稼的小屋[②]。诸葛亮在此处用"穷庐"，义指志向不得舒展之人所困居之小屋，强调的是人的精神层面的不得志，而非生活上的不如意。再考虑到古汉语如果要表示生活上的窘迫，用"贫"（与"富"相对）而不用"穷"字（与"达"相对），可知：教材用"穷困潦倒"和"陋室"这样的词汇来诠释"穷庐"，并未凸显"不得志"之义，是不合适的。

不注意到这一点，很容易引起误读。有论者认为："诸葛亮要儿子在哪方面'淡然，不热衷'呢？是名利方面吗？对'名'他希望儿子'接世'成为'重

[①] 何元俭，张祖国.《诫子书》文脉梳理［J］.中学语文教学，2019（6）：57-58.

[②] 《中国汉字听写大会》栏目组.我的趣味汉字世界（3）［M］.南宁：接力出版社，2015：50.

器'，对'利'他希望儿子不'悲守穷庐'，显然不是要求儿子在名利上要淡然，甚至是希望儿子有所作为。"①在上文，诸葛亮的意思表达得很清楚，保持"静"和"俭"是做好一切事情的基础，即看淡名和利才能有所作为，否则仍是一个庸人。而上述论者却将"接世"理解为追名，将"不悲守穷庐"理解为逐利，将"有所作为"等同于功利化，岂不谬乎？

五、诸葛亮在《诫子书》中对诸葛瞻进行了哪些训诫？这些训诫之间有什么内在联系？

在短短的《诫子书》中，诸葛亮对诸葛瞻进行了很多正面训诫，即希望儿子追求并做到：君子、静、修身、俭、养德、淡泊、明志、宁静、致远、广才、成学、励精、治性；又从反面进行训诫，即不希望儿子出现以下情形：淫慢、险躁、多不接世、悲守穷庐。那么，这些训诫之间有什么内在联系呢？也就是说，我们应该用一个什么样的思维导图把这些词汇联结起来，让它们组织成为一个有序的体系呢？如果做不到这一点，这封书信在读者的心目中可能就是凌乱无序的。

在诸葛亮这些训诫当中，最为核心和关键的，就是开头提到的"君子"二字，即希望儿子好好修行，成为一名君子。以下训诫，都围绕此二字展开，论说如何成为君子。在诸葛亮看来，要成为君子须做到内外兼修。首先是内修个人品质，即：修身、养德；然后是外修事功，即：接世。内修为本，外修为末。如何修身养德？须靠"静"和"俭"（也就是"宁静"和"淡泊"）。如何接世？一要有远大志向（即须"明志"和"致远"，而"明志"和"致远"须建立在"淡泊"和"宁静"的基础上），二要不断增长才能（即"广才"，要"广才"当然需要"学"，而"成学"既需要内在的"静"来保障又需要外在的"志"来推动）。如果内修上没做好（做不到"静"和"俭"，犯了"险躁"和"淫慢"的毛病，不能"励精"和"治性"），就会最终导致外修上的失败（即

---

① 何元俭，张祖国.《诫子书》文脉梳理［J］.中学语文教学，2019（6）：58.

"多不接世，悲守穷庐"）。

这就是《诫子书》的解读图式，它可以有效帮助读者接受、理解这个文本。但也有的解读图式出现了较大问题，如：

请按照议论文的结构来给文章分层，并找出论点句，治学、修身、惜时句，再次品读。

{提示板书：提出论点——正（静）反（躁）两方面论证（治学、修身）——劝诫惜时，有所为}

A. 论点句：静以修身，俭以养德；

B. 治学（静）：夫学须静也，才须学也，非学/无以广才，非志/无以成学（正）。

C. 修身：（躁）：淫慢则不能励精，险躁则不能治性（反）。

D. 惜时：（见上，略）①

在语文教师中普遍存在的这种教学式解读，很明显是依据议论文三要素的知识框架来进行的。但《诫子书》根本就不是一篇依据议论文三要素理论写成的议论文，以此思路来解读文本必然导致扞格不入。顺便插一句：语文教学中很喜欢用议论文的理论框架来分析一些含有议论性成分但本质上并不属于议论文的书信类文本、演讲类文本及随笔类文本，这种做法很值得批判与反思。

总之，《诫子书》是一篇解读中疑难之处甚多，因而很容易导致出现误读的作品，需要读者结合中国传统文化仔细揣摩并深入领会文本内涵，对文本做出合情合理的解读。

第三节　郦道元《三峡》解读

作为语文教材中的经典篇目，郦道元的《三峡》一直以来都是语文教学

---

① 杨梅.《诫子书》教案［DB/OL］.（2016-09-22）［2020-05-04］http://www.5156edu.com/page/16-09-22/132722.html

研究关注和争鸣的焦点。全文如下。

自三峡七百里中，两岸连山，略无阙处。重岩叠嶂，隐天蔽日，自非亭午夜分，不见曦月。

至于夏水襄陵，沿溯阻绝。或王命急宣，有时朝发白帝，暮到江陵，其间千二百里，虽乘奔御风，不以疾也。

春冬之时，则素湍绿潭，回清倒影，绝巘多生怪柏，悬泉瀑布，飞漱其间，清荣峻茂，良多趣味。

每至晴初霜旦，林寒涧肃，常有高猿长啸，属引凄异，空谷传响，哀转久绝。故渔者歌曰："巴东三峡巫峡长，猿鸣三声泪沾裳。"

此文仅用不到200字的篇幅，便将三峡错落有致的自然风貌描写得生动传神，充分体现了清朗疏朴、峻洁层深的文风。尤为可贵的是，作者还能够将科学精神和人文精神同时贯注于自然风貌描写之中，使文章的文学文化底蕴更加丰厚。

但令人遗憾的是，由于各种原因，长期以来，此文丰厚的内涵在语文课堂教学中却一直得不到深入有效的发掘，从而严重影响了教学效果。因此，准确解读文本，排解文中的各种疑难之处，对于合理确定课程内容从而有效选择教学方法，有着重要意义。

一、七百里三峡中，真的两岸连山，没有阙处吗？

文章开头说："自三峡七百里中，两岸连山，略无阙处。"

首先，本句中的"自"解释为"从"是不通的，因为后面与其呼应的是"中"。此处，"自"应释为"于"（又如《诗经·伐木》"出自幽谷，迁于乔木"句中，"自""于"等同）。整句意思为"在七百里长的三峡当中，两岸连山，略无阙处"。彼时"七百里"，约折合为当今200千米，指的是长江重庆白帝城至湖北宜昌南津关段的距离。

有学者不解："到过三峡的人都知道，三峡两岸并非七百里都是同样高度的悬崖绝壁，高低起伏是山之所以为山的特点，不可能是'略无阙处'。"①

其实，有心人不难看出："自三峡七百里中，两岸连山，略无阙处"这个句子是没有主语的，即无主句。是谁"两岸连山，略无阙处"呢？并非"三峡"。"自三峡七百里中"只是本句的状语，真正的主语此处并无表明。如果要补充此处因"承前省"而略掉的主语，要看上文。《水经注·江水》中此段之上段云："江水又东，迳巫峡……其间首尾百六十里，谓之巫峡，盖因山为名也。"《三峡》第一段乃至《三峡》全文无疑整体还在承接上段意思继续讲160里长（折合为现代长度40多千米）的巫峡如何如何，《三峡》以下几段则接着讲西陵峡如何如何。因此，有研究者主张此文题目要由《三峡》改为《巫峡》，是很有道理的。这样来看，本句其实在说：在七百里长的三峡当中，巫峡两岸连山，略无阙处。

那么，巫峡是不是真的两岸连山，略无阙处呢？

这里，我们要注意的是："略"这个程度副词有三种用法。一是表"完全"（即100%），二是表"几乎""差不多"（即80%~90%左右），三是表"稍微"（即10%左右）。表"完全"的如：略无慕艳意（宋濂《送东阳马生序》），意为：完全没有羡慕别人之心。表"几乎""差不多"的如：其略若剖大瓮（柳宗元《游黄溪记》），意为：（溪两岸）大致像一个剖开的大瓮。表"稍微"的如：略有所思，意为：稍加思考。此处，"略"应解释为"几乎""差不多"。地理资料显示：40多千米长的巫峡段是长江三峡中最完整的峡谷，两岸山岭耸峙，中间几乎没有间断；但南北两岸还是有几条支流（如红岩河、边城溪）注入，所以还是有"阙处"的。就整个三峡来说，"阙处"更多。"众水会涪万，瞿塘争一门"，就是明证。

所以，将"略"解释为"几乎""差不多"，比解释为"完全"更符合言语所指称的实际。说巫峡两岸连山，完全没有缺口，是不正确的；说整个三峡如此则更不正确。

---

① 孙绍振.郦道元《三峡》：壮美豪情、秀美雅趣、凄美悲凉的三重奏［J］.语文建设，2013（3）：36.

二、不是亭午和夜分，就看不见曦和月吗？

"自非亭午夜分，不见曦月"，是在说两件事：自非亭午不见曦；自非夜分不见月。此句用了合叙的辞格。合叙，又称"并提"，指的是在行文时，将本应分开来说的几件相关的事合并在一个句子中来表述，以达到语句紧凑、文辞简练的目的，它和互文恰恰相反。

此句意在表明巫峡山高谷深，却有点科学性错误。"自非亭午不见曦"没有问题，因为太阳在每天的正午时分位置最高。但是，"自非夜分不见月"就不一定了。经验告诉我们，月出、月升和月落的时间每天都不一样。天文上的原因导致巫峡本地月出时间每天相差达三四十分钟，相应地，月上中天的时间每天相差也达三四十分钟。也就是说，在巫山峡谷之中，有时前半夜可见到月亮，有时是在正子时，有时则在后半夜。同时，由于峡谷走向等原因，也会出现即使月亮不在中天但也能短暂地被人看见的现象。

所以，"自非亭午夜分，不见曦月"的说法是不太科学的。不过，话说回来，当我们读到"自非亭午夜分，不见曦月"时，也不必过分较真，这句话不过在强调突出巫峡的山高谷深，如此而已。

三、"夏水"可以"襄陵"吗？"沿溯"可以"阻绝"吗？

《尚书·尧典》载："帝曰：'咨，四岳，汤汤洪水方割，荡荡怀山襄陵，浩浩滔天。下民其咨，有能俾乂？'"①句中"襄陵"意为"冲上大土山"。郦道元"夏水襄陵"句盖源于此。问题是：在巫峡高山深谷这样的地理环境中，洪水再大，能够冲得上两岸的"陵"吗？更何况，巫峡地质地貌的形成，乃为长江流水切割当地巨大岩体而形成雄伟的 V 型峡谷，何来大土山？

但是，"夏水襄陵"至"不以疾也"句实际上不只在说巫峡之水急，而是扩展开来，说整个三峡之水急，这也是本文很容易被错误地命名为《三峡》的主要原因。自然，在三峡中的峡谷地段，由于山高谷深，无"陵"可"襄"，

---

① 王引之．经义述闻［M］．上海：上海古籍出版社，2018：166．

"夏水"自是无法"襄陵";但在江面开阔的宽谷地段,有平缓的山坡分布,洪水完全可以冲上这些缓坡,而且这些山坡上有层层梯田和橘林茶园,尽管它们不完全是土质的山丘,称为"陵"也绝对没有问题(三峡宽谷地段本来就是丘陵河谷)。

马斗全老师认为:"长江三峡,诚如郦道元所云,'两岸连山,略无阙处,重岩叠嶂,隐天蔽日'。然而夏季江水上涨时,再涨也不至于漫上岸上的山丘。"[①]这句话,是将郦道元所指的巫峡地貌如此这般误解成了整个三峡地貌都如此这般,理解失当。所以,"夏水襄陵"用在此处不只是一种水大的形容而已,也实指洪水冲上山丘。接下来,马老师所说"陵"为动词,意为"上升","襄陵"为并列式动词性短语,也不正确。尽管"襄"和"陵"的确都有"上升"义,但"襄"和"陵"合用,则为动宾短语无疑。

下句"沿溯阻绝"是说:沿江而下和溯江而上的水路都阻断了。这里"阻绝"应为双音复合词,意为"阻塞不通"(又如"山河阻绝")。如果单说,"阻"可表"阻碍"意,"绝"可表"消失"意,但两字合用,绝非"阻碍消失"之义。"阻碍消失",是不符合实情的。在夏季,三峡河道中有些平时的障碍物被洪水淹没,一方面可能会"阻碍消失",有利于行船,但由于任何事物都是双刃剑,这些障碍物没于水下,如果形成暗礁和特殊水流,反而比其位于水上更加危险。在洪水滔滔的夏季,"峡路峻急",正如陆游所写:"四月欲尽五月来,峡中水涨何雄哉!浪花高飞暑路雪,滩石怒转晴天雷。千艘万舸不敢过,篙公柂师人胆破。人人阴拱待势衰,谁敢轻行犯奇祸?"这时,如果没有紧急任务,谁也不会在上下水路都不通之时拿生命去冒险的。所谓"朝发白帝,暮到江陵"乃不得已而为也,并不表示此时水路是通的。因此,"或王命急宣,有时朝发白帝,暮到江陵"句,是说:如果("或"此处训为"若")有王命急召(非走不可),(幸运的话)可以偶尔("有时"限制得非常必要)实现朝发白帝,暮到江陵。

---

① 马斗全. 释《水经注》之"襄陵"[J]. 江汉论坛, 1987(4):79.

有研究者说：如果"沿溯阻绝"，真的是上行和下行的航路都阻止、断绝了的话，那么下文"或王命急宣，有时朝发白帝，暮到江陵"的航行是无论如何也说不过去的，更不必说"虽乘奔御风，不以疾也"，"绝"只能作"消失"解。"阻绝"，即（水路）阻碍消失，只有这样，文理才通畅，上下文才不致发生抵牾①。这自是没有认识到"朝发白帝，暮到江陵"是一种在水路断绝的情况下被迫无奈做出的、成功概率极低的非常态行为。

总之，"夏水"可以"襄陵"，"沿溯"也可以"阻绝"。

四、"其间千二百里，虽乘奔御风，不以疾也"，船行真的如此之快吗？

一千二百里，换算为当今320千米左右。朝辞白帝，暮到江陵，在夏季，用时若按10小时计，平均时速32千米。"乘奔御风，不以疾也"，是说和水流相比，奔马和疾风都不能算快了。"以"，其他地方则可，此处不能释为"似"，因为古汉语没有"不似疾"这样的说法，此处应释为"能算作、能看作、能认为"。

奔马时速达到50~60千米是没有问题的，32千米的时速也只不过5级清风的水平。所以，"乘奔御风，不以疾也"的夸张说法只是为了突出水流之快而已，要论实际，"奔"和"风"都比水要快。当然，这样的速度在其他季节尤其是冬季确实算得上快了。在冬季，别的江段不说，只黄牛滩段，行船就异常缓慢，谣曰"朝发黄牛，暮宿黄牛，三朝三暮，黄牛如故"，可为明证。

一句话，"朝发白帝，暮到江陵"的船行速度赶不上"奔"和"风"的速度。

顺便提一点："乘奔御风"的"奔"他处可释为"大流星"，此处不可，应释为"奔马"（又如"猛浪若奔"句）。如释为"大流星"，用语就夸张过度、完全失真了。须知，本篇不是纯文学文本，而是科学文本，科学文本不便使用这样过分文学化的写作手法，只可有节制地使用。

---

① 胡定国."绝"有"消失"意［J］.咬文嚼字，2002（5）：35.

五、绝巘上生长的是"怪柏"还是"桧柏"？

有研究者引用各种典籍来证明绝巘上生长的是"桧柏"而非"怪柏"[1]。诚然，"桧柏"所用甚多，如《诗经·大雅·皇矣》之"其桧其椐"，《太平御览》九百六十一卷之"桧柏振露，绿椿停霜"等。以上所言之"桧"，是和"柏"非常接近的一种树木。但是，我们绝不能以此来否定巫峡绝巘多生的是"怪柏"，以《水经注》在历代传抄中可能出现笔误来推测有人将"桧柏"抄成了"怪柏"更是不足为据。在铁证拿出来之前，最好不做"是'桧柏'而非'怪柏'"这样的结论。此假设够得上大胆，但求证却不够小心。

在巫峡绝巘这种特殊的地理环境中，由于光照时间短、风力强、风向固定、峡谷地形封闭和湿气大等因素的影响，生长出奇形怪状的柏树，并不奇怪，绝巘上是可以长出"怪柏"的。有黄山怪松可作辅证：由此而入，绝巘危崖，尽皆怪松悬结。（《徐霞客游记·游黄山日记》）

六、巴东三峡哪峡长？

渔者歌曰："巴东三峡巫峡长，猿鸣三声泪沾裳。"在长江三峡之中，真的是巫峡最长吗？

地理资料显示：长江三峡当中，瞿塘峡长约8千米，巫峡长约46千米，西陵峡长约69千米。明显西陵峡比巫峡要长出不少，为什么说"巴东三峡巫峡长"呢？

有人认为，由于巫峡最险，行人最容易感到紧张、凄凉、寂寞、烦闷，并由此在心理上产生最长的感觉，这是"境由心生"的结果[2]。有人认为，这与峡谷的特征有关。巫峡谷深狭长，日照时短，让人感觉时间过得快，从而主观上感觉巫峡长；还因为冬季三峡是枯水期，所以舟行缓慢，才会感到巫峡特别长。它与"夏水襄陵"的"朝发白帝，暮到江陵"做对比，可以看出，

---

① 包玉龙．"桧柏"还是"怪柏"？〔J〕.语文月刊，2010（10）：31.

② 祁祥清．三峡当中哪峡长——《巴东三峡》教学片段〔J〕.语文建设，2005（3）：39.

作者是借歌谣，从另一个侧面写出了冬季的水之枯[①]。还有人认为，由于巫峡风光最美，当人们流连于巫峡美景中的时候，移行换位的视觉感受使得人们产生了巫峡最长的错觉。

以上解释，都是以主观想象代替实际。

实际情况是：长江三峡总长193千米左右，这193千米包括峡谷和宽谷交替出现的两种河谷。从西向东，三峡各段依次是：瞿塘峡峡谷、大宁河宽谷、巫峡峡谷、香溪宽谷、西陵峡西段峡谷、庙南宽谷、西陵峡东段峡谷。

长江三峡峡谷宽谷交替状况表

瞿塘峡峡谷	大宁河宽谷	巫峡峡谷	香溪宽谷	西陵峡西段峡谷	庙南宽谷	西陵峡东段峡谷
约8千米	约25千米	约46千米	约45千米	约16千米	约33千米	约20千米

所谓三峡，真正的峡谷段总长约90千米，剩余的宽谷段长约103千米。如果只按峡谷来算，巫峡峡谷要比西陵峡两段峡谷加起来还要长。

今天所说的"西陵峡"，有三个所指：

（1）香溪宽谷＋西陵峡西段峡谷＋庙南宽谷＋西陵峡东段峡谷＝约114千米；

（2）西陵峡西段峡谷＋庙南宽谷＋西陵峡东段峡谷＝约69千米；

（3）西陵峡西段峡谷＋西陵峡东段峡谷＝约36千米。

郦道元所谓"西陵峡"如果是第三个所指，那问题就可以迎刃而解了。但问题是：郦道元所指是否是这个意思呢？答曰：非也。

《水经注·江水》中"江水又东，迳西陵峡"一段始写西陵峡，此段上一段曰"江水又东，迳黄牛，山下有滩，名曰'黄牛滩'"。看来，西陵峡应该在黄牛滩下游。黄牛滩何在呢？在南沱（西陵峡东段峡谷起点）上游几千米处，位于庙南宽谷中。因此，即使把整个西陵峡东段峡谷都算作郦道元所指

---

① 张斗和.《三峡》五题［J］.语文学习，2008（3）：38.

的"西陵峡",其长度也只有20千米左右,和长约46千米的巫峡峡谷远能不能比。郦道元援引《宜都记》曰:"自黄牛滩东入西陵界,至峡口百许里,山水纡曲,而两岸高山重障,非日中夜半,不见日月。"若再大胆一点,将庙南宽谷中的黄牛峡(黄牛滩至南沱段)加上整个西陵峡东段峡谷都算作郦道元所指的"西陵峡",长度也只有30千米左右(换算为郦道元时代的100里多一点,与《宜都记》所言"至峡口百许里"吻合)。

　　清末民初历史地理学家杨守敬的《水经注疏》给"江水又东,迳西陵峡"一句作疏曰:"自夷陵溯江二十里,入峡口,名西陵峡,长二十里,在今东湖县西北二十五里。"[①]清历史地理学家顾祖禹《读史方舆纪要》(七十八卷)曰:"三峡之称不一,或云:州境自有三峡,谓西陵、明月、黄牛也。"[②]此"三峡"中黄牛者,庙南宽谷中黄牛滩至南沱段,为特殊的半边峡谷;明月,指西陵峡东段峡谷南沱至明月湾段,又称灯影峡;西陵,则是西陵峡东段峡谷明月湾至南津关段无疑,今称黄猫峡,与杨守敬所指吻合。如杨顾二先生所说不谬,郦道元所指的"西陵峡"更短,即今西陵峡东段峡谷中最后一个小峡谷——黄猫峡,长10千米左右。

西陵峡峡谷宽谷交替状况表

西陵峡西段峡谷	庙南宽谷	西陵峡东段峡谷	
	黄牛峡 (黄牛滩至南沱) (宽谷中的半边峡)	明月峡 (南沱至明月湾) (又名灯影峡)	黄猫峡 (明月湾至南津关) (顾祖禹所谓"西陵峡")

　　当然,"西陵峡"这个名称在历史上还曾指瞿塘峡。尽管郦道元所称"西陵峡"绝非瞿塘峡,但这也提醒我们:将要研究的概念界定清楚,准确把握其所指,非常关键;不能简单地用今天的概念来解读历史著作,否则就会出现严重误读。

---

① 熊茂洽,曹诗图.《水经注疏·江水》校注补[M].武汉:武汉水利电力大学出版社,1999:121.
② 顾祖禹.读史方舆纪要:卷七十八湖广四[M].上海:商务印书馆,1937:3356.

因此，"巴东三峡巫峡长"的说法绝对站得住脚。三峡中，巫峡能被称为"大峡"，肯定是有原因的。

七、《三峡》写景以夏春冬秋为序吗？

《三峡》于第一段先写巫峡大山之连绵和雄伟，表现其壮美；接下来第二段，以夏水之大、之急继续写巫峡之壮美；第三段描绘春秋冬三时的山水景物以表现巫峡之秀美；最后一段则描绘冬季的山水景物以表现巫峡之凄美。整体来看，文章以"壮美—秀美—凄美"的内在顺序而非季节顺序来写巫峡，尽管第二至第四段的每一段描写都跟季节有关系。

无疑，第二段写的是夏景。作者为什么先写夏景呢？因为夏景是壮美的，和第一段描写的山之壮美连贯统一。

第三段接着表现巫峡独特的秀美（瞿塘峡雄伟险峻，巫峡秀丽深幽，西陵峡滩多水急），秀美是从壮美向凄美的过渡。从"壮美"直接跳到"凄美"，是不合适的。尽管此段开头郦道元明明白白地以"春冬之时"点明季节，但我们绝对不能因此而简单地断定此段就写了春和冬。

三峡地区属于亚热带季风落叶常绿阔叶林湿润性气候，所以，在冬季，河谷里尽管水量大减，但仍有较大流量，绝不至于水枯泽困（下段"林寒涧肃"既不表示两岸树叶全落，也不意味着江里无水），而且河谷两岸也总是"林木高茂，略尽冬春"。因此，三峡的冬季也会有"素湍绿潭，回清倒影，绝巘多生怪柏，悬泉瀑布，飞漱其间，清荣峻茂"这样的景象出现，郦道元此处的描写应该是非常准确的。当然，在雨量和热量更大一些的初春，此景象更会出现。

在雨热同期的三峡地区，丰水季是每年的4月份—10月份，枯水季是每年的11月份—次年3月份。也就是说，丰水季和枯水季的过渡节点是跨季节的，春季和秋季都各有一段降水量和热量较大，也各有一段降水量和热量较小。既然春季会出现上述景象，秋季当然也会出现。

所以，此段虽说是"春冬之时"，但理解时不妨认为是"春秋冬"之时。

也就是说，在冬季、初春和深秋，巫峡都是"素湍绿潭，回清倒影，绝巘多生怪柏，悬泉瀑布，飞漱其间，清荣峻茂"。

苏教版教参认为：本文的写作顺序是"承水势的涨落而安排，夏天江水暴涨，春冬风平浪静，秋天水枯谷空"，应是犯了地理学方面的常识性错误：三峡秋季的水量怎么反而比冬季更小呢？人教版教参则对文本如此解释：作者将冬春二季放在一道写，要兼及两季的特点。冬季水竭，才会出现"素湍绿潭"，春天物鲜，始有草木"荣茂"。从以上分析可知，这个解读错得更是离谱。

第四段的描写最容易让人误解。看到"晴初霜旦"这样的字眼，我们通常会想：这一段应该是写秋季了吧！"第二、第三两段分别写的是夏季和春冬"的错误认定更让我们对此深信不疑。但事实上，巫峡地区常年平均无霜期可以长达300天左右，即使考虑到高山气候因素，也可以断定"晴初霜旦"指的主要是冬季。而且，"高猿"可以在任何一个季节"长啸"：不仅会在"林寒涧肃"的冬季，而且也会在夏季"长啸"（李白《下江陵》可作辅证），当然也会在处于二者之间的春季和秋季"长啸"。"塞下秋来风景异……羌管悠悠霜满地"和"风急天高猿啸哀……万里悲秋常作客"等文学作品中的此类描写，不能让我们得出"有寒霜和猿啼出现就一定是秋天"的结论。同样，"晴初霜旦"和"高猿长啸"也不能当作此段描写的是秋季的凭据。表现巫峡的"凄美"，最应该写的是它的冬季而不是秋季，因为其秋季基本上仍是枝繁叶茂、花果飘香之时。有读者认为此段写冬，而第三段写春。这话说对了一半。

也就是说，《三峡》写夏季以表现巫峡之壮美，写其他三季以表现巫峡之秀美，写冬季以表现巫峡之凄美。冬季兼有秀美和凄美两种美。

本文的描写，勉强来说，是"夏—春秋冬—冬"的顺序。严格点说，这个顺序应是"丰水期高峰—枯水期—枯水期低谷"。其中，丰水期高峰指夏季；枯水期包括冬季、初春和深秋；枯水期低谷则指冬季。本质上说，用季节来分析此文描写，会不太顺手，因为季节并非本文内在的写作脉络；内在脉络应该是上文所说的巫峡三种形态的美。

八、《三峡》属于何种文体？

《三峡》属于何种文体？解决这个问题非常重要。因为，"辨体"在很大程度上决定着课程内容的合理确定进而决定着教学方法的有效选择。

有人认为《三峡》是一篇散文，并从"散文是作者的自叙传"和"一切景语皆情语"的散文观出发，极力挖掘作品的抒情内涵："三峡秋的悲凉哀婉是否预示他被人忌恨，遭贼人毒手的人生结局？这样看，《三峡》不正是郦道元的人生注脚吗？"[①] 有人认为，文章"哀转的猿鸣、悲壮的渔歌，正是表达了作者对死者的追忆，对生者的担忧。文章结构这样安排，情景交融，别有寓意"[②]。还有研究者说：秋季放到最后写，可能无关乎山水，而只关乎人情。即通过猿鸣"流露了自己对于人民利益的关怀"[③]。更有人将《三峡》当作"模山范水的小品"，认为"作者在布局谋篇时没有依照春、夏、秋、冬的传统顺序进行安排，正说明他是以情为线索布成整体的"[④]。看出来作者布局谋篇不以季节为序，应是真知灼见；但"以情为线索布成整体"的看法无疑是错误的。

《三峡》乃至整个《水经注》应属于以求真为目的的科学文本，这和以表现美为宗旨的文学文本有本质性区别。也就是说，从本质来看，包括《三峡》在内的《水经注》不以抒情为能事，而是要客观地将地理知识介绍给读者。作为读者，也应主要从科学角度出发来解读文本。尽管《水经注》写景状物文笔优美，作者在写作时也不可能毫无情感介入，读者当然也可以适当地从美的角度出发来欣赏文本，但绝对不可以喧宾夺主，以情感架空真知来对文本进行解读。

《三峡》不是抒情散文，不是山水小品文，不是游记（和《徐霞客游记》比较可以发现，二者旨趣迥异），而是地理科学著作。教学时将其当作一篇

---

① 夏礼平.郦道元《三峡》一文赏读［J］.学语文，2010（4）：17.

② 杨春记.夏春冬秋序为何［J］.中学语文，2002（21）：28.

③ 夏秀云.关于《三峡》中"四季"的两个问题［J］.现代语文（教学研究），2011（5）：120.

④ 杜道明.词约意丰状三峡——郦道元《水经注·三峡》首段赏析［J］.古典文学知识，1996（5）：26.

有文采的说明文来解读，是比较合适的；但要避免脱离语用对文本进行静态分析。

第四节　张岱《湖心亭看雪》解读

作为语文教材中长期以来必选的经典篇目，张岱的《湖心亭看雪》自然也是众多语文教学研究者关注的焦点。目前，中国知网相关研究论文达数百篇之多。在已有研究成果中，当然不乏真知灼见，但也有一些研究以"我认为"和"想当然"的路数展开，缺乏坚实的学理支撑，故此造成了大量的不可接受的误读，继而对语文教学产生了不良的影响。因此，找到合理解读《湖心亭看雪》的密钥，借以深入、细致地挖掘作品方方面面的内涵，同时对以上误读进行纠偏，是非常必要的。

一、解读《湖心亭看雪》的两把密钥

阅读要依体进行，"怎么读"可以在很大程度上归结为"读什么"，这两点已逐渐成为当前语文界的共识。因此，解读好《湖心亭看雪》的关键，首先是精准判定其文体，然后还要在此基础上确定读出哪些合适的内容。

那么，《湖心亭看雪》究竟属于何种文体呢？当然是散文。但由于"散文的首要特征是无特征"，"散文含有反文类倾向"[①]，所以，还需要在此基础上对这篇文章的文体进行二次界定：即回忆性散文。文体界定越细致，越有利于深入认识此种文体的特征。因此，对《湖心亭看雪》所属文体的这个精准化判定，有着重要意义，有助于我们解读此文本时确定读出哪些合适的内容。我们知道，回忆性散文有一个显著特征，就是在写作时，作者通常会使用一种叙事策略——两重叙述视角叙事，一个是所回忆往事正在发生时的"过去"的"我"的视角，即经验自我视角来叙事；一个是回顾往事时的"现在"的"我"的视角，即叙述自我视角来叙事。这两个"我"虽然都是"我"自己，

---

① 南帆.文类与散文［J］.文学评论，1994（4）：92-93.

但二者之间其实有很大差异，一个表现"过去"的"我"正经历这件事时的体验和感受，一个表现"现在"的"我"回顾往事时的体验和感受。通常，"过去"的"我"是天真的、幼稚的、欢快的、任性的，而"现在"的"我"则是成熟的、理性的、悔恨的、痛苦的，这二者之间存在一种巨大张力，因此也会在很大程度上对叙事效果产生强力影响，进而营造出一种特殊的审美趣味。如统编语文教材中《从百草园到三味书屋》《背影》《秋天的怀念》《阿长与〈山海经〉》和《老王》等回忆性散文中蕴含的独特的思想性和审美性，都和这种两重视角叙事艺术的运用有密切关系。如果注意不到这一点，只看到两重视角之一，或将两重视角混淆起来，就很容易造成文本误读。

众所周知，一般情况下，文学作品不直接表情达意，而是用形象来说话，有很强的含蓄性。故此，清楚明白地解析好回忆性散文中不同的两个"我"的形象，是很有难度的。这时，强调向作品内部寻找意义的"作品中心论"在文本解读中就表现出极大的局限性。从作品外围入手，通过必要的文献查阅等手段来了解作者个人情况，以及他创作此作品时所处的具体生活环境，即做好知人论世的工作，就显得很有必要。

因此，两重视角与知人论世，是有效打开《湖心亭看雪》解读难题之门的两把密钥。缺失这两把密钥，是很难从这篇作品天衣无缝的结构入手打入文本内部，深入领会作品丰厚的文学和文化内涵的。

二、经验自我（中年张岱）视角中的"湖心亭看雪"事件

"湖心亭看雪"事件发生在明崇祯五年，即公元1632年，作者时年35岁。此时，大明内部虽有李自成起义之乱，不过离清军大举入关还早，王朝统治的基础尚存。同时，由于明朝中晚期政治统治问题重重，加之商品经济的发展促进了社会精神和文化的开化，思想界以王艮、李贽为代表，遂公开标榜人性的解放，主张童心、本真和率性而行，反对理学家的矫情饰性。在此思潮影响下，文人士子纷纷在反名教礼法的旗号下纵情于自然山水和人文艺术，挥洒个性。张岱出身于明朝仕宦家庭，少为纨绔子弟，自小就享受着优渥的

生活，这造成了他不能免俗的一面——"极爱繁华，好精舍，好美婢，好娈童，好鲜衣，好美食，好骏马，好华灯，好烟火，好梨园，好鼓吹，好古董，好花鸟"①。而另一方面，深受名士习气影响的他又是优雅脱俗、追求个性的，这一点集中体现在"湖心亭看雪"和"金山夜戏"等事件中。

从作为一个35岁的玩家张岱的视角来看，深冬寒夜游西湖本身就是超越流俗的非同寻常之举。他曾说："善读书，无过董遇三馀，而善游湖者，亦无过董遇三馀。董遇曰：'冬者，岁之馀也；夜者，日之馀也；雨者，时之馀也。'雪巘古梅，何逊烟堤高柳？夜月空明，何逊朝花绰约？雨色空蒙，何逊晴光滟潋？深情领略，是在解人。"②对于此时的张岱来说，普通人只喜欢明媚春光中的西湖，而不懂得欣赏冬日之中、夜月之中、雨雪之中的西湖之景，甚至有人出游只是为了显阔而大讲排场，根本就不懂得欣赏美，即邹迪光所言之"靡曼当前，钟鼓列后，丝幛延袤，楼船披靡，山珍水错，充溢圆方。男女相错，嬲而杂坐。涟漪不入其怀，清音不以悦耳"③。这样的游西湖缺乏品位，未免太俗气了。他显然不会像俗人一样去"俗游"西湖，要游就要做到"人游"甚至"天游"才能游出个性和品位。因此，他才会在"大雪三日，湖中人鸟声俱绝"且"更定"之时"拏一小舟，拥毳衣炉火"去游西湖。深冬寒夜游西湖，并无"烟堤高柳""朝花绰约"和"晴光滟潋"之景可赏，普通人宁可待在家里围炉取暖也不愿出来。因此，内心真正附和张岱者肯定不多，作者对此也十分清楚，故尽管有两三人随行同游，但作者仍称"独往湖心亭看雪"。此种孤独，亦如汪砢玉之慨叹："西湖之胜，晴湖不如雨湖，雨湖不如月湖，月湖不如雪湖……能真领山水之趣者，尘世有几人哉？"④湖中之景如张岱所言："雾凇沆砀，天与云与山与水，上下一白，湖上影子，惟长堤一

---

① 张岱. 自为墓志铭［A］.张岱诗文集［M］.夏咸淳，辑校. 上海：上海古籍出版社，2018：341.

② 张岱. 西湖总记·明圣二湖［A］.张岱集［M］.姜光斗，解评. 太原：三晋出版社，2008：145.

③ 萧盛. 大明梦华：明朝生活实录［M］.天津：天津人民出版社，2018：88.

④ 汪砢玉. 西子湖拾翠余谈［A］.王国平. 杭州文献集成（第九册）［M］.杭州：杭州出版社，2014：284.

痕、湖心亭一点、与余舟一芥，舟中人两三粒而已。"一切景语皆情语也，没有和人的审美情趣无关的纯客观之景，因此，与其说是作者看到了这样的景，不如说是作者心中本来就有这样的景，这样的天人合一的景也反映出作者在审美趣味上的脱俗和优雅。当然，俗人是不愿欣赏、也欣赏不来的。有人却认为："《湖心亭看雪》中描写雪景的文字固然空灵高妙，历来为人们所称道，但这种西湖夜晚的独特雪景也不过是为人物的活动提供背景罢了。"①此论甚为不当。

那么，赏雪时的作者是什么样的心情呢？在这番游览中，张岱看到了自己心中的不俗之景，进而也表现了自己不俗的名士风度，因而，他是惬意的、自得的，并带着一种特殊的骄傲。此外，并无别的深意。有论者认为："邀友同行当非难事，然而他偏要'独'行……颇有当年荆轲刺秦王慷慨悲歌'风萧萧兮易水寒，壮士一去兮不复还'为国牺牲、义无反顾的豪气。"②此论当为误读，此时大明未亡、公子哥张岱过得也很闲适和潇洒，故此他身上绝无此种豪气，他只是要表现一种名士风度并且非常欣赏自己的这种风度而已。

到了亭上，偶遇已先到的二人，此刻的张岱又是何种心情呢？有教师引导学生这样认为：如果张岱欣喜，按照常理，应该是酒逢知己千杯少，会需一饮三百杯，但他却只是"强饮三大杯"，而且喝完就走了③；饮酒之前不问姓氏，饮酒之后才问，对方则是所答非所问，然后不留地址、电话和 E-mail④。继而引导学生得出结论："那两个金陵人也觉得张岱跟自己不是一伙的，不愿意多交流了"，张岱则是"赶忙应酬一下就跑了"⑤。其实，这是对此时张岱心

---

① 石才亮.解读张岱之"痴"［J］.语文教学通讯（初中版），2018（1）：63.
② 田希.读《湖心亭看雪》，品张岱的悲喜人生［J］.课外语文（教研版），2014（5）：211.
③ 王君.咬文嚼字读张岱——《湖心亭看雪》实录片段［J］.中学语文教学，2008（4）：23-24.
④ 王君，王方鸣.情趣盎然品文言——《湖心亭看雪》教学实录及评析［J］.语文教学通讯（初中版），2005（4）：23.
⑤ 王君.独与天地精神往来——《湖心亭看雪》再教［DB/OL］.（2016-12-03）［2021-05-17］.https://weibo.com/p/2304185e3915b90102wz9i

情的一种误读，原因是没有做好知人论世的工作：张岱的个性岂是能够按照常理来推想的？若能按常理推想，张岱恐怕也就是一位常人而不是一位名士了。还有人断定："试想，若张岱真的有知己之感，以张岱其人嗜好玩乐的品行，怎么可能仅仅喝了三杯酒就告别？"①这个误判犯的是同样的错误。事实上，张岱的酒量极小，他自己说："余家自太仆公称豪饮，后竟失传。余父余叔不能饮一蠡壳……一篷进，兄弟争啖之立尽，饱即自去，终席未尝举杯。有客在，不待客辞，亦即自去。山人张东谷，酒徒也，每悒悒不自得。一日起，谓家君曰：'尔兄弟奇矣！肉只是吃，不管好吃不好吃；酒只是不吃，不知会吃不会吃。'"②又说："崇祯己卯八月十三，侍南华老人饮湖舫，先月早归……章侯独饮，不觉沾醉。"③可见其人确实不善饮酒，亦不拘于俗礼。以张岱的个性和酒量，若是话不投机，即使是被强拉入局，岂肯老老实实就范，轻易"被饮酒"三大杯？张岱在亭上"强饮三大白而别"，和对方并不长谈，不问姓氏，也不留联系方式，并非就是和他们不投缘，这是名士不拘于俗礼的一种表现，隐隐有雪夜访戴的王子猷"经宿方至，造门不前"之率真自得，当然也有陶渊明"造饮必尽，期在必醉。既醉而退，曾不吝情去留"的颖脱不羁。事实上，一路孤独的张岱偶遇亭上亦能欣赏不俗之景之二人，加之二人又如此热情好客，主动"拉余同饮"，自然产生"于我心有戚戚焉"之快感，而绝无不和谐之感，更不可能无端地产生什么愁绪。有论者说："'是金陵人'又勾起了内在的愁绪，于是不擅饮酒的张岱'强饮三大白'，下船而去。"④这是用后来伤心地回忆此事的张岱的视角来分析文本了：须知，以此时张岱的视角来看，遇到知音，内心可是愉悦的，"后来"的伤心绝不是"现在"的他下船而去的原因，真正的原因乃是上文所指出的"现在"的张岱不拘于俗礼的率真和洒脱。

---

① 黄群星.从审美趣味性角度看《湖心亭看雪》的痴［J］.福建教育，2016（24）：39.

② 张岱.陶庵梦忆　西湖梦寻［M］.长沙：岳麓书社，2016：93.

③ 张岱.陶庵梦忆　西湖梦寻［M］.长沙：岳麓书社，2016：40.

④ 房福建.淡雅·脱俗·决绝·凄楚——《湖心亭看雪》的审美意境［J］.语文建设，2015（6）：54.

文末舟子喃喃之语"莫说相公痴，更有痴似相公者"，在此时的张岱听来，自然是舟子因心中拘于常理、不理解自己和亭上二人之举而发出的俗人之感慨：这位公子这么冷的天气不在家待着而跑出来看没有一点看头的雪景，真是傻得够可以的，而去得更早、走得更晚的亭上二人则更傻！此时，孤独感中又有一种优越感油然产生于张岱心间：你们这些俗人哪里能欣赏这种高雅呢？此时张岱的感觉和刚发完关于秋声的宏论而无人应和、处于"童子莫对，垂头而睡，但闻四壁虫声唧唧"情境之中的欧阳修庶几有些相似吧。

概言之，从崇祯五年中年张岱的视角来看，湖心亭看雪，看到的是不俗之景，遇到的是不俗之人，体现的是不俗之雅趣，因而自己的内心基本上是喜悦的（当然喜悦之中也掺杂着一点孤独）。

三、叙述自我（晚年张岱）视角中的"湖心亭看雪"事件

《陶庵梦忆》是张岱在明亡以后写的一部个人生活回忆史，同时也是对晚明生活进行生动记录的一幅画卷。《湖心亭看雪》这篇小品文即选自此书，具体写作时间不详。但通过《陶庵梦忆序》中"因想余生平，繁华靡丽，过眼皆空，五十年来，总成一梦"[①]的话，可以肯定：在回忆"湖心亭看雪"这件往事并将其记录下来的时候，作者已经五十岁上下，不再年轻，也不再是一位有纨绔习气和名士风度的公子。经历了一番国破家亡的动荡之后，不肯和大清合作，甚至还要为推翻大清做一番贡献，但最终遭到失败的张岱隐居山中，只能过着"破床碎几，折鼎病琴，与残书数帙，缺砚一方而已，布衣蔬食，常至断炊"[②]的生活。用此时张岱的眼光来回顾性地审视多年以前那场湖心亭赏雪的经历，可谓别有一番滋味在心头。

首先，文章开头的"崇祯五年"这个纪年法，如果没有以后的大明灭亡事件发生，张岱也还是过去那个张岱，那它就不过是个纪年法而已，并不含

---

① 张岱.陶庵梦忆　西湖梦寻［M］.长沙：岳麓书社，2016：3.

② 张岱.自为墓志铭［A］.张岱诗文集［M］.夏咸淳，辑校.上海：上海古籍出版社，2018：341.

有任何深意。但是，在身在大清而心怀故国的晚年张岱回顾性的眼光中，"崇祯"这两个字显然已经不再只是一个年号了，它代表着作者所怀恋着的过去的一切。因此，比较通行的"沿用前朝年号纪年以示作者心怀故国"这个说法是没有问题的。有人却对此批判道："它所记述的是明亡之前所发生的事情，自然采用的是明代年号纪年，使用'崇祯'纪年，是再合理不过的事情……提出者没有理清事件发生的先后顺序，主观臆断……因而产生了沿用前朝年号、心怀故国的误读。"①实际上，未能深刻理解两重叙述视角功能的这位论者的论断才是真正的误读。

进入西湖，映入眼帘的是一片冷清的景象。上文说过，此景世人多不能欣赏，但引起了经验自我——有名士情怀的中年张岱的欣喜之情。而晚年张岱的心态早已发生了巨大变化，对这个张岱来说，此景引起的却是悲痛之情。这也更加印证了一切景语皆情语的真理性，即一切景都是特定心境中的景，世界上并没有纯客观的景。晚年张岱在《湖心亭看雪》中营造了一种凄冷的意境，颇有似于柳宗元的《江雪》。柳宗元在《江雪》中，用"千山鸟飞绝，万径人踪灭"这样无比清峭的语句暗喻自己在失意后所处的政治环境，而张岱则是用"大雪三日，湖中人鸟声俱绝"这样极为清寒的语句来暗喻自己所处的"山川改革，陵谷变迁"这个更大的败局；《江雪》体现了柳宗元在政治失败后性格中凛然无畏、孤傲清高的一面，《湖心亭看雪》则体现了张岱在国破家亡且复国无门的穷途中的惊惶骇怖和深深的伤痛。除此之外，"天与云与山与水，上下一白"与"舟中人两三粒而已"这个宇宙之大与天地间人之小的对比，也足以让经历过政治与人生大变局的叙述自我产生"寄蜉蝣于天地，渺沧海之一粟"的人生彻悟。

当然，晚年张岱不仅在回顾"湖心亭看雪"这次出游所见之景，他也同时在用一双痛苦的眼睛冷静地反观着那个中年的"我"，并体味着那个中年的"我"的内心属于名士的那种欢愉。过去的幸福感越强，则越容易催生或转化

---

① 罗春菊.《湖心亭看雪》"故国之思"解读献疑［J］.文学教育（上），2020（9）：96.

成现在的哀愁感。正如在同样用两重叙述视角叙事的沈复的《童趣》中，经验自我视角中的童趣，是真正的、无忧无虑的童年乐趣；而用叙述自我视角反观这种童趣，则折射出成年沈复正在体味的巨大痛苦。也就是说，视角的不同，可以造成感觉的变异。以上例子是由欢愉转为痛苦，当然也有相反的例子。如李商隐的《夜雨寄北》，"君问归期未有期，巴山夜雨涨秋池"，现在的两地相思是痛苦的，但是，"何当共剪西窗烛，却话巴山夜雨时"，一旦相逢，回顾过去相思的痛苦，这种痛苦却可以转化为一种特有的甜蜜。在《陶庵梦忆》中，张岱很多普通的甚至令人愉快的往事都因为以后来的眼光去反观而有了一种悲痛的意味，如《钟山》中写道："壬午，朱成国与王应华奉敕修陵，木枯三百年者尽出为薪，发根，隧其下数丈。识者为伤地脉、泄王气，今果有甲申之变，则寸斩应华亦不足赎也。"①明亡国前朱成国与王应华所做的挖树根这件事，以亡国后的张岱的心态观之，就更令人悲从中来。又如《越俗扫墓》中记录越地扫墓的风俗："虽监门小户，男女必用两坐船，必巾，必鼓吹，必欢呼鬯饮。下午必就其路之所近，游庵堂、寺院及士夫家花园。鼓吹近城，必吹《海东青》《独行千里》，锣鼓错杂。"②当然，此种在过去能引起张岱欣喜之情的热闹，在今日观之，却只能令人无限伤感了。

到亭上偶遇二人，以中年张岱的视角来看是巧遇知音，是一件幸事；而以晚年张岱回忆性的眼光来看，知音难觅和人生聚散无常的感慨让此事不免也沾染上了一层悲凉的色彩。对经验自我来说，在接下来的叙述中不提二人姓氏而只突出"金陵人"之籍贯，是为了表现自己及二人之脱俗；而对此时的叙述自我来说，撇开无关信息、单单突出"金陵"二字，则是要突出金陵在自己心中的分量：金陵不仅是大明开国建都之地，也是清军入关后朱姓人匆忙建立的南明弘光政权所在地，因此，寄托了张岱无数的美好记忆与希望，而希望的最终破灭引起的必然是巨大的伤痛。对此有论者不解："何以作者此处遇见一个金陵人即为怀念旧国呢？这二者之间似乎缺乏必要的逻辑关系。

---

① 张岱.陶庵梦忆　西湖梦寻［M］.长沙：岳麓书社，2016：6.

② 张岱.陶庵梦忆　西湖梦寻［M］.长沙：岳麓书社，2016：13.

与其说'金陵'强调的是故国旧都的历史旧故，倒不如把它理解成小品文留白的艺术手法。金陵这样风雅柔软的水乡，才能滋养出这样懂得欣赏清景的人。"[①] 此种不解，原因是不明白叙述自我用现在的心态反观过去所产生的叙事效果。此外，"金陵人"所言之"客此"，也不免让晚年张岱产生人生一世即过客的悲凉（当然在中年张岱听来并无悲凉感产生）。

文末，舟子以"痴"对作者行为加以点评。经验自我因舟子不理解自己对山水之痴迷而产生孤芳自赏之感，这种感觉实际上还是让中年张岱很惬意的，但叙述自我则不免联想到明亡后无人理解自己对故国的怀恋这种更高层次的社会和人生之痴，继而产生无限的孤独和悲凉感。

也就是说，从五十岁左右晚年张岱的视角来看，虽然看的还是那个景，遇的还是那些人，但引起的感觉却由欣喜转为悲凉。

总之，拿到《湖心亭看雪》这一类回忆性散文，要扎实做好两重叙述视角分析与知人论世工作，才能对此类散文进行有效解读。通过两重视角与知人论世这两把密钥，我们可以探究到张岱悲欣交集的情感：作为经验自我的张岱在湖心亭看雪过程中基本上是欣喜的；而作为叙述自我的张岱在回忆湖心亭看雪这件往事时基本上是悲痛的。只从单一叙述视角出发解读文本，甚至将文本中的两重叙述视角混淆起来，或对张岱其人及文本的具体写作情境不了解，都不利于对文本展开深入细致的解读，从而造成误读。其中，最普遍的误读有两种：一是认为张岱在湖心亭看雪的当时就有国破家亡之痛，二是认为《湖心亭看雪》根本不可能表现"故国之思"这个主题。主要误读上文多有述及，在课堂教学中，要尽力避免其出现。

第五节　鲁迅《从百草园到三味书屋》解读

尽管叙事学还是一门非常年轻的学科，但几十年来的迅速发展，又使它成了文艺理论中一门最具蓬勃朝气的学科。叙事学，对于我们解读文学作品，已

---

① 罗春菊.《湖心亭看雪》"故国之思"解读献疑［J］.文学教育，2020（9）：96.

成为一把行之有效的金钥匙。现在，我们从叙事视角理论出发，来对鲁迅先生的经典名篇《从百草园到三味书屋》做一番解读。

从叙事视角来看，文章是以第一人称来进行回顾性叙事的。众所周知，在第一人称回顾性叙事中，通常有两种眼光在交替作用：一是叙述者"我"（即叙述自我）追忆往事的眼光，一是被追忆的"我"（即经验自我）正在经历事件时的眼光。同古典型的第一人称叙事作品不同（古典型的第一人称叙事中，叙述自我与经验自我通常是统一的），在《从百草园到三味书屋》这篇散文中，叙述自我与经验自我的介入并不平衡。在文章开端，重心在叙述自我；在中间的主体部分，则转向经验自我；末尾又回到叙述自我。也就是说，就整篇文章来看，作者用的是叙述自我的框架，而实质上却是经验自我稳居支配地位。我们知道，叙述自我与经验自我体现的是"我"在不同时期对事件的不同看法，或对事件的不同认识程度，它们常常一个代表成熟，一个代表幼稚[1]。那么，鲁迅先生为什么在文中几乎抛开代表常规的叙述自我视角，而对经验自我视角却情有独钟呢？这里边有什么奥妙吗？实际上，这种对经验自我视角的偏爱所带来的两种叙事眼光介入的不平衡，既给解读作品带来了障碍，同时也带来了极大的便利。透过这种不平衡，我们可以发现很多微妙的、深刻的东西，比如可以细致入微地重新洞察历来存在争议的文章主题思想（也许这种争议可以在此得以有效破解），还可以重新体验作品中一些关键词使用上的奥妙，等等。

如上文所说，《从百草园到三味书屋》一开始采用的是第一人称叙述自我的视角来叙事，我们从"现在""朱文公""那时"这些词很容易看出。

我家的后面有一个很大的园，相传叫作百草园。现在是早已并屋子一起卖给朱文公的子孙了，连那最末次的相见也已经隔了七八年，其中似乎确凿只有一些野草；但那时却是我的乐园。

值得注意的是，"其中似乎确凿只有一些野草"中的"似乎""确凿"两

---

① 申丹.叙述学与小说文体学研究［M］.北京：北京大学出版社，2004：238.

个词，标志着叙事视角要悄悄发生转移了。这两个词的对立，实则反映了两种叙事视角的对立：以叙述自我的成人眼光和以经验自我的儿童眼光来看百草园，反差肯定是极大的。前者回顾性地看百草园，无疑，正如"百草园"这个名字所暗示的，里边只有一些各式各样的野草，它单调、乏味，没有什么好玩的，所以说"确凿只有一些野草"；但以儿时鲁迅的眼光来看，"却是我的乐园"，"乐园"里边当然不可能只有一些野草，所以不加以肯定，冠以"似乎"二字。这两个词，实则反映了鲁迅先生在写此文时，他的人生体验在成人心灵世界和儿童心灵世界之间的穿梭和游移。

从第二段开始，叙述自我主动退场，经验自我正式出场唱主角，并一直持续到文章最后一段的前半部分。但是，由于叙述自我与经验自我本出自一体，加上鲁迅先生叙事艺术的高超，使得这种转向显得自然而然而不易觉察。觉察不到这一点，对解读作品当然有不利的一面，作品解读的肤浅、不正确，可能与此有密切关系。

第二段中的景物描写的确是脍炙人口，作者所描绘的景物也正如我们所熟知的，是"情景交融"，一切景语皆情语也。

不必说碧绿的菜畦，光滑的石井栏，高大的皂荚树，紫红的桑椹；也不必说鸣蝉在树叶里长吟，肥胖的黄蜂伏在菜花上，轻捷的叫天子（云雀）忽然从草间直窜向云霄里去了。单是周围的短短的泥墙根一带，就有无限趣味。

成年鲁迅如若故地重游，果真还能体验到这里的无限趣味吗？在现实中他还会对这一切如此赞美吗？他看到这一切，也许不会再感到乐趣了，更不会感到"无限的乐趣"。菜畦、石井栏、皂荚树、桑椹、鸣蝉、黄蜂、叫天子、油蛉、蟋蟀，再寻常不过了；而断砖、蜈蚣、斑蝥，也许还会有煞风景的。他也肯定不会再去相信像人形的何首乌根"吃了便可以成仙"，当然就不会再去"常常拔它起来，牵连不断地拔起来，也曾因此弄坏了泥墙"。但有趣的是，叙述自我好像并不想去戳穿"可以成仙"这个儿童深信不疑的谎言。这里，如果我们停下来留意一下，就会发现，其实叙述自我并非还和经验自我一样相信这一套，他只是要有意借此"谎言"蒙蔽一下自己而已：在儿童经验世界里再回味一下成人世界里缺乏的童心、童趣，何尝不是一种享受呢？尤其是处于当时险恶环境之中的叙述自我，更需要这样。因此，他绝不说破，并且要维护着这个"谎言"。

接下来长妈妈要讲"美女蛇"的故事了。从绘声绘色的故事转述到"这故事很使我觉得做人之险，夏夜乘凉，往往有些担心，不敢去看墙上，而且极想得到一盒老和尚那样的飞蜈蚣。走到百草园的草丛旁边时，也常常这样想"，也很容易看出来这是经验自我在叙事，尽管这里偶有叙述自我的声音（插入语"当然是睡不着的"）夹进来。下边开始叙述自我叙事。虽是叙述自我在叙事，他的声音却是虚弱的，甚至被强大的经验自我的声音覆盖、淹没了。亦即"叙述自我搭台，经验自我唱戏"。刚才说的是"我"小时候听了美女蛇故事后的想法和感受，那时那样想想，也就罢了，何以长大成年以后的鲁迅还要如此呢？但叙述自我就是还要以一个经验自我的"儿童智商"说道："直到现在，总还是没有得到"，好像他现在还是特别想得到，只是很遗憾没有实现而已；还嫌不够，又继续调侃道："叫我名字的声音自然是常有的，然而都不是美女蛇"，好像他现在还是特别怕有陌生人叫他的名字（因为那很可能就是美女蛇在叫他），只是他比较幸运没有被叫到而已。一不注意，我们可能会感觉到：成年鲁迅对这个故事还像儿时一样深信不疑。其实，颇具科学素养的鲁迅先生肯定早就发现了这个故事的荒诞无稽，他绝不会再因了这个故事而觉得"做人之险"，更不会再极想得到一盒老和尚那样的飞蜈蚣。他只是再次有意让经验自我的眼光把叙述自我的眼光遮蔽一下，让自己在儿童的经验里再多待一会儿，多享受一下童心、童趣而已。过去有人认为鲁迅先生在文中插入"美女蛇"这段故事，是为了反封建迷信，这是唯理性意识、科学至上意识在作怪，是对人的情趣的严重忽视。试想：如果叙述自我这时候说："当年我对长妈妈讲的那个故事如此深信不疑，现在想起来太傻了，它只不过是个封建迷信的传说而已，我绝不会再信它了。"在文学中，这岂不太煞风景了吗？

"雪地捕鸟"这一节，同样以儿童眼光来聚焦。否则，以成人的实用眼光来看，其中诸般乐趣（尤其是拍雪人的乐趣）可就要大打折扣了。

下边，继续用经验自我视角一路写下来。

"我不知道为什么家里的人要将我送进书塾里去了，而且还是全城中称为最严厉的书塾。"叙述自我对此真的不清楚吗？不会的。他肯定知道这不是因为拔何首乌毁了泥墙，也并非将砖头抛进间壁的梁家，更不会是因为站在石井栏上跳了下来。答案他是知道的：家里人希望他从小接受到好的教育，好在将来有个体面的事干。但叙述自我还是不愿意说穿，他基本上还是隐藏的，尽管在这一段里，通过痕迹比较明显的"总而言之""Ade"这样的词，我们听到叙述者情不自禁地让叙述自我也发出了一点声音，表现出了对童心世界的极大留恋。

到了"先生"家，看见"匾下面是一幅画，画着一只很肥大的梅花鹿伏在古树下"。这是一幅什么画，经验自我可能不知道，叙述自我则不会不清楚，但他还是不说话，只让经验自我说话。

虽说下面提道"早听到，他是本城中极方正，质朴，博学的人"，但马上就在情节上出现了一个"惊奇"："我"对"怪哉虫"产生了兴趣，去问先生，先生竟然不知道！接着是一段感想：

我才知道做学生是不应该问这些事的，只要读书，因为他是渊博的宿儒，决不至于不知道，所谓不知道者，乃是不愿意说。年纪比我大的人，往往如此，我遇见过好几回了。

明眼人一眼就能看出，这几句话逻辑不通、说服力不强，只能出自经验自我之口。这是儿童在碰了一鼻子灰之后很天真的想法，他绝不会想到这是因为老师的"不博学"：在儿童心目中，老师无所不知。叙述自我之所以不跳出来说话，正是为了维护这份童心的纯真。照直说：我小时候很博学的老师有时候也答不上来我问的问题。理性是理性了，童心、童趣也就一扫而光了。

在三味书屋和后面的花园里折蜡梅花、寻蝉蜕，这样的事也委实不会再让叙述自我乐此不疲了；尤其是捉苍蝇，可能还会让人倒胃。但这都不要紧，一切都和成人无关。教室里"人声鼎沸"的读书声，也让人如此怀念。博学的鲁迅先生也绝不让叙述自我站出来指出：那时，有的同学读书有口无心，不断句读，本是"仁远乎哉？我欲仁，斯仁至矣"，但他却一口气读下来；有同学还把文章读错了，"厥赋下上上错……厥包橘柚锡贡"却读成了"厥土下上上错厥贡包茅橘柚"。

再说先生，这个老先生和蔼可亲，值得回忆；但他教的是文言（在《二十四孝图》里，鲁迅先生可是开篇就诅咒一切反对白话者的）；教学方法也看不出高妙；他潜心吟诵的所谓"极好的文章"，原来不过是清末刘翰的《李克用置酒三垂岗赋》这样的平庸之作；也许真是视力不好（他戴着一副大眼镜），抑或是学问不精，他还把"玉如意，指挥倜傥……"读成了"铁如意，指挥倜傥……"。本可以照直明说，经验自我却叙说道：

我疑心这是极好的文章，因为读到这里，他总是微笑起来，而且将头仰起，摇着，向后面拗过去，拗过去。

同样，这样幼稚的话语，也只能出自经验自我的儿童口吻，明眼人同样能够一眼看穿。

最后一段写到的做游戏和画画儿，对叙述自我其实也并无多大吸引力。叙述者真正留恋的正是当时的"我"对这些活动的痴迷，而非在留恋这些活动本身。在书塾里读的书、看的画，有好的（如《西游记》），也有不好的（如《荡寇志》），但叙述自我同样并不明说：小时候读书，我并不分好坏，不知道《荡寇志》是一本"坏书"，同样读得津津有味，还饶有兴味地描摹了里边的画像。

文章尾声，才真正回到叙述自我。但这其中流露出的情感仍和上文一脉相承。当年是把书卖给了一位有钱的同窗，但这件事充满了童趣，没有什么铜臭味在里头，和他开锡箔店的父亲无关。现在，听说他自己也已做了店主，而且快要升到绅士的地位了，则不免惘然若失：这东西早已没有了罢。这些平静的话语实则极大地表现出对不染名利的童心的留恋，对成人世界的拒绝。

现在，我们再从修辞论美学的角度来看一下《从百草园到三味书屋》的叙事效果。我们已经发现：文章在频繁地使用一种叙事策略：力显经验自我的话语，力避叙述自我的声音，尽管后者在第一人称回顾性叙事中代表常规。这种广义修辞上的"重复"，已经不单纯是一种技巧了，更表明了一种审美的需要。作者在文中要赞美的，不是从成人眼光出发的实用的理性，而是从儿童眼光出发的审美的情感。因此，叙述者才会不遗余力地凸显儿童经验，甚至不惜以幼稚的经验自我来蒙蔽成熟的叙述自我。他要找到一个精神家园，让自己的情感在此寄托、栖息。（有趣的是，这和《阿长与〈山海经〉》里的叙事策略恰好相反：在《阿长与〈山海经〉》里，叙述者却是希望读者能够穿透经验自我的视角看到叙述自我的真正用意。）

这里，我们还可以看到，过去对《从百草园到三味书屋》主题思想的阐释，或认为在于对封建教育制度的批判，或认为是赞美了童年的美好生活，皆不足取，都给人一种贴标签的感觉。因为文章要表现的，并非是实用性的东西，也就当然不在于批判什么封建教育制度；当然也不在赞美童年的美好生活。通过以上所述，我们已经看到，其实文章并非前后对比结构：不论是百草园还是三味书屋里的生活，它们并非本身就是美好的。要说"美好"，也只是童心给它们罩上了美丽的光环而已。《社戏》里也有类似描述，尽管这篇作品只能看作一篇抒情性非常浓郁的小说。而鲁迅先生为什么会在这篇文章里如此赞美童心、童趣（《朝花夕拾》里的散文并非如有论者所说，都是作者少年时代生活的恋歌，也有不少是匕首投枪），正是因了"纷扰"，他要在"纷扰"中寻出一点闲静来。寻出一点闲静，用童年的记忆来"哄骗我一生"[①]，也许正是一个好办法。

所以，如果要说本文批判了什么，它批判的并非如有人说的那样，是封建教育制度，而是社会、工作、个人生活中种种制造"纷扰"的人、带来"纷扰"的事；如果要说本文赞美了什么，它赞美的并非如有人说的那样，是美好的童年生活，而是远离成人世故的一颗童心。

---

① 鲁迅. 小引［A］. 朝花夕拾［M］. 北京：人民文学出版社，1979：1-2.

第六节　吴晗《谈骨气》解读

作为人教版语文教材中曾经的经典篇目，《谈骨气》可谓影响深远。在一度淡出语文教材后，此文又于十几年前重新回到语文教育界同仁的视野之中，成为我们关注的对象。2013年人教版初中语文教材修订情况及教学建议中明确：七年级下册的课文调整中，吴晗的《谈骨气》作为新增篇目，列于第四单元五篇课文之首。当然，实际上还有不少学校从教学需要出发，长期以来一直就把《谈骨气》当作校本教材内容进行教学。南开大学文学院徐江教授对这篇课文也密切关注，曾撰文《语文问题说——续"另一种声音"》（载《语文学习》2004年第2期）指出：由于受错误的议论文知识的影响，不少老师把这篇课文教错了。时隔十年之后，徐江教授与朱金恒老师又对这篇课文本身写作的逻辑性提出了质疑（《语文教学一例严重的集体性失误——实事求是精神在这里的缺失》，载《语文教学之友》2014年第6期）。

可以看到，在将来的很长一段时间内，这篇课文对中学议论文教学又要产生深远的影响。在目前我国语文课程知识体系还不尽如人意的现状下，从议论文知识重构视角对《谈骨气》进行细读，对于引导课堂教学适宜地解读这篇课文，对于议论文知识现状的改善，有着非常重要的理论和实践意义。

一、《谈骨气》有没有中心论点

文章起始句"我们中国人是有骨气的"单独成段，为的是强化读者对它的接受效果。这句话与其说表述的是一种"实然"，是一种事实判断，不如说是表述了一种"应然"，是一种价值期待，它的真正本意是"我们要做有骨气的中国人"，是一种带有强烈情感的号召。这句话不是文章的中心论点。在这一点上，徐江先生在十年前对某些中学语文老师将其当作事实判断、当作中心论点的做法进行了批评，指出："这句话仅仅是一句情感性的宣言，是文章的引子。"① 这无疑是真知灼见。但他进而又表明自己持此种看法的根据——因为这句话没有现实针对性，就完全与实际不符了。《谈骨气》的写作背景很清楚：文章写于1961年春，之前，由于国家领导层决策的失误，加上当时的自然灾害和苏联政府背信弃义地撕毁与我国签订的合同，我国国民经济在这几年面临着严重困难。文中所言"决不向任何困难低头，压不扁，折不弯，顶得住，吓不倒，为了社会主义、共产主义建设的胜利，我们一定能够克服任何困难，奋勇前进"，针对的即是此种背景。

为什么说文章首句不是中心论点呢？这是因为，作为一篇现实性、针对性很强的杂文，文章主旨并非要证明什么，而是要发出号召以鼓舞人心、激励斗志。因此，这篇文章也可看作一篇励志文。按照议论文两分法（证明文——阐明文），文章应属于阐明文，其任务是：提出论见，进而向大家解释清楚自己的论见。文章在第一段发出"我们要做有骨气的中国人"这个号召之后，第二段跟着解释怎么做叫有骨气，引用孟子的话来解释可以使之更具体。第三段和第四段说我们历史上有很多有骨气的先辈，他们的事迹中蕴涵着积极意义，值得我们学习，这仍然是在激励我们在当下要有骨气，和第一段暗中契合。第五段至第九段则通过三个事例来将"有骨气"这一抽象的精神内涵在第二段阐释的基础上阐释得更加具体、形象，使人们对"怎么做叫有骨气"有了一个更清楚的认识。文章第六段首句"孟子说的几句话，在文天祥身上都表现出来了"，以及第八段"不食嗟来之食，表现了中国人民的骨气"，这两句话清清楚楚地透露出作者举例的用意：用事例表现、阐明"怎么做叫有骨气"，而非要证明什么。最后一段则阐明发出号召的现实意义，并在赋予"骨气"以新的内涵的同时再次发出号召，和文首遥相呼应。通过以上分析可见，《谈骨气》不是证明文，文章并没有提出一个论点并下功夫来证明它，而是围绕"骨气"这个论题，提出了一系列论见（①我们要做有骨气的中国人；②怎么做叫有骨气；③发出这个号召有什么现实意义）并阐明之。

---

① 徐江. 语文问题说：续"另一种声音"［J］. 语文学习，2004（2）：17.

这是典型的阐明文的写法。

二、《谈骨气》运用的阐述法

这篇阐明文所使用的主要阐述法，除了引用孟子的话具体解释"什么叫有骨气"，属诠释阐述法，还有被编入教材时删节的原文第三段给"骨气"下定义所使用的定义阐述法。另外，主要就是设例阐述法，即通过具体例子，将相对而言较为抽象的论见阐述得更具体、更形象，使读者更感性地领会到怎么做叫有骨气。这种方法很容易和证明文的例证法相混淆，但实际上二者差别极大。例证法是通过例子来支撑、证明论点的，为的是使读者相信自己的论点是对的，能够站得住脚。它通常要和具体分析结合在一起使用，正如孙绍振教授所言："论点要经过反思，材料要全面，至少是正面和反面一起考虑，进行具体分析。"[①]这是因为，多数情况下，议论文中例子的举证，都是简单枚举而很难做到广泛列举，完全列举则更难，甚至根本就不可能。这种情况下，如果缺乏能够揭示例子内涵的理论性的具体分析做支撑，纯粹靠简单枚举归纳推理就下结论，是很难有说服力的，这时候，"事实胜于雄辩"也不能给我们更多的底气，举再多的例子也形同虚设。实际上，"事实胜于雄辩"这个貌似颠扑不破而其实毫无意义的命题用一种二元对立思维预设了事实和雄辩之间的对立竞争关系，这对二者本身及二者之间的联系，都会造成误导性的扭曲。那么，作为学者的本文作者吴晗先生怎么会在文章开始提出"我们中国人是有骨气的"这样的论点，然后举三个事例来论证呢？这种简单枚举事例而缺乏具体分析的"论证"有谁会相信呢？实际上，本文根本就不是一篇证明文，吴晗先生也无意去证明什么让读者相信。以证明文的各项规范来解读本文，就会像徐朱两位老师一样得出如下结论。

文中所举三个人的事例，即便都是毫无缺陷的事实，也不能证明"我们中国人是有骨气的"。因为"中国人"是一个集合性概念，指称的是亿万个人。

---

① 孙绍振.议论文写作：寻找黑天鹅［J］.语文建设，2011（9）：10.

而文天祥等三个人只是这亿万个人中的三个单例，三个单分子不能支撑那个包含亿万个人的集合概念的性质。①

两位老师遗憾地感到：面对"用三个人的事例充分证明'我们中国人是有骨气的'"这样的教学，我们的学生却提不出——"举三百个汪精卫式的人物是不是更能证明我们中国人是没有骨气的"——这样的反问。真正弄懂了《谈骨气》的本意，这样的反问不是太没有意义了吗？两位老师又说：倘若把"我们中国人是有骨气的"改作"我们中国人要有骨气"……文章会顺畅许多②。殊不知，文章首句所指不正是这个意思吗？

三、《谈骨气》所引用的三个事例

下面，我们对文中所引三个事例进行解读。上文提到，这三个事例在文中的出现，是为了让读者更清楚地认识到"怎么做叫有骨气"。当然，这三个事例并非如我们通常理解的那样，和"富贵不能淫，贫贱不能移，威武不能屈"这三句话一一对应，尽管这样理解可以给人一种秩序感和整齐美。

第一个事例中，文天祥的行为可以全部体现"富贵不能淫，贫贱不能移，威武不能屈"的精神，正如作者所说"孟子说的几句话，在文天祥身上都表现出来了"，并非如徐朱两位老师认为的那样只能体现"威武不能屈"。首先，文天祥虽然现在任何富贵也没有，但他只要投靠元朝，就可以很容易地得到，然后去放纵、去享受。富贵对常人的诱惑是难以克制的，但文天祥心志不乱，高贵的灵魂没有屈从此种唾手可得的诱惑，他克制住了自己。这种做法不正是"富与贵，是人之所欲也，不以其道得之，不处也"的最好诠释吗？他这种刚强不屈的人格不正是有骨气的体现吗？此可谓"富贵不能淫"。其次，文天祥被抓，关在一个阴湿的地牢里，是个一无所有的"阶下囚"，但他没有改变自己为了民族利益而抗击元朝入侵的正义行为，这又体现了"贫与贱，是

---

① 徐江，朱金恒.语文教学一例严重的集体性失误——实事求是精神在这里的缺失〔J〕.语文教学之友，2014（6）：4-5.
② 徐江，朱金恒.语文教学一例严重的集体性失误——实事求是精神在这里的缺失〔J〕.语文教学之友，2014（6）：4-5.

人之所恶也，不以其道得之，不去也"的精神境界。此可谓"贫贱不能移"。再次，文天祥在北京，野蛮的元人用暴力折磨他，然而此威势和武力也没能使他屈服。此可谓"威武不能屈"。

文中所举第二个事例也很值得揣摩品味，这是因为，吴晗先生对此事例的叙事话语和《礼记·檀弓下》中故事原文的叙事话语不太一样。

齐大饥，黔敖为食于路，以待饿者而食之。有饿者蒙袂辑屦，贸贸然来。黔敖左奉食，右执饮，曰："嗟，来食！"扬其目而视之，曰："予唯不食嗟来之食，以至于斯也。"从而谢焉。终不食而死。

在上述故事原文中，黔敖这个富人确实如徐朱两位老师所言，真是一个慈善家，尽管在施善时一开始他态度不好，没有给饿者以起码的人格尊重，但他能够知错就改，还是不错的；而文中穷人也确实有点酸，人家都承认错误了，你何必矜持到底呢？而到了《谈骨气》中，故事却成了"那人摆着一副慈善家的面孔，吆喝一声'喂，来吃'"，还说："显然，他不会白白施舍，吃他的饭就要替他办事。"这种写法被当作"修改历史"和"添油加醋"受到了徐朱两位老师的指责。我们如果深究一下此文作为一篇杂文的现实性和针对性，就很容易知道吴晗先生笔下的这位富人是有所指的，即当时以老大哥姿态而非平等伙伴姿态压制中国的苏联，而穷人即是我们自己。这样，文章对《礼记》故事原文的所谓"添油加醋"式的发挥就不仅可以理解，而且还很值得借鉴学习了，即：借用人们通常熟知的话语，给以个人化的诠释，使原话语承载起新的内容，以适合自己表达的需要。这种旧词新用手法，是一种表达的艺术。徐朱两位老师批评的所谓本段写作违背了论据使用的基本精神——真实性，应是批错了方向，因为这个不食嗟来之食的故事如上文所述，根本就不是被当作论据来使用的。顺便提出来：第一个事例中，吴晗先生将"富贵不能淫"解释为"高官厚禄收买不了"，要较一下真，似乎与本意也有偏离，但这种发挥性的新解其实也是因为现实需要而有意为之，绝非作者对经典的理解偏差所致。

第三个事例用来生动地表现什么是"威武不能屈"，争议不大，在此不展开论述。

尽管徐朱两位老师对《谈骨气》写作的逻辑性提出的质疑在我们看来是不成立的，但这种对经典选文进行质疑的精神还是非常可贵的。事实上，《谈骨气》这篇文章也绝非完美无缺，比如文章第四段说："就坚定不移地为当时的进步事业服务这一原则来说，我们祖先的许多有骨气的动人事迹，还有它积极的教育意义，是值得我们学习的。"接着，文章用事例具体阐述"有骨气"的表现。这三个事例中，文天祥的事迹和闻一多的事迹毫无疑问，体现了"坚定不移地为当时的进步事业服务这一原则"，但第二个事例就不行。

四、《谈骨气》解读中体现出来的议论文知识

对《谈骨气》一文的写作思路，不同的解读者从不同的视角出发，发出了不同的声音。这种争议是很有价值的。王荣生教授说："语文教师最好能用自己的一堂课、一个教案、一次作业的批改、一项活动、一点体会等等，来加入'语文知识'问题的讨论。"[①] 我们通过对《谈骨气》的细读，当然也可以对已有的议论文知识进行一次深入的反思甚至一定程度的重构。

（1）议论文实际上可以分为证明文和阐明文，教学中要区别对待。用证明文的思路来解读阐明文，必然会觉得不通。阐明文概念在学术界已提出多年而得不到中学语文教育领域乃至高校语文教师教育领域的积极回应，现在应该有点反应了，不能一遇到议论文就要分析三要素，因为阐明文是不需要论据和论证的。分析阐明文，要引导学生分析其论题、论见及对论见的阐述过程和方法。

（2）语文课程给学生提供的论证知识需要细化，太笼统的知识是没有用的。比如证明文的例证法，语文教材一般只笼统地说：举例论证，列举确凿、充分、有代表性的事例证明论点。这是极不负责任的做法。要保证和实现知识的实践价值，至少要说清楚：举例论证在多数情况下都是简单枚举事例，

---

① 王荣生.完整地理解"语文知识"的问题［J］.中学语文教学，2007（10）：5.

而孤立的简单枚举事例是很难有说服力的，需要和较为深入的、能够超越事例表象的具体说理分析来配合，做到事实和雄辩有机结合。比如，要想真的论证"我们中国人是有骨气的"这个论点，除了列举合适的事例，还要做如下分析：在历史上，像岳飞、孙中山等有骨气的中国人很多，像秦桧、汪精卫一样没有骨气的中国人也有很多，但从中国历史不断克服各种艰难险阻走向进步这个不容置疑的发展趋势来看，对中华民族发展起决定作用的人无疑应是前者，他们才是中国人的主流和脊梁，即使后者在数量上占优势也改变不了这一点。相反，只会简单举例支撑论点而不会分析事物内部和事物之间的矛盾，只习惯于选择听话的例子证明自己的论点，不敢、不善于利用反例展开论述，会使学生形成懒惰、不健康的思维方式。还如孙绍振教授所言："选择了与论点一致的材料，就是排除了与之不一致的材料的结果，无视这样的矛盾，论证就必然是盲目的。"① 不少老师上《谈骨气》，都爱讲本文用三个事例来证明一个中心论点，学生也接受了举几个确凿、充分、有代表性的例子就可以证明一个观点的知识，实际上却根本没有学会正确运用逻辑思维，更不用提初步的辩证思维，岂不谬乎？

（3）不少老师认为《谈骨气》中孟子的三句话与下边所举三个事例一一对应，一个事例体现一句话的内涵，这也体现了语文课程中充斥着太多的奇奇怪怪的"想当然"的知识。此类模式化的、习惯性的认识相信还有不少。充满实事求是精神的细读，无疑是化解此疾的妙方。

（4）议论文中对经典的引用，根据写作需要，可以是求真的原原本本的引用，也可以是以追求善和美为宗旨的化用，不可拘泥待之。

（5）探讨议论文的语用价值，从语用角度分析文章的思路和修辞，看看写作目的、写作对象、写作场合对写作内容、写作形式、写作过程和写作方法的影响，也是议论文解读应有之义。如此，才能真正读出文章本意。

如果《谈骨气》再次回归语文教材，真的引发了我们对议论文相关知识

① 孙绍振.用具体分析统率议论文"三要素"[J].教育研究与评论（中学教育教学版），
2012（7）：17.

的重新认识，从而使议论文教学有了较大程度的提高和改进，善莫大焉。

第七节 初中语文教材中的回忆性散文选读

对选文体式的正确判定，是合理确定教学内容的重要前提。在文体意识不断淡化的今天，正确判定文体更显必要。散文，由于其体式最为"自由散漫"，故在教学内容的确定上难度最大。解决问题的办法之一，就是对散文进行再次分类，以便发现特定的某一散文亚类的明显特征。在语文教材中，回忆性散文所占比重较大，因此，发现其独特的文体特征，意义重大。

在回忆性散文的写作中，通常存在两重叙述视角，并由此造成一种张力，产生一种特殊的美学效果。对选文进行此方面的分析解读，应在回忆性散文重要的教学内容范畴之内。

申丹教授在研究小说叙述视角时指出："在第一人称回顾性叙述中，通常有两种眼光在交替作用：一为叙述者'我'追忆往事的眼光，另一为被追忆的'我'正在经历事件时的眼光。这两种眼光可体现出'我'在不同时期对事件的不同看法或对事件的不同认识程度，它们之间的对比常常是成熟与幼稚、了解事情真相与被蒙在鼓里之间的对比。"[①]以上两种叙述视角，前者称为"叙述自我视角"，负责以后来者的眼光记录、讲述过去的经历；后者称为"经验自我视角"，用以感受当下的故事。由于散文的中间性，它一端连着诗歌，另一端连着小说，所以，用小说的叙述学理论分析散文（尤其是回忆性散文）中的叙事，是完全可以的。

一、沈复《童趣》解读

在《童趣》中，沈复追忆了自己童年时喜欢细致地观察事物，借助丰富的想象，就能从细微的寻常物中发现超然物外的乐趣。文中经验自我视角的运用是比较明显的，如"忽有庞然大物，拔山倒树而来，盖一癫虾蟆，舌一

---

① 申丹.叙述学与小说文体学研究［M］.北京：北京大学出版社，2004：238.

吐而二虫尽为所吞。余年幼，方出神，不觉呀然一惊。神定，捉虾蟆，鞭数十，驱之别院"这一段描述，就典型地表现了作者当时作为一个儿童的天真烂漫、纯洁无邪和活泼可爱，面对吞吃昆虫的癞虾蟆，成年人恐怕很难会将其视为"庞然大物"、痛恨之继而"鞭数十，驱之别院"。

但不管怎么说，叙述自我是在以现在的心态讲述着过去的故事，因此，经验自我的言说内容和言说方式还是要受叙述自我调控的，经验自我同时也是叙述自我观察、反思的对象。那么，本文的叙述自我（也就是写作《浮生六记》时年已46岁的沈复）是以何种心态在观察儿时的自己、回忆自己的童年趣事呢？

沈复出身于幕僚家庭，年轻时在多地做过幕僚，后又经商，均不成功。他与妻子陈芸感情甚好，但不容于家庭，乃偕妻离家旅居外地，历经坎坷，后妻子客死扬州。沈复有感于苏轼所云"事如春梦了无痕"，乃作《浮生六记》。由此可以看出，文中种种闲情、种种趣事，都是经叙述自我精心组织、加工润色而成，从中传达出的，却是叙述自我在残酷环境中的焦虑不安。也就是说，写作中的"我"在用一双痛苦的眼睛冷静地看着无忧无虑、欢快活泼的儿时的"我"。观草间二虫斗的兴致被突如其来的癞虾蟆野蛮破坏，正象征着自己短暂的幸福生活随时可能被家庭变故或其他什么突发事件所破坏，而"癞虾蟆"，其实就是笼罩在自己生活之上的重重雾霾和阴影。汉学家宇文所安目光如炬，他深刻指出，沈复在文中表现出来的乐趣，其实是"那种私下的、在痛苦、伤害和当众凌辱的夹缝里苟且残存、微乎其微的乐趣"[①]。

总之，经验自我眼光中的童趣，是真正的、无忧无虑的童年乐趣；而叙述自我眼光中的童趣，则折射出一种成年人正在体味的痛苦和悲凉。

---

① 宇文所安.追忆：中国古典文学中的往事再现［M］.郑学勤，译.北京：生活·读书·新知三联书店，2004：122.

二、鲁迅《阿长与〈山海经〉》解读

《阿长与〈山海经〉》出自《朝花夕拾》。《朝花夕拾》是一部回忆性的散文集，创作于1926年，共10篇，都是"从记忆中抄出来"的"回忆文"。

从儿童眼光（亦即经验自我视角）来看，起先，阿长不值得佩服，反而令人厌烦，因为她有太多缺乏教养、令人不悦的行为习惯，如"常喜欢切切察察"、常去母亲处告"我"的状、睡姿不雅、规矩太多等等。后来因为讲了"长毛"故事，展现了"伟大的神力"而令"我"对她"有了特别的敬意"，但"谋害了我的隐鼠"后这种敬意"逐渐淡薄起来"以至完全消失。"使我发生新的敬意"的，则是她以另一种"伟大的神力"让我得到了"最为心爱的宝书"——《山海经》。也就是说，在童年鲁迅的心目中，阿长是一个复杂的人物形象，既有好的一面，也有讨厌的一面。相应地，童年鲁迅对阿长的情感也经历了一个一波三折的发展变化的过程：由不喜欢到尊敬，然后是痛恨，最后再到尊敬。

叙述自我的眼光则让以上的童年往事有了不同的内涵。此时的作者年已45岁，受政府通缉，被迫到厦门大学任教，但在这里又受到了某些人士的排挤。在这样的处境之中，作者只能凭借一些童年的回忆聊以抚慰自己孤寂的心灵。这种心境使在心中沉淀了多年的往事得到重新叙写，并产生新的意义。

在经验自我心目中，阿长只是一个地位卑贱的女工，大家连她的真实姓名都不想知道，为了省事，直接用对上一个保姆的称呼叫她"阿长"，"我"也觉得自己这么称呼她是天经地义的。叙述自我则对她受到的这种待遇产生同情心，并对自己的行为产生愧疚之情。同时，在叙述自我眼中，阿长那些过去"我"认为的缺乏教养、规矩繁多等缺点就不仅可以宽容，甚至还让人感动了，因为那些举动可以说是完全出于自然和真诚，毫无矫揉造作。比如阿长让"我"吃福橘，叙述自我会完全认识到这绝对是一种出于人的本心的爱，因而下笔时充满感激之情，同时会检讨自己儿时不仅没有感激阿长反而认为吃福橘是"元旦辟头的磨难"，真的是不应该。阿长荒诞不经地讲"长毛"

故事时表现出的愚昧无知，竟让经验自我感到她有"伟大的神力"，叙述自我当然不会再因此而佩服她，但对她这种愚昧无知也绝对不会去调侃、更不会讽刺，反而会予以宽容和理解：她之所以这样，正是没有接受教育、缺乏文化造成的呀！阿长给自己买来《山海经》，如果说儿时的"我"只是觉得她能够弄到别人弄不到的东西，觉得她有"神力"而尊敬她，那么，现在的"我"则是从"险恶的世事中自有宝贵的人间温情"的高度怀念并讴歌这位伟大的女性。也就是说，不同于童年鲁迅，在成年鲁迅心目中，关于阿长的种种回忆引起的"我"的情感是同情、愧疚、宽容、感激、怀念和赞美。

总之，经验自我对阿长的感情，是既厌烦她，也觉得她有不同于常人的本事、值得尊敬。叙述自我心中的阿长，则是值得同情、宽容和理解，更值得去纪念和赞美的一位女性。叙述自我反思幼稚的、未能真正理解阿长并未能使她得到应有尊重的童年自我，则充满了愧疚之情。

三、杨绛《老王》解读

本文叙写了"我"和老王的交往经历，并抒发了自己回顾此段交往而产生的深切感受。

从经验自我视角来看，作为一个知识分子的"我"，在对待作为一个三轮车夫的老王这一方面，做得已经够好了。在那个特定的年代，和老王身边的人相比，甚至和老王身边的"阶级弟兄"相比，"我们"应该更能让老王体会到人间温情。老王蹬三轮车，别人不敢坐他的车，"我们"却经常照顾他的生意，路上还和他说些闲话；他诉说自己命不好，"我们"予以同情；他得了夜盲症，"我们"主动给他吃鱼肝油；他给"我们"送冰、送鸡蛋，送钱先生上医院，"我们"都照价给钱，从来没有"多吃多占"他一点便宜。最后，老王死去，按理说，"我"无须承担什么责任，不应该产生愧疚之情的。

但是，叙述自我的生活情形和心境已经和经验自我大不相同。写作时，不正常的年代已经过去，作者已经恢复到正常生活之中，具体环境和具体心态的变化使得她能够在回顾往事时，以另一种眼光来审视当时的老王和自己，尤其是老王给自己送鸡蛋的往事。这种眼光，就是对老王的"愧怍"。

叙述自我回忆道："我常坐老王的三轮。他蹬，我坐，一路上我们说着闲话。"初看这样的句子平淡无味，但正如林筱芳所言："杨绛文学语言的成功是有目共睹的。其沉定简洁的语言，看起来平平淡淡，无阴无晴。然而平淡不是贫乏，阴晴隐于其中，经过漂洗的苦心经营的朴素中，有着本色的绚烂华丽。干净明晰的语言在杨绛笔下变得有巨大的表现力。"①在上文说过"我常坐老王的三轮"之后，"他蹬，我坐"，好像就是一句废话，但正是这样平淡的语言强化了两人之间的关系：雇用和被雇用，"我"没有把他当成亲人或朋友。"一路上我们说着闲话"，指下边老王讲自己不幸的身世，对于"我"这个对老王的生活多少有点俯视并且只能给予同情的外人来说，这些重要的谈话内容也只能算是"闲话"，亦即可有可无，可听可不听。老王的家这个话题，也只是"我""闲聊"的内容，显然没有真正关心他到底住在哪里。这些语句，实际上都蕴含了叙述自我深深的自责。

接下来，写老王愿意半价送冰给"我们"。对此，"我们当然不要他减半收费"，这话（尤其是其中"当然"二字）一是表明当时的"我们"作为知识分子不随意占人便宜、也不想轻易被人同情的清高，二是叙述自我也在事后反思自己行为的合适与否：用"钱"把什么都和老王区分得清清楚楚，没有了那种不分彼此的近乎感（事实上是压根儿就不喜欢这种近乎）。以下写"我们"不愿意让他白送钱先生上医院，一定要给他钱，也是出于同一种心理。

再下面写到老王病了，是什么病？吃什么药？生活能否自理？"我不知道"，当然是因为没有真放在心上。（这里拓展一下，"老王"名叫什么，"我"应该也是不知道的。）看来，前边关心老王在载客三轮车取缔后是否能维持生活，也并非是真关心，闲问而已。这个闲问，甚至包括老王去世以后，"我"对他的打听：听到老李说老王身上缠了白布，埋在什么地方，"我也不懂，没多问。"叙述自我用这个"我也不懂，没多问"，不动声色地将经验自我又一

---

① 林筱芳. 人在边缘——杨绛创作论 [J]. 文学评论, 1995（5）：102.

次推上了心灵的审判台。

老王临终之前给我们送鸡蛋，看到他的样子，经验自我不是心痛和难受，而是"吃惊"和"害怕"，甚至还要将他的样子"说得可笑些"。当然，话语之中叙述自我对经验自我这种感觉也是批判的。尤其是当时拿钱给老王的行为，更是让自己多年不能心安。为什么内心不安、感到有愧于老王？多年以后，"我"才意识到：老王是把"我们"当成了这个世界上最可亲的人，他对"我们"种种的好，尤其是临终的送鸡蛋，都是在寻找精神慰藉和人间温情，"我"却又一次用钱将他和"我们"隔开了距离。虽然"我"领受了他的谢意，也自我安慰式地单方面认为他知道"我"领受了他的谢意，因此给他钱不算是侮辱他，但是，大恩不言谢，老王这份发自内心的亲情对不利处境中的"我"即使算不上大恩，岂是一个"领受谢意"就能替自己解脱的吗？"我"难道不应该也用发自内心的亲情来回报老王而不只是用钱来回谢他吗？满足于没有用金钱交易的鸡蛋和香油、因此给他钱"不算是侮辱他"就可以让"我"心安理得吗？"我"这么做，无疑是关上了老王亲情上最后一扇家门，从而让他成了一个"不幸者"。两相比较，有老王这样与"我"毫无血缘关系的人把"我"当亲人，"我"当然是幸运的。

总之，叙述自我以"愧怍"的眼光看似平淡、实则无情地审判了经验自我当时对待老王所持的那种知识分子特有的"清高"和"矜持"。老王遭受的不幸，当然实际上跟"我"没有什么关系，但"我"的"清高"和"矜持"，以及和老王之间刻意保持的客客气气的"淡如水"的交情，则无疑让内心渴求"浓于血"的交情的老王失落万分，让他感觉到，把"我"当成这个世界上最亲的人，他错了。杨绛文章末句"一个幸运的人"，原来的表述是"一个多吃多占的人"，其实原稿说得也有道理：如果说"多吃多占"，那么，"多吃多占"的是老王付出的亲情，而我对他却没有付出相应的回报；"我"收获的，是老王火热的血，付出的，却是自己平淡的水。

四、朱自清《背影》解读

《背影》叙述的核心事件只有一个：父子送别。这场父子送别给人一种温馨感，很动人。但实际上，在温馨的表面之下，也涌动着不和谐的暗流。这股暗流就是父子在一些细节上的矛盾，计达八次之多，主要体现在文章第四段。

我们过了江，进了车站。我买票，他忙着照看行李。行李太多了，得向脚夫行些小费，才可过去。他便又忙着和他们讲价钱。我那时真是聪明过分，总觉他说话不大漂亮，非自己插嘴不可。但他终于讲定了价钱；就送我上车。他给我拣定了靠车门的一张椅子；我将他给我做的紫毛大衣铺好座位。他嘱我路上小心，夜里警醒些，不要受凉。又嘱托茶房好好照应我。我心里暗笑他的迂；他们只认得钱，托他们只是白托！而且我这样大年纪的人，难道还不能料理自己么？

对于这八次矛盾和冲突，经验自我和叙述自我会有何种不同的感受呢？

父子送别当时，19岁的朱自清正是一个血气方刚的青年。父亲的举动固然是出于爱，但这种爱却因为包办代替、控制太多，让儿子失去了独立生活的自尊和自由，因而引起的主要是他的反感和抵触。这里尤其值得注意的是，"父亲亲自为儿子买橘子"这一举动通常被误读为朱自清第二次落泪的原因，但朱自清这一次落泪，是因为在父子别离之时看到父亲在经历三次人生打击之后已显老迈衰朽之态，而引起了他生命脆弱和人生短暂的感悟。也就是说，此时的儿子还是不认可父亲亲自给自己买橘子的行为的。韩军老师讲《背影》时说得好：对"父亲买橘"存在两种感动，一种是后来提笔写《背影》的朱自清回忆时的感动，一种是读者读"父亲买橘"时的感动。但这两种感动，都不是"当时朱自清"的感动。此时的朱自清感受到的，是父亲举动的不当。表面来看，朱自清是妥协了，接受了这种父爱（"我本来要去的，他不肯，只好让他去。"），但实际上内心深处并不领情，他要努力摆脱这种中国式的父爱，争取自己的独立和自由。这就是作为经验自我的朱自清当时的感受。

作为叙述自我的朱自清后来体验到的，则是那个时代中国知识分子的"现代原忧"。

所谓"原忧"，是指由于原债感和原任感相互冲突而引起的原本性焦虑。原债感使人认为：我的生命、我的一切都是父母、祖先、家庭和君王所赐予，我今生的使命就是偿还这笔与生俱来的债务；所以，我对父母、祖先、家庭和君王要服从。而原任感则使人认为：我的一切不仅来自父母、祖先、家庭和君王，更来自天，因此，我要听从于天的召唤，弘扬天地之间的正义，舒展人的个性，追求人的自由。只有原债感和原任感激烈冲突，才会引起原忧感；双方之间任何一方势力明显占上风，则不会引起原忧感。

作为经验自我的朱自清，并无太强烈的原忧感，因为这时的"我"是原任感占上风，原任感和原债感没有激烈交锋。如果说那时的"我"同时也有原债感的话，这种感觉相对而言是微弱的。

对于叙述自我的朱自清来说，原债感和原任感则激烈冲突了起来，冲突使得叙述自我内心充满了焦虑。

写文章回顾这段往事时的叙述自我，年已27岁，身上虽然仍有当年的年轻气盛，但已成熟很多。众所周知，此时的朱自清和父亲在几年之中经历了更多的不和睦，以致父子反目。出于强烈的原任感，朱自清对父亲很多不当的做法（包括父亲在"父子送别"中的做法）颇有微词，是非常反对的。但另一方面，自己也已成了几个孩子的父亲，对父子情深有了更深一层的理解，很希望父子关系尽快得以恢复，尤其是看到父亲"大约大去之期不远矣"的来信，使他受到震撼，这种想法变得更加强烈。出于"子不言父之过"的原债感，朱自清要原谅父亲种种的不对。此时，朱自清的心正处于原任感和原债感的激烈交锋地带。

父亲的来信，使朱自清感受到了强烈的生命意识。于是，这封信成了一个契机，使朱自清萌生了这样的想法：要写一篇文章，与父亲冰释前嫌，向父亲检讨自己的"不对"；通过向父亲忏悔，修复父子关系，也将自己的心从多年以来的焦虑煎熬中解脱出来，获得心态的平和。

这样，我们就看到了文章中叙述自我放弃了自己对于独立和自由的合法性追求，不断为自己当年未能接受父亲的爱子方式而悔恨，虽然自己的"不对"未必就是真的不对。这还不够，叙述自我还要想方设法尽力为父亲的过错掩饰。如文中说道："那年冬天，祖母死了，父亲的差使也交卸了，正是祸不单行的日子。"那么，祖母因何而死？父亲的差使又因何而交卸？无疑，叙述自我都是知道的，这些祸事主要因父亲的过错而引发，但他非但没有明说，反而用"他少年出外谋生，独力支持，做了许多大事"来力挺父亲。父亲对自己的无情，叙述自我同样没有明说，反而用"家庭琐屑便往往触他之怒。他待我渐渐不同往日"轻描淡写地一笔带过。正如读者读到的，文中极力表现的，是父亲伟大的父爱，以及自己无尽的忏悔。

总之，经验自我主要以原任感来看待父子送别，因而对父亲的举动不加认可；而叙述自我则以忏悔心来看待父子送别，因而对自己当时的表现极力否定，从而终结原债感和原任感多年以来的冲突，使自己从原忧感中解脱了出来。

通过对语文教材中以上几篇经典作品的解读，可以看出，对回忆性散文"两重叙述视角"这种特性的应有关注，可以使学生更好地领会作品的内涵，并可在很大程度上避免对文本的误读。亦即，对作品"怎么写"的认识能够有效帮助学生认识到作品"写了什么"。因此，"两重叙述视角"应是回忆性散文确定教学内容时不可绕开的关注点。

第八节　初中语文教材中的其他回忆性篇目选读

在语文教材所选入的回忆性选文中，普遍存在两重叙述视角（即经验自我视角和叙述自我视角）的运用，用以表现"过去的"和"当下的"两个"我"在一段历史进程中发展变化着的情感、态度和认知的相互交织。对这种写作手法进行分析，有助于读者深入细致地领会作品独特的内涵。可以说，两重叙述视角分析为我们登堂入室、解读相关作品的奥妙提供了一把必不可少的金钥匙。因而，此种分析有着很重要的意义，语文教育研究者对此也有了越来越深刻的认识。当前，对语文教材回忆性选文中两重叙述视角的分析多局限于散文文体。但实际上，回忆与任何一种文学文体形式都存在着某种联系①。因此，不仅需要继续分析散文中两重叙述视角的运用，还应将此种分析扩展到小说和诗歌等文体。以下，我们进一步对统编初中语文教材中的几篇小说和诗歌进行相关分析和解读。

一、史铁生《秋天的怀念》解读

在解读作品之前，首先需要对史铁生《秋天的怀念》的文体进行界定。这篇选文长期以来被广泛认定为散文，正如有论者所言之"《秋天的怀念》是史铁生的散文代表作"②。但实际上，这是对此文文体的误判。根据史铁生去世后其妹史岚在《我的哥哥史铁生》一文中的回忆，他们的母亲去世于1977年春天（而非秋天），去世前大吐血，父亲和邻居把母亲弄到哥哥的轮椅（而非三轮车）上送去医院，哥哥的好朋友燕琨大哥（并非邻居的小伙子）背着哥哥去见了母亲最后一面③。以上记述都和史铁生在《秋天的怀念》中的相关记述不太吻合，这足以证明，《秋天的怀念》被当作一篇小说来读才是合宜的。但反过来说，此篇小说的写作并不追求传统小说所重视的典型人物、典型情节和典型环境，而是充满了浓郁的抒情味道，重在抒发小说中的"我"经历事件时的真情实感。故此，从文体来看，将其界定为散文化小说，甚至是有小说化倾向的散文，应该都是允许的。以下，我们来分析作品中两个"我"对所经历往事的不同体验和感受。

作品中刚刚瘫痪的主人公，也就是正在经历往事时的经验自我，心理是自私的、脆弱的，其对生命的认识也是肤浅的。他心中只有自己，认为自己

---

① 赵勇.回忆与散文［J］.文艺理论研究，1994（5）：73.

② 陈傲雪.理解《秋天的怀念》的三个向度［J］.语文教学与研究（上半月），2021（3）：106.

③ 史岚.我的哥哥史铁生［A］.读者丛书编辑组.那段岁月，那份爱［M］.兰州：甘肃人民出版社，2019：21.

是天下最不幸的人，并不关心身边亲人的身体状况和心理感受，不知道母亲才是最苦的人。因为不堪疾病的折磨，他的脾气也变得暴怒无常。因此，春天北归的雁阵和李谷一甜美的歌声这些对于常人来说美好的事物，并不会引起他美好的感受，反而让他越发觉得自己不幸。当母亲希望推他去北海看花时，他根本就不理解母亲的心，他害怕看到春天里绽放的花朵，极端时甚至只想一死了之，并不考虑自己的暴怒无常和自暴自弃会给家人尤其是母亲的心带来什么样的伤害。当然，对于母亲"咱娘儿俩在一块儿，好好儿活"的话，他更是不能真正明白其中的意义。不仅是春花这样的乐景让他心里难过，秋天叶黄枯落的景象更能引发他的哀愁。虽然勉强答应了母亲去北海看菊花的央求，但从内心深处，他对母亲的一言一行是厌烦的，更谈不上理解和感恩。当母亲病重被送进医院，他也不明白事情的严重程度，因为在这之前从未真正关心过母亲。

多年以后，回顾往事时的叙述自我已经成熟多了，他会以一种什么样的心态重温旧事呢？回想起自己的狭隘、自私、易怒，以及对美好事物的抵触，尤其是对母亲身体健康的忽视，对母亲那种细心、耐心、爱心和殷切希望的无视，叙述自我是忏悔的、痛心的。在字里行间，读者都可以读出来这些情愫。如"我狠命地捶打这两条可恨的腿，喊着：'我可活什么劲儿！'"这句话表明了经验自我对生命认识的浅薄，也蕴含了叙述自我对经验自我的这种浅薄的批判；"后来妹妹告诉我，她常常肝疼得整宿整宿翻来覆去地睡不了觉"，这句话蕴含了叙述自我对经验自我心里只有自己、从不关心母亲健康的一种自责；"她忽然不说了。对于'跑'和'踩'一类的字眼儿，她比我还敏感"，这句话则蕴含了叙述自我对母亲如发般细心和无私的爱心的无比感动。尤其是在小说流露着淡淡的哀愁的最后一段中，更表现了叙述自我在母亲去世后对生命的深刻理解：尽管秋天是肃杀的，自己今后的生存也可能会越来越艰难，但生命还应该像泼泼洒洒的菊花一样烂漫地绽放，因为人活着是有意义的，那就是：一个人活着不光是为了自己，更是为了亲人，为了一种爱。这种意义，母亲在生前用伟大的实践为自己做出了最好的诠释，做出了最好的榜样。因此，自己没有理由不好好活，虽然没有让母亲在生前就看到自己没有辜负她的期望，但自己好好活，通过写作这条途径取得成绩，对母亲来说，也算是一种告慰，对自己来说，也算是对过去的一种救赎。

总之，相比于自私的、不成熟的经验自我，叙述自我不断走向理性和成熟。他直面自己有缺陷的人格，直面严酷的人生，以平和的心体悟生活美好的一面，更能够逐渐走出自我封闭状态去关注他人，深刻理解母亲生命的艰难和人格的伟大，深刻理解生命的意义，进而能够在持续存在的严酷打击中好好地活下去。

二、鲁迅《孔乙己》解读

《孔乙己》这篇小说的主人公毫无疑问应该是孔乙己，但是，由于使用了第一人称叙事和两重叙述视角，作品中两个"我"之间形成了一种张力，并由此产生了丰厚的文学和文化内涵。因此，"我"也应该是文本分析的重心之一。

以十几岁的经验自我的视角就能发现，小酒店里的人物似乎天然地分为三六九等，掌柜地位最高，其次是穿长衫的，再次是短衣帮，孔乙己看似介于穿长衫的和短衣帮之间，但实际地位却不尴不尬，处于他们之下。"我"则完全认可这样的分层，以努力向上、做到令人羡慕的掌柜的位置为荣。处于人性复杂的社会，不够圆滑的"我"不仅不能伺候穿长衫的，甚至也没有资格直接为短衣帮服务，地位由"高级"伙计降为"低等"杂务，加之感受到人情冷漠，心中不由产生怨气。因此，每次孔乙己到店以后，引起大家的哄笑，"我"也参与其中，并体验到了一种快乐。当孔乙己关心地教"我"写字时，尽管只是一个地位卑微的酒店杂务，"我"对他还是表现出了鄙夷不屑的态度。看到孔乙己给孩子们吃茴香豆的温馨场景，"我"没有被感动，依然只是感到"好笑"而已。"我才也觉得他的确长久没有来了"，则体现出即使是在"我"的心目中，孔乙己也是一个可有可无之人。孔乙己最后一次喝酒，"我温了酒，端出去，放在门槛上"，并非交到他手里，可见此时的"我"对孔乙己仍然没有多少尊重和关爱。

二十多年以后，小酒店打工者的"我"已经成长为一个中年人，忆及过去，叙述自我会如何回味关于孔乙己的往事呢？

当"我"看到小酒店里的人分为三六九等的时候，"我"绝不会认可这样人为产生的不合理的社会现象，更不会将做一个高高在上的掌柜当作自己一生奋斗的目标。由"高级"伙计降为"低等"杂务的经历更让"我"看清了社会的人情世故，看清了人性中的恶，当然也包括底层百姓人性中的恶（绝非只有压迫者人性中才有恶的一面），是受压迫的底层百姓伙同压迫者共同害死了孔乙己。也就是说，孔乙己的悲剧，在很大程度上是这个冷漠的社会造成的。因此，对待孔乙己，"我"首先是充满了同情心。比如从称呼来看，人们叫他"孔乙己"，就表明了大家对他的不尊重。大家给他取了这个绰号，他这个读孔孟书的读书人接受吗？当别人第一次喊他这个绰号时，他反抗过吗？后来又是如何痛苦地默认了呢？当然，孔乙己的悲剧也同他的个人性格（如好吃懒做等）有关，相关描写也表现了叙述自我对其缺点的批判。同时，对于幼时的"我"，现在的"我"同样有所批判：幼时的"我"深受社会不良风气影响，和大家一样，都是眼光喜欢向上看，嫌贫爱富，看不起孔乙己（比如，孔乙己的真名是什么，别人不清楚，幼时的"我"同样不关心，导致"我"至今仍不知道），并和大家一样共同嘲笑他，甚至当他热心地教自己写字时，地位不高的"我"还觉得他不如"我"混得好而对他不理不睬，冷他的一片热心。这样做，现在来看实在是不应该。忆及掌柜忽然说"孔乙己长久没有来了。还欠十九个钱呢"，现在的"我"不仅深感掌柜的唯利是图和缺乏人性，更因幼时的"我"产生了"我才也觉得他的确长久没有来了"的感受，而对同样缺乏同情心的经验自我进行严肃批判。又忆及深受儒家思想影响的孔乙己每次付钱都是郑重其事，尤其是最后一次在极端潦倒的情形下仍将钱认真地放在"我"的手里，但当时的"我"却没有把酒放到他的手里，现在的"我"内心不免再次对孔乙己表示敬重，对自己再次进行批判。

总之，相比于世俗的经验自我，叙述自我是一个有爱心和同情心、更有批判力的成年人，他将爱心和同情心给了孔乙己，将批判给了人性不健全的所有的人，当然也包括自己。

三、郑振铎《猫》解读

尽管从文体来看，郑振铎的《猫》近年来被越来越多的人认定为小说，笔者对此也无异议，但毫无疑问，这篇小说的写人叙事在很大程度上体现了现实层面的真实，同时作品也流露出浓郁的抒情味道。因此，更精准地说，将此篇作品视为散文化小说较为合宜。由此可知，作品中"我"关于养猫的独特体验和感受也应是文本分析中非常重要的内容，正如有论者正确指出的"那些隐藏在寻常生活和行为背后的别样的情感，才是《猫》的精髓所在，才是最值得我们品味的"[①]。

对于家养的几只猫，经验自我的态度完全同于常人。对于活泼有趣、漂亮可爱的猫，"我"是喜爱的。自己喜爱的猫死亡，会可怜猫，会"感着一缕的酸辛"；自己喜爱的猫被人捉去，会怅然若失，会愤恨、诅咒捉猫的路人。但对于忧郁的、懒惰的、难看的猫，"我"则不接受它，甚至讨厌有加，"我"的家人也有同感。因此，当不被人喜欢的这只猫跳上桌子凝望妻子买的一对叫得很好听的黄鸟时，大家就疑心猫的动机不纯正。当黄鸟真的被咬死时，"我"就很愤怒，想当然地认为一定是这只"丑猫"干的"好事"，于是和大家一起去找猫，没找到便认定其乃"畏罪潜逃"。后来发现它躺在露台板上晒太阳，态度很安详，嘴里好像还在吃着什么，便觉得一定是它吃了鸟以后心满意足或故作镇静貌。于是，"我"愤怒地对其施行了一顿严厉惩戒以快意恩仇，出了一口恶气。

叙述自我产生的相关感受和经验自我就很不一样了。在小说开头说："我家养了好几次的猫，结局总是失踪或死亡。"其中的"总是"二字，充满了负面情感，含有"不可避免"之意，意为自己家里养的猫每只都逃不脱悲惨的

---

① 王松泉，王静义.别样情感细体察——读郑振铎的《猫》[J].中学语文，2003（18）：41.

命运，同时也有叙述自我对此"不堪忍受"之意。郑振铎的《猫》从本质来看属于小说，因此，小说中猫的形象就不宜只视为动物，而更应看作人物形象来欣赏，正如沈石溪动物小说《斑羚飞渡》中的"斑羚"其实已经人格化了一样。小说中的猫无论是漂亮的、可爱的、活泼的，还是忧郁的、懒惰的、难看的，最终命运都是悲剧，这样的结局也蕴含了叙述自我对人世间小人物的命运无常和不测的感慨。对于经验自我来说，养猫的快乐与痛苦并存，但对于回顾往事的叙述自我来说，养猫是痛苦的，曾经的快乐越多，最终带来的痛苦也越多，快乐最后全都转化成了痛苦。尤其是小说中养第三只猫的经历，更使"我"自始至终没有体验到一点快乐，有的只是冷漠、厌烦、暴怒、内疚等各种令人不快的感觉和情绪。

尤其是，当"我"明白真正的凶手其实并非第三只"丑猫"时，心灵受到了巨大的震撼，开始反思自己在养猫经历中体现出来的人性。叙述自我对自己养猫过程中表现出来的几乎完全同于常人的人性是严厉批判的。养前两只猫并喜欢它们，是因为它们能取悦我们，并满足我们的生活需要。一旦不能，我们就会产生厌恶之情。果然，第三只猫就没有被我们接纳和认可。尽管它也想获得一些关爱和温暖，但这种愿望几乎从来就没有实现过。后来发生的虐猫事件，更足以证明我们绝对是以自己的好恶为中心来处理事情的。三猫凝望黄鸟，就想当然地认为它想吃黄鸟；接着黄鸟被吃，不加调查就认定是三猫吃了黄鸟，就要这只"忘恩负义"的猫为在我们心目中更有价值的黄鸟偿命，为此还冤枉了最善良的、无辜的张婶。在此过程中，还将在露台板上晒太阳的三猫的"不做亏心事、不怕鬼敲门"主观臆想为其吃鸟以后的心满意足或故作镇静。这一切，都体现了常人人性中以自我利益为中心的自私、以貌取人的偏见和不加调查与分析的主观臆断等必须加以批判的人性恶，而这个人性恶，正是很多人间悲剧产生的根源。

总之，相比于自私的、有偏见的、主观的经验自我，作为一个有良知的知识分子，叙述自我是忏悔的、痛苦的，他勇于解剖自己人性中的恶，并追求无私、理性、公平、正义和博爱等崇高的人性。

四、杜甫《江南逢李龟年》和陈与义《临江仙·夜登小阁忆洛中旧游》解读

《江南逢李龟年》是杜甫绝句中的压卷之作，约作于公元770年，即安史之乱后的第八年，作者于当年去世，享年58岁。此诗中也隐含有不同时期的两个"我"的视角在观察世事。

从青年杜甫的视角来看，全盛日的开元初年是一个充满浪漫情调的诗歌的时代。自己因才华卓著，深得王公贵族的赏识。李龟年则在当时的乐坛享有盛名，为当红歌唱家，同样为王公贵族所喜爱。故此，自己和李龟年这两个风流倜傥的文艺青年能够经常出入于岐王李范和殿中监崔涤的门庭，自己也有机会经常欣赏梨园大师李龟年的歌唱艺术。对于此时的经验自我来说，这是一个各方面都高度发达的时代，更是一个精神文化高度发达的黄金时代。生活在这样的时代，身心自然是无比的舒适和愉悦。

但是，经过了噩梦般的安史之乱以后，一切都变了。多年以后，二人在江南潭州相遇，巨大的世事变迁令老年杜甫（即叙述自我）觉得往事不堪回首。过去，自己和李龟年在岐王宅里和崔九堂前相遇相交，是很寻常的事情，可是，处于颠沛流离之中的现在的二人在衰世中重逢，过去美好的时代就只能成为一去不复返的回忆了，而且往事好像也只能激起回忆往事的人的伤痛感，往事越是美好，就越令回忆者黯然神伤和无限感慨。这样的主题在杜甫晚年的《丹青引赠曹将军霸》和《观公孙大娘弟子舞剑器行并序》等诗作中都有体现。

陈与义《临江仙·夜登小阁忆洛中旧游》同样隐含有不同时期的两个"我"的视角在观察世事。从北宋灭亡之前的词人陈与义的视角来看，此词上阕所描绘画面的画风是恬静的、清婉的，充满了闲情雅致，亦不失豪情。"午桥桥上饮，坐中多是豪英"中的"午桥"，是唐代白居易、刘禹锡和裴度等文学风流人物举杯相欢、吟诗唱和的地方。青年时期的陈与义仰慕先贤，与当时的文学名士也经常在此聚会，吹笛畅谈、欢饮达旦。伴随着这些青年才

俊的，是在静静的流水中悄悄消逝的月光，还有杏花那稀稀疏疏的影子。在如此美妙的春光中，在志同道合的好友陪伴中，作为经验自我的词人是何等惬意！

二十多年以后的词人既被贬谪过，更经历了国破家亡之痛，饱尝了颠沛流离之苦，物是人非的巨大世事变迁使他产生了人生如梦之感。此时的叙述自我去看雨后初晴的景致，内心并无任何美的感觉产生，只是为了排遣心中的闲散无聊之感而已。古往今来多少的大事，也只能被渔人在渔歌中来唱唱罢了，在词人心中也没有了沉甸甸的分量。以此时这个看破一切、回避现实的词人眼光回过头来看二十多年以前和朋友们在午桥欢饮畅谈的场景，再看看世事难料，朋友们现在天各一方、命运无常的人生结局，而过去的美好则如流水般逝去，无可挽回，悲痛感不觉涌上心头。

通过以上分析，可见陈与义词与杜甫诗所抒发之情是非常相似的，都体现了在家国衰败、个人潦倒的背景下美好往事不堪回首的心境，诗词所抒发的情志，不仅与个人前途相关，更关乎天下命运。

综上所述，可以看出：在语文教材回忆性选文中，经验自我和叙述自我对同一人物、同一事物等叙述对象在不同时期的体察和认知存在很大差异，表现了"我"这个个体在历史的不同瞬间所特有的多样的生命体验和感触。教师有意识地引导学生对此进行精准辨析，有助于他们深入细致地领会作品丰厚的内涵，因而在教学中有着重要意义。

第九节　高中语文教材中的红色经典篇目选读

红色经典篇目，在此处指的是能够体现马克思主义、表现以马克思主义为指导思想的中外革命及社会主义建设题材的经典作品。统编高中语文教材中，红色经典篇目包括毛泽东的演讲稿《反对党八股》和词作《沁园春·长沙》，恩格斯的悼词《在马克思墓前的讲话》以及茹志鹃的小说《百合花》等作品。

2013年2月，习近平总书记在原兰州军区视察时指出，要发扬红色资源优势，把红色基因一代代传下去。之后，习近平总书记又在不同场合强调了红色基因教育的重要性。因此，在追求工具性和人文性高度统一的高中语文教学中，如何有效开展红色经典篇目教学，充分挖掘并实现其内在价值，就有着重要意义。当然，以上四篇作品的教学，不仅有利于红色基因的传承，更有利于全面提升高中生的语文核心素养。

以下，我们从高中生语文核心素养培养的角度谈论以上几篇红色经典篇目的教学。限于篇幅，更因为每篇作品自身的特性，在论述语文核心素养的每个方面时，我们主要具体结合其中一篇作品来展开。当然，这并不意味着每篇作品只能培养学生某个方面的语文核心素养。

一、"语言建构与运用"视角下的红色经典篇目解读

众所周知，语文素养之中有核心素养。如果语文核心素养中要再论核心，那么，"语言建构与运用"便是核心中的核心。高中生的思维素养、审美素养和文化素养，无不要融合、渗透于语言素养之中来提升，脱离了语言，一切素养都是无源之水、无本之木。故此，本书虽为了行文方便而将四种语文核心素养分开论述，但实际上它们是分不开的。

"语言建构与运用"，是指学生在丰富的言语实践中积极探索语言理解和运用规律，在此基础上形成良好的听说读写能力。在提升学生言语能力上，《反对党八股》无疑是极为典范的样本，用心揣摩，学生肯定会深刻体会到如何演讲才能取得良好效果这样的知识，进而在下一步的演讲实践中提升自己的演讲能力。

《反对党八股》这个演讲文本体现了毛泽东高超的演讲水平。

第一，演讲有极强的现实性和针对性，针对现实存在而又亟须加以解决的问题展开。《反对党八股》针对的是延安时期在主观主义、宗派主义和教条主义共同影响下形成的一种恶劣文风（当然，很多经典作品具有超越时空性，《反对党八股》所反对的不良文风在目前仍有不同程度的表现），对这种文风

如果放任自流，将会产生极大危害。因此，尽管根据地的生存仍是头等大事，但毛泽东还是花了很大精力来处理文风问题。第二，演讲高度适应具体情境。也就是说，毛泽东根据演讲目的、演讲对象和演讲场合来确定演讲内容和演讲形式。比如，这个演讲的目的是反对八股文风，而毛泽东的演讲内容和演讲形式本身就非常符合这个精神，不机械、不教条、灵活多变，该长的地方（论述党八股表现的前六条）不惜多费字句，不该长的地方（后两条）则点到为止。毛泽东的这个演讲还很注意营造现场感。在讲如何学习语言时他举了个例子："例如今天开的干部大会，这'干部'两个字，就是从外国学来的。"这个例子，就与现场完全契合。第三，演讲非常讲究策略和技巧。比如，为了取得良好的演讲效果，使延安的干部切实扭转文风，毛泽东在措辞策略上，既使用严谨求真的语言表达形式（如怎样进行调查研究的相关论述），又使用生动活泼的语言表达形式（这样的例子更是举不胜举，如"裹脚布""瘪三""开中药铺"的比喻和引用人民群众的语言"到什么山上唱什么歌"等）。整体来看，主要就是深入浅出地用大白话讲大道理。正是这样的语言，深刻影响了受众的思想。第四，演讲高度体现演讲主体独特的个性。毛泽东的这个演讲，既体现其思维的深刻（如对文章"长"和"短"的辩证认识），又体现其思维的灵活（如对"对牛弹琴"者而不是对牛的批评）；既有话语的风趣幽默（如将洗脸和写作进行类比的话语），又有不失时机的批评和讽刺（"要是我们的老爷写起来，那就不得了，起码得有几万字"），还有发人深省的警句（"凡真理都不装样子吓人，它只是老老实实地说下去和做下去"）。具有鲜明个性的演讲才能最终打动受众，收到很好的鼓动之效。

　　毛泽东在《反对党八股》这个演讲中表现出来的上述言语经验和言语智慧，对高中生"语言建构与运用"素养的提升，有着极高的价值。

　　2019版统编高中语文教材在此篇课文后的"学习提示"和课文所在单元的"单元学习任务"中，都强调要引导学生关注这篇文章写作的现实性和针对性，以及表达内容、表达形式、表达目的和表达对象等写作要素。应该说，从"语用"角度来看，比起过去语文教材的相关处理，这是一个极大的进步。

但略显不足的是，统编教材在文体上，仍笼统地将《反对党八股》界定为议论文而非演讲文本。显然，这不利于培养学生良好的文体感进而培养起他们相应的言语能力。

从教学上来看，多数教师的文体意识更弱，基本上未能充分认识到这篇文章的演讲特性。从以下几份教学设计方案确定的教学目标即可看出。

教学设计方案一所确定的教学目标：

（1）筛选并整合文章相关信息，理清文章的行文思路。

（2）学习本文边破边立、分项列举的论证方法。

（3）学习本文通俗易懂、生动活泼的语言。

教学设计方案二所确定的教学目标：

（1）掌握"对牛弹琴""檄文""接洽"和"流毒"等词的意义。

（2）分析理解"摆情况—论危害—挖根源—提办法"的论述思路与"分项列举，边破边立"的论证方法。

（3）揣摩本文运用成语、俗语、引例、设喻使语言生动形象的方法以及语言使用的原则。

教学设计方案三所确定的教学目标：

（1）学习在批判错误中充分阐述正面主张的说理方法，破立之间的过渡和照应。

（2）学习通俗易懂、生动活泼的语言。

（3）认识党八股对革命工作的危害和反对党八股、树立马克思列宁主义文风的重大意义。

以上教学目标的设置，缺乏鲜明的语用意识，将文本简单地当作议论文来处理，这显然不利于有效提升学生的言语能力。

二、"思维发展与提升"视角下的红色经典篇目解读

"思维发展与提升"，指的是学生在语言理解和运用过程中，使自己的直觉思维、形象思维、逻辑思维和辩证思维能力得到发展，并使自己思维的深

刻性、敏捷性、灵活性、批判性和创新性品质得到提升。我们以《在马克思墓前的讲话》为例，论述红色经典篇目在学生思维发展与提升方面的价值。

《在马克思墓前的讲话》以严谨的思维、深沉的理性和真挚的情感而被称为人类历史上最好的悼词之一。但由于种种原因，文本中严谨的思维却屡被误读，引导学生对此进行理性思考、避免被各种扑朔迷离的误读误导，很有必要，同时也会大大提升他们的思维水平。

1. 如何引导学生理解"思想家""科学家"和"革命家"三者的关系？

恩格斯在文中依次用"思想家""科学家"和"革命家"三个称谓来指称马克思，那么，这三个称谓之间究竟是什么关系呢？有论者认为："'思想家'是属概念，'科学家'和'革命家'是'思想家'这一属概念统领下并列存在的种概念。"[①] 这种解读从表面来看很有新意，但实际上却是一个严重的误读。

马克思的伟大，表现在多个领域，但在恩格斯看来，马克思的伟大首先表现在他作为革命家的一面，即他对革命的巨大贡献上。在伦敦海格特公墓马克思的墓碑上，镌刻着逝者的一句名言："哲学家们只是用不同的方式解释世界，而问题在于改变世界。"马克思的这种追求，也有助于让我们认识到这位伟人之所以伟大，首先不在于他对人类进步做出的理论贡献，而在于他对革命实践做出的贡献。这与恩格斯在《在马克思墓前的讲话》中所说的"因为马克思首先是一个革命家"完全契合。而"思想家"所做的工作是侧重于理论层面的，尽管整体来看，理论不能脱离实践，要从实践中来、到实践中去，马克思的思想理论也确实和革命实践紧密融合，但毕竟理论本身不是实践，一些伟大的思想家未必就是一个伟大的革命家（如孔子），而且有些伟大的思想家实际上是不太需要参加实践的，天人合一的绝妙沟通也可以产生伟大的思想（如老子）。

因此，上述论者所言之"思想家"统领"科学家"和"革命家"，在逻辑上是不成立的。造成误读的部分原因，是恩格斯在开头第一段说了一句

---

① 崔茂新. 从一篇经典文本的误读看语文教育的深层次问题——对《在马克思墓前的讲话》的新发现及相关思考［J］. 现代语文（教学研究），2007（1）：10.

话——"当代最伟大的思想家停止思想了",然后又在下边分说马克思作为科学家和作为革命家的贡献。上文说过,《在马克思墓前的讲话》是一篇不朽的悼词,恩格斯对马克思的评价也有盖棺定论之意,所以我们极易轻易认定:文章是总分结构,"最伟大的思想家"是恩格斯对马克思的总评,而"科学家"和"革命家"则是分述。这种看起来好像很顺畅解释力也很强而实际上却很不严谨的阅读方式,反映了一种长期存在于语文课堂教学之中的不良的阅读习惯。其实,恩格斯说马克思是"思想家"和"科学家",是偏重于理论层面的高度评价,说马克思是"革命家",则是偏重于实践层面的更高评价(恩格斯是在说:马克思的理论探索并不具有最高价值,它是革命的一种形式或武器,最终是为革命这个目的服务的)。因此,"思想家"这个概念在逻辑上无论如何统领不了"科学家"和"革命家"。我们常见的说法"马克思实现了革命家与思想家的高度统一",也表明"思想家"不是"科学家"和"革命家"的上位概念。

依上述思路,可有效启发、指导学生在逻辑上弄懂相关概念的关系。

对此,也许有善于思考的学生会发问:既然马克思首先是一个革命家,那么,为什么恩格斯不在开头说"当代最伟大的革命家停止革命了"呢?或者再全面一点,说"当代最伟大的思想家和革命家停止思想和革命了"呢?这要引导学生从话语语境角度来思考问题。恩格斯在这个悼词开头真实具体地描述了马克思逝世的情形——"让他一个人留在房里还不到两分钟,当我们进去的时候,便发现他在安乐椅上安静地睡着了——但已经永远地睡着了。"为了切合马克思是在思想中停止了思想这个逝世的具体情境(悼词不同于普通的议论文,普通议论文中的叙述性成分要尽可能精练简略,而悼词中的叙述却允许适当详尽一些以营造氛围、打动受众),恩格斯没有说马克思革命的一面,而只提他作为思想家的一面。这是教学中需要引导学生仔细体会的。这个问题,也在很大程度上反映出我们的阅读教学是脱离语用的,喜欢凭一些凝固的阅读图式和想当然的阅读知识来笼统地进行阅读,而不会引导学生根据语境来具体地分析语段的写作内容和写作形式,而学生思维的僵化与此种阅读方式有密切关系。

2. 如何引导学生理解恩格斯对马克思两大贡献进行具体评价的顺序？

在悼词第二段，恩格斯说道："这个人的逝世，对于欧美战斗的无产阶级，对于历史科学，都是不可估量的损失。"也就是说，先高度评价马克思的革命贡献，再评价其科学贡献。然而接下去的几大段落却没有按这个既定顺序展开：恩格斯是先讲马克思对科学的贡献，再讲其对革命的贡献。这样处理是为什么呢？引导学生弄清楚这个问题，也有利于提升他们的思维水平。

教师可以用比较法，先让学生对恩格斯这种处理进行改写，即将第二段及以下几大段落都按"科学家——革命家"的顺序来展开，然后与恩格斯的处理进行比较。通过比较，加上教师适度点拨，学生不难发现，第二段在整个讲话中仍是起到定调作用，必须按"革命家——科学家"的顺序评价马克思，这样才符合实情。以下几段，先讲马克思的科学贡献，是为了自然、巧妙地将话题过渡到马克思的革命贡献上，对下文的展开起到了铺垫作用。这几段中第六段发挥的承上启下作用很明显，这一段让受众认识到：马克思是将科学研究作为革命实践的方式和武器来对待的，马克思真正伟大的地方是他能够科学地展开革命实践。这就是说，一方面，从本质上看，科学研究本身就是革命实践的重要组成部分，作为科学家的马克思为作为革命家的马克思奠定了科学的理论基础；另一方面，马克思把革命上升到科学和理论的高度来进行，作为革命家的马克思又为作为科学家的马克思奠定了全部理论的实践基础。这样，马克思真正将科学和革命深刻地融合、统一了起来，故此，他的科学贡献和革命贡献都是真正伟大的。相反，如果从第三段起以后的几段逆着这样的顺序来写，先讲马克思的革命贡献，再讲他的科学贡献，要取得这样水到渠成、浑然一体和天衣无缝的表述效果就非常困难，而极易让读者感觉到马克思的两大贡献是并列的、分别独立存在的。

三、"审美鉴赏与创造"视角下的红色经典篇目解读

"审美鉴赏与创造"是指学生在语文学习中，通过审美感受、审美体验、

审美评价和审美创作，形成良好的审美意识和审美能力。《百合花》这篇极具艺术个性、有着很高艺术水准的小说，在提升学生审美修养方面，有着不可替代的价值。教材编辑将这篇作品选入教材，也体现了很好的艺术眼光。

首先，小说体现了政治层面的道德美。政治层面的道德美主要是通过小通讯员在关键时刻毫不犹豫地舍身保护他人生命来体现的，也通过新媳妇大方地为革命拿出新婚用的棉被等情节来体现。这种道德美，不仅符合政治对革命者的要求，同时也体现了"舍生取义"的传统儒家精神追求。高中生对此很容易理解，教师无须多讲。

其次，小说体现了普通人际关系层面的人情美。这种人情美超越了意识形态，可以通过文工团员"我"和小通讯员之间基于同乡情和同志情而建立起来的亲情来体现（可引导学生仔细品读小通讯员将馒头放在石头上给"我"开饭，以及"我"后悔没有给他缝补衣服这几处细节）。关于这一点，作者说道："同时在这段路程中，要让'我'对通讯员建立起一种比同志、比同乡更为亲切的感情。但它又不是一见钟情的男女间的爱情。'我'带着类似手足之情，带着一种女同志特有的母性，来看待他，牵挂他。"[①]人情美更通过新媳妇和小通讯员之间超越军民鱼水情而建立起来的亲情来体现（可引导学生仔细品读新媳妇"故意气通讯员"，但实际在心理上已完全接纳了他并对他充满了好感，以及接下来要给小通讯员缝衣服口子等细节）。这种人情美，与人的政治地位和身份无关，它主要源自民间，反映了一定的民间话语。而正是这样的民间话语的出现，极大地丰富了红色经典作品的内涵，使之不再只是单纯的政治和革命理念的传声筒。教师可引导学生用"知人论世"的读书方法了解茹志鹃创作此篇作品时的处境和心态，以深入理解作者何以对这种单纯的、令人备感温馨的人情如此推重。当然，如果能够引导学生以悲天悯人的情怀再来品读小说，他们就更能发现：茹志鹃深情礼赞具有超越性的人情，本质上是对每个普普通通的人的价值和生命的尊重。这可以很好地培养学生关注、

---

① 茹志鹃.漫谈我的创作经历［M］.长沙：湖南人民出版社，1983：45.

敬畏个体价值和生命的人文情怀。

再次，小说体现了私人性情层面的人性美。与上述政治意义和民间意义的话语不同，从私人意义的话语角度来看，小说体现出来的独特的美好不宜公开讨论：敏感的读者从一开始就能清楚地觉察到作品中透露出来的强烈的性别意识。也就是说，在小通讯员和"我"之间、小通讯员和新媳妇之间，隐隐约约存在着一种朦胧而恍惚、若有又若无的对异性的爱恋之情。当然，由于弗洛伊德所谓"超我"的作用，这种爱是超越世俗、超越性欲的，不以婚姻为目的，因此，它是人类一种"思无邪"的、健康的情感。尤其值得注意的是，这种爱表现为典型的男被动、拘谨，女主动、开放的模式（可引导学生仔细品读两位女性和小通讯员之间的对话和交往细节），因此，读起来更具有浓郁的中国文化美。如果缺失了这种美，小说中的人物形象将会扁平化，主题将会单一化，这会使得小说在艺术上逊色不少。教师可以设置以下问题来引导学生体会此种人性美。

为什么作家要将通讯员、"我"和新媳妇这三个人物设置成二女一男的性别，而且要让他们三个青春年少之人年龄均比较接近？三个人物全都为男性或全都为女性，或虽为异性，但年龄差上几十岁，不也可以表现军民鱼水情或普通的人与人之间的相互关爱吗？

在微妙的两性情感上，如果倒置过来，即小通讯员对"我"和新媳妇较为主动和开放，而这两位女性则非常被动和保守，读者读起来会感觉怎么样？

有人说，小通讯员在枪口上插了几根树枝，后来又增添了一枝野菊花，表现了他对异性藏于羞涩背后的一种"隐蔽的柔情"。你认可这样的观点吗？

最后，小说体现了写作技巧层面的艺术美。这种艺术美，首先表现为作品浓郁的诗性和抒情味道。对此，有论者精辟地分析道："……他们之间心理与感情的微妙变化和纠葛更呈现出轻喜剧的色彩，洋溢着浓浓的诗意，充满生活的情趣，收到了很好的美学效果。"[1]另有论者敏锐地感觉到：《百合花》

---

① 刘复生，张宏.中国现当代文学名著［M］.北京：蓝天出版社，2008：193.

的结尾像极了一首哀婉、幽怨的抒情诗，忧伤、悲戚的气氛笼罩全篇；又如一幅精致、细腻的油画，整个画面凝重、肃穆[①]。这些极有见地的评论，与茅盾对小说"富于抒情诗的风味"的评价完全一致。要引导学生品读出来重大革命题材作品中蕴涵的抒情诗味道并不容易，教师可适时将孙犁先生的《荷花淀》作为"互文本"引入课堂以帮助学生理解。除了浓郁的抒情性，小说的艺术美还集中体现在对传统比衬手法的运用上。如作品以象征着喜庆、吉祥、婚姻美满和家庭幸福但最终实际上毁于战火之中的"枣红底色上洒满白色百合花的被子"来反衬能够轻易剥夺人生命的战争的残酷。教师还须引导学生看出比衬手法在其他地方的运用，如以小通讯员在异性面前的腼腆羞涩、耍小性子以及喜爱野花的柔情来反衬其在战场上的英勇无畏，以"我"家乡静谧祥和的中秋风俗图景来反衬激烈紧张的战斗生活，以新媳妇甜蜜的燕尔新婚来反衬小通讯员终生没有品尝过爱情滋味的孤苦，以插进枪筒的野花的柔情来反衬枪筒所象征的战争的暴力。小说的艺术美还体现在对传统含蓄手法的运用上。如小通讯员第一次去新媳妇家里借被子，他和新媳妇如何"过招"，在小说中只字未提。这个省略的情节很值得让学生发挥想象去还原，以提升他们的审美能力。另外，小通讯员去世后，新媳妇在为他缝补衣服时究竟会有何种复杂的心理活动，也需要学生发挥想象去补白。最后，还应引导学生从人物外部言行和内心活动的错位等角度体验小说营造的艺术美。如新媳妇"好像是在故意气通讯员，把被子朝我面前一送，说：'抱去吧。'"以及"'是我的——'她气汹汹地嚷了半句，就扭过脸去"这两处表现，表面来看这是她在生气、在意气用事，但实际上内心深处对人却是一片真诚和爱心。

四、"文化传承与理解"视角下的红色经典篇目解读

"文化传承与理解"指的是学生在语文学习中，要形成中华传统文化、红色革命文化和社会主义先进文化的传承意识，尊重和理解多元文化，并能够

---

① 巫小黎.《百合花》的重刊与重评：兼论茅盾的阐释［J］.文艺争鸣，2018（2）：149.

积极参与当代文化生活。

承担传承红色革命文化使命的红色经典篇目，涵盖了人世间最美好的精神品质。究其要义，就是人的主体精神和心性超脱了自私状态后的舒展和升华；究其实质，就是崇高感，就是涵盖了奋发感、自信感、力量感、超越感、公平感、正义感、庄严感、责任感和利他意识等精神因素在内的一种高尚的情感体验。

在以上分析的三个经典篇目之中，实际上都包含着具体表现有别但精神实质如一的崇高感。《反对党八股》主要体现了鲜明的人民立场和群众立场，《在马克思墓前的讲话》主要体现了大无畏的革命精神，《百合花》主要体现了可敬的英雄主义、集体主义以及伟大的人文关怀。那么，《沁园春·长沙》这首词体现了什么样的崇高感呢？首先是一种心忧天下的责任感和豪迈的自信感（可引导学生品读"怅寥廓，问苍茫大地，谁主沉浮"等句），其次，是一种强烈的正义感以及基于宏伟理想而产生的超越感（可引导学生品读"指点江山，激扬文字，粪土当年万户侯"等句），除此以外，还有一种基于坚定信念而产生的力量感（可引导学生品读"书生意气，挥斥方遒"和"到中流击水，浪遏飞舟"等句）。

在中国当前的文化氛围中，一方面是社会主义核心价值观的高扬，是崇高感的高扬；另一方面，由某些经济和文化强势者主导的恶劣文化却在推崇自私、暴力和享乐等基本主题，从而导致崇高感在一定程度上受到冲击而逐渐销蚀。受此影响，高中生在很大程度上自发地对某些情感类小说、故事性及娱乐性较强的作品、带有财富和权力崇拜倾向甚至带有暴力倾向的书籍更感兴趣，而觉得革命距离他们很遥远、红色经典很难读下去。在这种情形下，落实好红色经典篇目教学更有时代意义，不仅能够使学生对革命文化有一个正确认识和深入理解，从而增强和提升他们对革命文化的自觉和自信，同时还能够对暴力文化和低俗文化进行有力反拨，减弱它们对学生心灵产生的不良影响。

综上，落实好红色经典篇目教学意义重大。但是，在当前多元文化深度交融的大背景下，做好这件事情、取得理想效果又极为不易，需要教师创造性地开展工作，既要确定好合适的教学内容，还要遵循语文教学规律，选择好有效的教学方法和手段，让红色教育以"润物细无声"的方式融合在高中生语文核心素养提升的过程中。据笔者有限的见识，西安铁一中分校张晨老师的《红星照耀中国》阅读教学实践案例，被专家点评为"有益、有趣、有方法"，是红色经典篇目教学极富创意、极为成功的一次探索，很值得全国语文教师借鉴。

第二章

语文教材经典篇目中几个重要词语研读

第一节 范仲淹《岳阳楼记》中"越明年"词义辨正

语文教材对《岳阳楼记》中"越明年"这一短语的注解，多年来摇摆不定，有过多次反复。教材编辑时而将其解释为"到了第二年"，时而又解释为"到了第三年"，甚至在同一年出版的语文教科书和配套的语文教师用书里还会同时存在以上两种相冲突的说法。现行统编版教材则将其解释为"到了第三年"。那么，究竟哪种说法能站得住脚呢？

一、传统文献中"越 + 表时间词语"的两种表述格式

在传统文献中，"越 + 表时间词语"的表述几乎有无数种具体格式。概括地说，可归为两大类：一是"越 + 表时间跨度的词语"，二是"越 + 表时间节点的词语"。

第一类举例如下：

（1）到了除夕这一日，晋廷文武百官，闻辽主翌日到京，夤夜出宿封禅寺。越日为正月元旦，百官在寺内排班，遥辞晋主……（蔡东藩《五代史演义·第三十六回》）

除夕的第二天就是正月初一，这个常识表明："日"在此处为表时间跨度的词语，而"越"则同"阅"（有文献即以"阅"代"越"），义为"经历""经过"，可译为"过了"，"越日"＝"越一日"，就是"过了一天"，或"一天以后"。

（2）弘一法师座下……预计九月廿六日（即弟子生日）可以付邮寄奉……

越六日为弟子生日……民国廿八年古历九月二十日弟子丰婴行顶礼。(丰子恺《丰子恺致弘一法师》)

很明显，这里"越"可译为"过"(不是"过了")，"越六日"就是过六天以后。

(3)遗诏既下，准备丧葬典礼，务极隆崇。加谥曰孝钦显皇后，谥光绪帝为德宗景皇帝。越月，嗣皇帝溥仪即位……(蔡东藩《清史演义·第九十五回》)

据清史可知：慈禧和光绪死亡时间是1908年11月，同年12月溥仪在太和殿即位。因此，"越月"就是过了一个月。

(4)有素识之开豆腐店张老儿借去，言定一月还清，每月三分起息，过期利息加倍。此是张老儿自愿，并非小的故意苛求。兹已越五月而不见还。(李春芳《海公案·第十一回》)

本约好一月为期还钱，但现"已越五月而不见还"，足见时间拖延得够长的。

(5)庆元元年冬，无雪。二年冬，无雪。四年冬，无雪。越岁，春燠而雷。六年，冬燠无雪，桃李华，虫不蛰。(《宋史·卷六十三·志第十六·五行二上》)

文中之"越岁"表明时间由南宋庆元四年跨越到庆元五年，就是"过了一年"。

(6)十一年，河决归德……越二岁，兖州知府龚弘上言："……但今秋水从王牌口东行，不由丁家口而南，顾逆流东北至黄陵冈，又自曹县入单，南连虞城……"(《明史·卷八十三·志第五十九·河渠一》)

据史料，"明弘治十三年三月，兖州知府龚弘奏报，黄河从王牌口等处东行，不由丁家口向南，经黄陵岗入曹、单、虞城诸县。"[①]由是可知，"越二岁"就是"过了两年"。

---

① 赵禄祥，赖长扬.资政要鉴·经济卷(下册)[M].北京：中国档案出版社，2009：639.

（7）杜伯曰："臣无罪而加戮，若死有知，臣将上报，不越三岁，必雪深冤矣。"（陶潜《搜神后记》）

"不越三岁"，在此意思最为明白无误，就是"不过（不是'过了'）三年"。

（8）贼复移攻兰州，雪夜登城。巡抚林日瑞，总兵郭天吉等战死，追陷西宁、甘肃，三边皆没。越年，自成居然僭号，国号顺……（蔡东藩《明史演义·第九十八回》）

明末，兰州、西宁等地被李自成攻陷是崇祯十六年（643年），崇祯十七年（644年）李自成在西安称王。所以"越年"＝"越岁"，也是"过了一年"。

（9）自从吴主权称帝以来，差不多有二十余年，初次黄龙，越三年改号嘉禾，又越六年，改号赤乌，又越十三年，改号太元。（蔡东藩《后汉演义·第九十七回》）

吴主孙权年号黄龙为229—231年，嘉禾为232—238年，赤乌为238—251年，太元为251—252年，神凤为252年。由此可知，上文中"越几年"就是"过了几年"。（如果不因为农历和公历上一个月左右的时间错位而导致换算失误，此处权将农历换算为公历，虽然二者步调不完全一致。以下同）

（10）常州之失以咸丰十年四月初六日，越四年而复，日月皆不爽，亦一奇也。（《清史稿·卷四百七十五》）

常州在咸丰十年（1860年）四月初六被太平军攻克，四年以后，于同治三年（1864年）四月初六被清军收复，所以称"越四年而复，日月皆不爽"。

以上10例中，"越"后紧随的均为表时间跨度的词语，以下8例中，"越"后紧随的均为表时间节点的词语。

（11）其成之岁月，淳熙戊申冬十一月庚子也。越四年，绍熙辛亥五月，予友人方君伯谟移书为怀素求文为记。（陆游《建宁府尊胜院佛殿记》）

以淳熙戊申年为第一年，则绍熙辛亥年为第四年。因此，上文中"越四年"义为"到了第四年"（再具体点说就是到了该年的五月份）。"越"义为"到了"，"四年"不表四年时间（four years）的跨度，而指第四个年头（the fourth year）这个时间节点。

（12）其葬曰：太夫人卒于道光十五年四月十八日，年六十七。明年九月十七日，葬于西湖之三台山麓。越七岁，道光二十二年三月十七日，而府君卒，春秋七十有三。（曾国藩《曾国藩全集·钱塘戴府君墓志铭》）

上文中"明年"为道光十六年，"越七岁"为道光二十二年。可知，此处"越"仍是"到了"而非"过了"，"七岁"仍指第七个年头而非七年的时间跨度。

（13）"丁卯，命作册度"，是十九日也。"越七日癸酉，伯相命士须材"，是四月二十五日也。（刘昫《旧唐书·卷九十一·列传第四十一·桓彦范等》）

以丁卯日（十九日）为第一日，则癸酉日（二十五日）为第七日。因此，"越七日"义为"到了第七日"，"七日"不表七天时间之长，而指第七天这个时间节点。

（14）乙丑，燕兵犯金川门，左都督徐增寿谋内应，伏诛。谷王橞及李景隆叛，纳燕兵，都城陷。宫中火起，帝不知所终。燕王遣中使出帝后尸于火中，越八日壬申葬之。（《明史·卷四·本纪第四·恭闵帝》）

以乙丑日为第一日，则壬申日为第八日。"越八日"仍指一个特定的时间节点。

（15）越乾隆三十三年，陈君子希孟，臧君子乙凤与李君遇进重修……（王际午《重修岱嵋圣母殿金妆神像暨创建歌舞楼记碑》）

（16）十一月二十八日酉时，承泉下公以疾卒于第。越今年戊午，其家嗣台衡君，卜以闰四月二十六日，葬公于城东四十里许……（孙可儒《怀远将军下承泉墓志铭》）

（17）越天宝元年某月八日，终堂于东京仁凤里，春秋若干，示诸生灭相。（杜甫《杜少陵全集·唐故万年县君京兆杜氏墓志》）

（18）明年夏四月癸卯，以验尸感疾遂困，勺饮不入口者一月，昏不知人，家人环泣待尽。越五月辛未，忽微作声，索水饮，身渐能动。（洪迈《夷坚乙志·卷四·张文规》）

以上"越 + 表时间词语"意思分别是"到了乾隆三十三年""到了戊午年的今年""到了天宝元年某月八日"和"到了五月辛未这一天","乾隆三十三年""今年戊午""天宝元年某月八日"和"五月辛未"在此均表时间节点。

二、如何区分传统文献中的上述两种表述格式

如何区分传统文献中的上述两种表述格式呢？关键点就是综合考量社会文化语境和上下文语境等关键因素，仔细鉴别"越"字后紧跟的词语是表时间跨度的，还是表时间节点的。

（19）墓师汪然出涕曰："……葬后不百日，吾当死，君善视我家……"……越三月，墓师果死。（洪迈《夷坚乙志·卷十一·刘氏葬》）

（20）一夕，有神光降于树，在两河之间，人即其所而候之，树乃生瘿，若怀妊状，自是光常见。越九月又十日，而树瘿裂，得婴儿者五，土人收养之。（《元史·卷一百二十二·列传第九·塔海》）

在（19）例中，根据上下文语境，"三月"为一时间跨度，"越三月"义为"过了三个月"，非"到了三月份"或"到了第三月"。（20）例中，根据"又"字可知，"越九月又十日"即"过了九个月零十天"，非"到了九月十日"。

以下两例中都出现了"越六月"字样，但所指显然不同：

（21）福建长乐县民妇李氏，年二十五，生一子，越六月而夫亡，矢志抚孤。（袁枚《子不语·卷二十四》）

（22）越六月二十九日，迁殡于河南县平乐乡之原，礼也。（杜甫《杜少陵全集·唐故万年县君京兆杜氏墓志》）

（21）例中，由于这是故事的开头，所以"越六月"的意思不可能是"到了六月份"或"到了第六月"，而是"过了六个月"或"六个月以后"。而（22）例中，"六月二十九日"为一时间节点，所以"越六月二十九日"义为"到了六月二十九日这一天"。两处"越"用法明显不同。

我们还看到：有的文献中"越 + 表时间词语"结构的表述是有问题的。如：

（23）丁宝桢，字稚璜，贵州平远人……十年，除知岳州府，始罢遣所募

兵……越岁，调长沙。（《清史稿·卷四百四十七·丁宝桢传》）

咸丰十年为1860年，此处"越岁"即指1861年，但实际上是"同治元年（1862年）正月，经湖南巡抚毛鸿宾奏准，调丁宝桢为长沙知府"[①]。《丁慎五公年谱考》说得很清楚："元年正月，父宝桢调任长沙府知府，深得湖广总督毛鸿宾赏识。"[②]丁宝桢墓志铭也有相关记载："越岁，为同治元年，调长沙。"[③]所以此处不能说"越岁"，而应说"越二岁"。以下例句也有问题。

（24）至元丙子后，流寓泉州，起家贩舶。越六年壬午，回杭，自言于蕃中获圣铁一块……（陶宗仪《南村辍耕录·卷二十三》）

通过例（10）"越四年而复"、例（11）"越四年，绍熙辛亥五月"这两个例子的对比，我们可以看到："越几年"结构如果要表示"过（或过了）几年"之决，此结构须独立使用，"几年"后不能再附加表示时间节点的词语；相反，如果"几年"之后又附加了表具体时间节点的词语，"越几年"就只能表示"到了第几年"。因此，例（10）的"越四年"是"过了四年"（实际上已经到了第五年），例（11）的"越四年"则是"到了第四年"。这种差异很细微，读者却不可马虎。

类似的差异，还表现在例（2）和例（13）的"越六日"和"越七日癸酉"的对比中，以及例（21）和例（18）的"越六月"和"越五月辛未"的对比中。例（2）和例（21）中"越+表时间词语"结构要表示"过（或过了）多长时间"这个意思，"越六日"和"越六月"须独立使用，"六日"和"六月"后不能再附加表时间节点的词语。例（13）和例（18）中，由于"越七日癸酉"和"越五月辛未"中"七日"和"五月"后分别附加了"癸酉"和"辛未"这两个表时间节点的词语，"越+表时间词语"的结构只能表示"到了什么时候"这个意思。

---

① 贾熟村.丁宝桢编年事略［J］.临沂师范学院学报，2004（1）：90.

② 丁泽霆，编撰.丁慎五公年谱考［A］.丁宝桢.丁文诚公家信［Z］.济南：山东画报出版社，2012：337.

③ 阎敬铭.皇清诰授光禄大夫赠太子太保四川总督丁文诚公墓志铭［A］.丁宝桢.丁宝桢全集［M］.贵阳：贵州人民出版社，2017：189.

在例（24）"越六年壬午"这一表述中，由于"越六年"后紧跟"壬午"这一表时间节点的词，所以义为"到了第六年的壬午年"。但由于壬午年实际上是从丙子年开始的第七年，所以上例"越六年壬午"应修正为"越七年壬午"。

（25）乾隆丁亥，镇江修城隍庙……越八年，乙未，高死；丙申，吕继亡。（袁枚《子不语·卷三》）

同理，上例中"越八年"后因为有"乙未"二字，所以说法同样有误，应修正为"越九年"：以"丁亥"为第一年，则"乙未"实为第九年。

以下例句中纪昀的"越四年壬午"用法极为正确，可资正误对比。

（26）然干仅修《丧礼》十五卷，成于嘉定己卯。其《祭礼》则尚未订定而干又殁。越四年壬午，张虑刊之南康，亦未完本也。（纪昀《四库全书总目·卷二十二·经部礼类四》）

以己卯年为第一年，到了第四年就是壬午年，故曰"越四年壬午"。

三、《岳阳楼记》中"越明年"的准确词义

至于《岳阳楼记》中的"越明年"，通过以上分析可知：由于"明年"表示时间节点而不表时间跨度，所以"越"义为"到了"，"越明年"即"到了明年"。

"越明年"义为"到了明年"的相关文献极多。

（27）贞元十有五年，天子命中书舍人渤海公领礼部贡举事。越明年春，居易以进士举，一上登第，洎翌日至于旬时。（《全唐文·第七部·卷六百七十七》）

白居易是"贞元十六年，中书舍人高郢下进士、拔萃，皆中，补校书郎"①，所以"越明年春"无疑指"到了第二年的春天"。

（28）二十五年任苏松太道。越明年，北方拳匪乱，中外失和。（中国社

---

① 辛文房.唐才子传［M］.上海：古典文学出版社，1957：93.

会科学院近代史研究所《近代史资料专刊·义和团史料》)

根据社科院近代史研究所编著的《近代史资料专刊·义和团史料》，庚子年（光绪二十六年）北方发生义和团运动，并于四至五月间蔓延至直隶、山西各省，天下响应①。可见，此处"越明年"，也应是"到了第二年"。还在光绪二十六年，义和团运动又被绞杀，因而"越明年"不可能是"到了第三年"。

（29）以天福七年三月十六日寝疾薨於镇……越明年，太岁在癸卯孟夏四月二十有三日庚午，归葬于北京太原也。（《全唐文·第九部·卷八百六十三》）

天福七年岁在壬寅，癸卯为次年，故句中"越明年"仍是"到了第二年"。

（30）祠之修始元贞乙未，越明年，丙申告成，距始建甲子逾一周云。（凌寿祺纂，钦瑞兴点校《浒墅关志》）

乙未过而丙申，可知"越明年"与上同义。

顺便补充几点：一、由于"越明年"中"明年"本身就是一个表时间节点的词语，所以不论其后有无别的表时间节点的词语相随，"越明年"意思都是"到了第二年"。二、"越明日"＝"越日"＝"明日"，"越明年"＝"越岁"＝"越年"＝"明年"。三、"越明日"和"越明年"结构完全相同，即便不看文献也可准确推知其义为"到了第二天"。可参看下例：

（31）至家已除夕，越明日元旦，召亲族邻里咸会，凡负财而力不能偿者，悉焚其券。（汪道鼎《坐花志果·下卷三·救人延寿》）

四、《岳阳楼记》中"越明年"被误读的原因

事实很清楚，"越明年"义为"到了第二年"而绝不是"到了第三年"。但是，还是有不少人认同后者。这是为什么呢？

原因之一：对滕子京赴任业绩的主观推断。

有人认为："滕子京虽然颇有政治才干，但要使一郡之地很快能政通人

---

① 中国社会科学院近代史研究所，《近代史资料》编译室．近代史资料专刊·义和团史料（下）［M］．北京：知识产权出版社，2013：1019．

和、百废俱兴，谈何容易！如果是第二年就做出了这番成就，那也才是一年左右的时间，这简直不可以想象。"①但实际上，上任第二年甚至当年就做出很大成就的人为数并不在少。如王彦奇到延安郡后"不逾年，而政教兼举，百废俱集"②。又如"（滉）未几，迁浙江东、西观察使，寻检校礼部尚书为镇海军节度使。绥辑百姓，均租、调，不逾年，境内称治"③。当然，我们也不排除范仲淹对滕子京的业绩有一定程度的夸大之嫌。

原因之二：对滕子京《与范经略求记书》有关时间的错误推断。

此书曰：

六月十五日，尚书祠部员外郎，充天章阁待制、知岳州军州事南阳滕宗谅，谨驰介致书，恭投于邠府四路经略安抚、资政谏议节下：……去秋以罪得兹郡，入境，而疑与信俱释……乃分命僚属，于韩、柳、刘、白、二张、二杜逮诸大人集中，摘出登临寄咏，或古或律、歌咏并赋七十八首，暨本朝大笔如太师吕公、侍中丁公、尚书夏公之众作，榜于梁栋间。又明年春，鸠材僝工，稍增于旧制……④

此信下文有希望老友范仲淹作文以纪念此事的请求。

我们知道：滕子京谪守岳州是庆历四年（1044年），根据信中"去秋以罪得守兹郡"可知此信作于庆历五年（1045年）。信中说的"分命僚属"选取古今歌赋这件事（即范仲淹《岳阳楼记》"刻唐贤今人诗赋于其上"），无疑是"去秋"的事，事在庆历四年；而"鸠材僝工，稍增于旧制"（即范仲淹《岳阳楼记》"增其旧制"）的时间，也就是"又明年春"，乃是承"去秋"而言，事在庆历五年。因此，范仲淹《岳阳楼记》所记"越明年，政通人和，百废俱兴。乃重修岳阳楼，增其旧制，刻唐贤今人诗赋于其上"有欠准确，范仲淹不该在庆历六年（1046年）的回信中将滕子京分属两年做的工作"刻唐贤今人诗

---

① 马铎."越明年"我之理解［J］.语文教学之友，2008（12）：28.

② 李延寿.延安府志（明弘治本）［M］.西安：陕西人民出版社，2012：10.

③ 欧阳修，宋祁.新唐书［M］.陈焕良，文华，点校.长沙：岳麓书社，1997：2740.

④ 王驰，刘鸣泰，刘克利.湖湘文化大观［M］.长沙：岳麓书社，2003：1116–1117.

赋于其上"和"增其旧制"混在同一年（庆历五年）之中。

有人看不到这一点，以为滕子京信中所言"又明年春"乃是滕子京写信当年的庆历五年的第二年，也就是滕子京上任岳州的庆历四年的第三年，于是冒失地说，"第二件事是写信的第二年即庆历六年（1046年）春开始做的"[①]，从而将范仲淹所谓的"越明年"解释为"过了第二年"。这恐怕从逻辑上看就不通，如果"增其旧制"果然是庆历六年做的事情，滕子京又如何能够在庆历五年未卜先知地说"又明年春，鸠材僝工，稍增于旧制"而预言现在还未发生的事情呢？须知，这事情他只能以工作规划而不能以工作总结的口气叙说。

能否读懂此信，要害处之一，就在于能不能认识到"又明年春"乃是承"去秋"而言，此"明年"是"去秋"（庆历四年）之"明年"，而非写信当年（庆历五年）之"明年"。

原因之三：对范仲淹回信较晚这一事实的主观推断。

滕子京发信求文，在庆历五年六月十五日，而范仲淹回信则在庆历六年九月十五日，无论如何是晚了些。这个晚肯定出于多种原因，我们无须考证。但需要明确的是：不能因为这个晚而随意妄想，认为"越明年"乃"越过明年，到了第三年"，接着猜测滕子京做的以上两件事都在庆历六年，发信求文也在庆历六年，范仲淹回信也在庆历六年。这么一种假想和规划的确看起来很合常规，也很容易让人接受，但生活是复杂的，它并不总是按我们惯常理解的轨迹来运行。

原因之四：也是最重要的原因，对"越"字含义的片面推断。

有论者认为："越"有"度过""经过""超出"等义，进而轻率地认定所有"越＋表时间词语"结构中的"越"都可释作"过了"[②]。这是用现代汉语思维理解古汉语，属望文生义，不足取。还有论者认为："越明年"中的"越"

①　杨荣祥.《岳阳楼记》"越明年"考释——兼论滕子京重修岳阳楼之年份［J］.中国典籍与文化，2011（4）：152.
②　宋来峰."越明年"辨［J］.北京师范大学学报（社会科学版），1980（6）：96.

只是置于时间词语之前，作为句首助词，无义，"越明年"="明年"，即为"第二年"，并进而将所有"越+表时间词语"结构中的"越"都释作"无义"，将整个结构都释作"第几年（或月、日）"①。这样的解释不无道理，当出现"越+表时间节点的词语"这一结构的时候，这种见解和我们将此结构解作"到了什么时候"，二者完全没有冲突。但事实上，在"越+表时间跨度的词语"这一结构中，"越"必须解作"过"或"过了"而不能解作"到了"或"无义"，否则就会产生误读，比如将例（10）中的"越四年"（过了四年，实际上已至第五年）释为"第四年"。

持"越"应解作"无义"的论者还引用了以下例证。

（32）己巳春，见龚自珍于门楼胡同西首寓斋……越八年，走访龚自珍东海上，留海上一月。明年遂死，则为丁丑岁。（龚自珍《王仲瞿墓表铭》）

该论者认为，"越八年"义为"第八年"，即丙子年，这和下边说的"明年""为丁丑岁"的确完全契合。但实际上，由于"越八年"属独立使用，其后并无表时间节点的词语相随，所以其义实为"过了八年"（即"到了丁丑年"），丁丑年的明年为戊寅年，这就和下句说的"明年""为丁丑岁"不吻合了。因此，此"越八年"乃属误用，实应作"越七年"。这个"越八年"的说法本身就站不住脚，现在反成了片面论断的依据，不亦谬乎？

总之，文言中"越+表时间跨度的词语"和"越+表时间节点的词语"这两种表述结构存在细微但又不可忽视的差异，需要读者仔细辨别。

第二节　蒲松龄《狼》中"假寐"词义辨正

蒲松龄的《狼》历来是中学语文经典名篇，深刻影响着一代代的读者。但对文内"乃悟前狼假寐，盖以诱敌"句中"假寐"一词词义的理解，解读者却莫衷一是，存在较大分歧。解决好这个问题，对于正确理解文本，有着重要意义。

---

① 李祚唐，陈昊."越明年"小考［J］.徐州师范学院学报，1983（2）：78-79.

对该词词义的不同理解，目前主要有以下五种。

（1）以人民教育出版社语文编辑室为代表，将其解释为"假装睡觉"①。

（2）以吕传文老师为代表，将其解释为"打盹"②。

（3）以祝鸿熹老师为代表，将其解释为"和衣打盹"③。

（4）以何伟松老师为代表，将其解释为"暂时闭目休息"④。

（5）以贾禄娟老师为代表，将其解释为"小睡"⑤。

以上五种观点，由于后四种基本相同，因此整合以后其实就是两种：一是"假睡"说，一是"小睡"说。"假睡"说认为，前边那只狼实际上清醒得很，它根本就没有睡，而是在装睡、在伺机发动进攻；"小睡"说则主张，前边那只狼真的趁机打了一个盹儿，却不小心在小睡中丧了命。

一、"假寐"的真正含义

那么，以上哪种观点是最合于学理和生活逻辑的呢？笔者认为，对"假寐"一词中的"假"有无准确、深刻的理解，是问题的关键和核心。

"假"本义为"借"，表此义时读音有二，分别为上声（表"借入"义）和去声（表"借出"义）⑥。表"借出"义的"假"后来演变出"给"义，即送给别人而不求归还。表"借入"义的"假"后来演变出"凭借""假使""非正式""非原生"和"非血缘"义。齐援朝教授也阐释了该词的六种引申义，对"假"的词义发展轨迹给出了一个准确的描述⑦。这个描述，和我们的以上观点基本相同。

---

① 中华人民共和国教育部.义务教育语文教科书（七年级上册）[M].北京：人民教育出版社，2018：106.

② 吕传文."假寐"在古代文献中的意义[J].语文教学之友，2017，36（4）：48.

③ 祝鸿熹."假寐"并非躺下睡觉[N].语言文字周报，2015-5-13（4）.

④ 何伟松.也谈"假寐"释义[J].现代语文（教学研究），2009（7）：130.

⑤ 贾禄娟.说"假寐"[J].学语文，2008（5）：46.

⑥ 陈祝琴."假寐"释义辨析[J].语文建设，2008（11）：52.

⑦ 齐援朝."假"、"伪"辨[J].长治学院学报，2007，24（1）：57.

"假"字的六种引申义表

序号	引申义	例句	出处
1	给	汉人未可假大兵权	《谭嗣同》
2	凭借	假舟楫者，非能水也，而绝江河	《荀子·劝学》
3	假使	仆自卜固无取，假令有取，亦不敢为人师	《答韦中立论师道书》
4	非正式	乃相与共立项羽为假上将军	《史记·项羽本纪》
5	非血缘	美阳女子告假子不孝	《汉书·王尊传》
6	非原生	事已历远，易生假冒	《魏书·李安世传》

可以断定，各种文献中"假寐"的"假"，当为表"借入"义的"假"的引申义——非正式。那么，"假寐"就是一种非正式的睡眠，和正式的睡眠过程（通常要有以下几个要素：有困意、在床上、去掉衣冠、盖上被子、灭掉灯火、闭上眼睛、持续较长时间、有睡着状态）有所不同。

我们且看几个例子。

到五更天，两人和衣躺下。痴珠不曾合眼，秋痕竟沉沉睡去。痴珠怕他着凉，将两边锦帐卸下，悄悄假寐。（清魏秀仁《花月痕》第三十二回：秋心院噩梦警新年 寨云楼华灯猜雅谜）

这里痴珠的睡首先是"和衣"，然后是因为有心事，故虽躺在床上却睡不踏实，并且这个过程持续时间很短（天亮就不睡了），故称"假寐"。

是晚出营，伺候父亲，吃酒已完，谈论一刻，薛德礼醉得沉沉入睡，百花女也伏案假寐。忽见人影近前，喝声："刺客！"（清李雨堂《万花楼》第六十三回：杨宗保中锤丧命 飞山虎履险遭擒）

这里百花女的睡，同样是和衣而睡，并且还是伏在案上。这种睡肯定是一种临时性的浅睡，所以当事人还非常警觉，能够及时发现刺客。

一日，供毕早饭，因此时天气尚长，贾珍等连日劳倦，不免在灵傍假寐。（清曹雪芹《红楼梦》第六十四回：幽淑女悲题五美吟 浪荡子情遗九龙佩）

贾珍等人虽然有了睡意，但拘于礼法，不能上床好好睡觉，只好将就着歇歇身子。

良久，风息雨止，种、蠡坐而假寐，以待天明。（明冯梦龙《东周列国志》第八十三回：诛芈胜叶公定楚 灭夫差越王称霸）

由于形势紧急，天明了还有大事要做，所以文种、范蠡二人也只能是坐着歇一会儿，闭目养神而已。

生惧图己，乃持刀门外，倚薪假寐。（宋李昉等《太平广记》卷二百一十六：管辂）

这位年轻人将就着歇息时始终保持着高度警惕，不仅手里握着刀，而且身子还要靠在柴草上，肯定不能好好地休息（果然，新情况马上就出现了）。

又值其父昼寝，因共偷服散酒，其父时觉，且假寐以观之（宋李昉等《太平广记》卷一百七十四：钟毓）

这是说钟毓、钟会之父一觉睡醒，发现两个儿子在偷酒喝，因此，先不起床，故意躺在床上偷眼窥视两个儿子的举动。

且说关公是日祭了"帅"字大旗，假寐于帐中。忽见一猪……霎然惊觉，乃是一梦。（《三国演义》第七十三回：玄德进位汉中王 云长攻拔襄阳郡）

此处关公虽然睡的时间很短，但不仅睡着了，还在睡中做了一个梦。

心之忧矣，不遑假寐。（《诗经·小雅·小弁》）

这是说抒情主人公忧心忡忡，连将就着小睡一会儿的时间也抽不出来，更别说上床好好睡个觉了。

通过以上诗文例句，可以看出："假寐"所指是一种睡眠，这种睡眠和正式的睡眠相比，要么是无困意、不必睡，要么是衣帽不除、不在床上，或者是睡得很轻、稍惊即醒，甚至根本就没有闭上眼睛。当然，有的"假寐"是缺失了一两个正式睡眠应有的要素，有的"假寐"则会同时缺失好几个正式睡眠应有的要素，而同时缺失正式睡眠所有要素的"假寐"几乎是不存在的。还可以看出：某一正式睡眠要素在某些"假寐"中是缺失的，而在另一些"假寐"中却是存在的。如，当事人"假寐"时可以睁着眼（如钟毓、钟会之父），也可以闭着眼（如百花女）；可以在床上（如痴珠），也可以不在床上（如文种、范蠡）；可以有睡着的时候（如关公），也可以根本就睡不着（还如痴珠）。

尽管"假寐"具体的外在表现形式可以千变万化，但万变不离其宗，所有的这些外在形式一定拥有一个共同的本质：由于正式睡眠的要素部分缺失，导致"假寐"只能是一种非正式的睡眠。这个意义，我们称之为"假寐"的本质意义；指称"假寐"的任何一种具体的外在形式的意义，我们则称之为该词的临时情境义。本质意义，在任何"假寐"中都存在，临时情境义，则不确定，此处有，彼处可能就无。

用本质意义和临时情境义两个术语来解释"假寐"，具有很强的解释力，可以用来解释一切形式的"假寐"。

二、《狼》一文中"假寐"的临时情境义

通过以上论述可知，"假寐"是一种正式睡眠要素不完整的非正式睡眠，在不同的具体情境下，它可以有不同的表现形式。那么,《狼》一文中"假寐"的具体表现形式（也就是"假寐"一词在此处的临时情境义）是什么呢?

首先，这只狼的"假寐"乃是无困意而睡，也就是说，它在不必睡的情形下做出小睡之态，不是为了休息，而是另有他图（"盖以诱敌"）。这一点，和钟毓、钟会之父的"假寐"相同：钟父之"假寐"同样不是为了休息，而是要借此偷窥两儿子的举动。有时，描述此种"假寐"，作者会视具体情况在必要时加一"佯"字（若不加"佯"字读者也能看出该处"假寐"是佯装出来的，则无须加）。如："诸相皆佯假寐，唯李峤、韦巨源、杨再思遽出承制，攘袂于其间。"（唐刘肃《大唐新语》卷十二：酷忍第二十七）。加上"佯"字，表明这种"假寐"和为解困而休息的"假寐"不同，是佯装出来的，同时更说明"假寐"之"假"本身并不含有"假装"的意思。否则，再加"佯"字就太烦琐了。

和钟父、诸相的"假寐"一样，这只狼的"假寐"固然是假装出来的，但其中"假装"之义，是由具体故事情境临时赋予的，"假"或"假寐"本身并不含有此意，也就是说，并非所有的"假寐"都是当事人假装出来的。正

如《花月痕》中痴珠的"假寐"，其中"和衣"的意思也不是"假寐"一词本身所拥有的，并非所有人的"假寐"都是"和衣"的，脱衣躺在床上暂时闭目养神片刻同样是"假寐"。又如"持刀门外，倚薪假寐"，是说在"假寐"的时候还持着刀、倚着薪，这当然也不是说每个人"假寐"时都是如此。也就是说，"佯装""和衣""持刀"和"倚薪"，都是"假寐"的不固定的临时情境义。此时有，彼时可能就无。话说回来，钟父的、诸相的、狼的佯装的"假寐"也好，痴珠的、百花女的、贾珍的真是为了解乏的"假寐"也好，因都符合"非正式睡眠"这一本质特征，故都能称为"假寐"。

其次，这只狼由于是狼而不是人，所以，"不在床上""不去衣帽""不盖被子"和"不灭灯火"等非正式睡眠常有的要素，这里都无须考虑。可以肯定的是，由于有诱敌的心事，它的"假寐"时间绝对不会持续太长，更不可能有深度睡着的状态，甚至连小睡状态也不可能有，它是目睡而心未睡。

最后，这只狼"假寐"时，没有像平常的正式睡眠一样采用卧姿，而是采用了坐姿，可能是出于方便随时进行攻守的考虑。

总之，此处语境中，"假寐"的临时情境义包括：无困意而睡、有心事、闭上眼睛、持续时间不长、没有睡着状态、采用坐姿等。

结论

由以上分析可以看出，将《狼》一文中的"假寐"注解为"假装睡觉"，是以"假寐"的上下文临时情境义为根据的。这样的注解法，显然未能揭示该词的本质所指。因为在此情境下的意义，到了彼情境，可能就不适用。将其注解为"小睡""暂时闭目休息"或"打盹"，那就连"假寐"的临时情境义也未能准确揭示，更遑论本质意义了：这只狼当时绝对不是在休息，更没有打盹，它清醒得很，只是做出了打盹的样子而已。将其注解为"和衣打盹"就更离谱了，因为狼睡觉时根本就谈不上什么"和衣"与否。

总之，"假寐"解释中的"装睡"说和"小睡"说，都没有正确揭示"假寐"的真正含义。前者只是说出了其临时情境义，后者则连临时情境义也没有说对。前者会误导学生只要看到"假寐"一词就会不加思考地将其一律解释为"假装睡觉"，后者则将狼看得太笨了：狡黠的狼怎么会傻到如此程度，在那么一种条件下真的去小睡片刻呢？实际上，在和对手对抗中耐力极好的它甚至根本就无须休息，更遑论小睡。只是它对自己的战斗规划过于自信，没料到对手出手速度如此之快，所以尽管采用了坐姿，还是丢了自家性命。

正确的注解，应该首先说明"假寐"乃是一种非正式睡眠，然后，要根据具体情境，分析其"非正式"究竟表现于何处。也就是说，一方面要随文教学，根据词语的上下文情境掌握词语的含义；另一方面，又不能拘泥于这个具体情境，还要跳出这个情境让学生知道该词语所指本质究竟为何。否则，学生容易以偏概全，以为此情境下某词语的意义在所有情境下都适用。

第三节　辛弃疾《破阵子》中"梦回"词义辨正

在教育部审定的2018版部编本义务教育九年级下册语文教科书中，对辛弃疾《破阵子·为陈同甫赋壮词以寄之》一词中"梦回吹角连营"的"梦回"，教材编辑注释为：梦中回到 [①]。这是不准确的。

过去的语文教科书对此曾有其他两种处理方式：一是不加注释，二是将其解释为"梦醒"。不加解释，可能是因为教材编辑认为这个词很直白，无须解释；将其解释为"梦醒"无疑是正确的，但遗憾的是，现行教科书却放弃了这个正确的注解，用了错误的解释来误导广大师生，甚为可惜。

一、中国古典诗词语境中的"梦回"

在中国古典诗词中，包括近现代诗人所写的旧体诗中，"梦回"所指一直都是"梦醒"，没有"梦中回到"的意思。要表示"梦中回到"这个意思，须用他词。

---

① 中华人民共和国教育部. 义务教育语文教科书（九年级下册）[M]. 北京：人民教育出版社，2018：57.

唐代牛峤词《菩萨蛮·画屏重叠巫阳翠》中"梦回灯影斜",是说抒情主人公梦醒以后,看到灯影摇动。唐代王质词《浣溪沙·梦到江南梦却回》中虽无"梦回"二字,但"梦到江南梦却回",更能说明"梦回"是指"梦醒"而非"梦中回到"。五代李璟词《摊破浣溪沙·菡萏香销翠叶残》中"细雨梦回鸡塞远",是说在蒙蒙细雨中梦醒以后,"我"无限留恋的还是梦中那个远在边塞的人。

北宋苏轼词《菩萨蛮·落花闲院春衫薄》中"梦回莺舌弄",义为梦醒以后,听到黄鹂在卖弄宛转的歌喉。南宋陆游《秋思·霜露初侵季子裘》诗中"梦回最怯闻衣杵",意思则是梦醒以后,很怕听到衣杵捣衣之声,因为它会引起自己思乡的惆怅。

元代王冕的《红梅》诗(其一)首句"梦回诗思不可遏",意思是梦醒以后不可遏制地产生了作诗的情致。明代朱让栩的《拟古宫词一百首·绿竹翛翛隔短墙》中"梦回窗掩银釭冷"句,义为梦醒以后看到窗户是掩着的,而烛台是冰冷的。清朱彝尊词《留春令·针楼残烛》中"长记罗帐梦回初,响几点催花雨"则是说:常记得自己在罗帐里刚从梦中醒来,这时天上下了几点春雨。

近现代学者王国维先生词《虞美人·犀比六博消长昼》末句为"又是人间酒醒梦回时",这里"梦回"与"酒醒"并提。陈寅恪先生《吴氏海棠园》诗颈联"梦回锦里愁如海,酒醒黄州雪作尘"中,"梦回"与"酒醒"则是对举的(事实上,古诗词中"梦回"与"酒醒"并提或对举的情况很常见,又如宋代袁去华词《倾杯近·邃馆金铺半掩》中"酒醒时,梦回处"句)。朱自清先生《梦回》诗首联为"梦回热泪如泉涌,往复定公伤逝句"。这些诗句都在清清楚楚地表明,"梦回"就是"梦醒"。

顺便说几句。即使在现代散文中,"梦回"表"梦醒"之义的情况也很多。石评梅女士散文《梦回》有这样的句子:"这已是午夜人静,我被隔房一阵痛楚的呻吟惊醒!睁开眼时,一盏罩着绿绸的电灯,低低地垂到我床前,闪映着白漆的几椅和镜台。"① 这几句话及下文充分说明散文题目所指,就是"梦醒"以后的所见所闻、所思所感。在当代作家蓬草的散文《走了一个朋友》中,该词无疑也是同样的用法:"不过,有时我午夜梦回,想起这个朋友,也会在黑夜中,在静寂无人处,独自咀嚼她的悲哀时,我的心便像要片片碎裂了。"②

二、误读"梦回"的两个原因

包括语文教材编辑在内的不少人对"梦回"都存在误读而将其解释为"梦中回到"。这是什么原因导致的呢?

一是望文生义。很多人用现代汉语的思维习惯来解释该词。在现代汉语中,"回"的常用义是"回到",并无"醒来"之义。因此,"梦回大唐"就是梦中回到了辉煌的唐朝,"梦回故乡"就是梦中回到了久违的故乡,"梦回童年"就是梦中回到了可爱的童年。但实际上,在古汉语语境中,当"回"和"梦"合用时,它是"醒来"之义。这种用法,在诗词中是这样,在散文小说中同样如此。如冯梦龙《东周列国志》第五十四回《荀林父纵属亡师 孟侏儒托优悟主》"楚兵人人耀武,个个扬威,分明似海啸山崩,天摧地塌。晋兵如久梦乍回,大醉方醒,还不知东西南北"③ 中"回"就是"醒来"之义。上文提到的某些作品题名就拟为《梦回》,如解作"梦中回到",无疑是不合适的。

按照现代汉语的思维习惯,看到"梦回吹角连营",就会想当然地认为,这是写抒情主人公梦中回到了吹着号角的连营。读到"梦回巫峡""梦回金谷""梦回湘浦"时,也会想当然地解释为作者梦中分别回到了巫峡、金谷园和湘江边。这都是望文生义的结果。

二是没有真正理解"梦回"的几种用法。在古典诗词中,"梦回"的用法有以下四种。

---

① 石评梅.花神殿的一夜:石评梅散文[M].南昌:百花洲文艺出版社,2014:120.

② 蓬草.巴黎文丛:七色鸟[M].郑州:大象出版社,2014:94.

③ 冯梦龙.东周列国志[M].武汉:崇文书局,2015:297.

（1）紧接"梦回"二字，下文叙写抒情主人公梦醒后感受到的现实情境。

宋吴潜词《蝶恋花·客枕梦回闻二鼓》首句"客枕梦回闻二鼓"，义为客人枕上梦醒，这时听到了敲二鼓的声音。

宋裘万顷诗《次余仲庸松风阁韵十九首》（其十四）中"梦回何处一声笛"句，是说梦中醒来，听到不知何处传来了一阵笛声。

辛弃疾词《玉楼春·风前欲劝春光住》末两句"梦回人远许多愁，只在梨花风雨处"，是说"我"从梦中醒来，人好像已经远离了无限的愁思，这无限的愁思也好像全都飘落到在风雨中飘摇的梨花上面了。

李清照词《浣溪沙·淡荡春光寒食天》中"梦回山枕隐花钿"句，意思是梦中醒来，花钿不知什么时候已经被压到枕头下边了。

当然，也会出现这样的情况：在"梦回"二字和下文要叙写的现实情境之间，加上类似"枕上"这样的字眼，如"几番梦回枕上，飞絮恨悠扬"（宋曾觌《诉衷情·闲窗静院漏声长》）。这时，插进来的字眼通常表示梦醒的处所或时间。

（2）紧接"梦回"二字，下文叙写抒情主人公在梦中感受到的虚幻情境，从梦境中醒来，现实情境却令人无限神伤。

"洛浦梦回留佩客，秦楼声断吹箫侣"是宋岳珂词《满江红·小院深深》中的名句。前句用了曹植在《洛神赋》中写到的自己与河洛之神宓妃相遇的典故，实指抒情主人公在梦中和心上人的相会。相会固然美好，但梦中醒来，一切皆空，令人神伤。

宋朱敦儒词《临江仙·直自凤凰城破后》中"天涯海角信音稀。梦回辽海北，魂断玉关西"，义为国破家亡后，抒情主人公和家人天各一方，音信皆无，只能在梦中梦见远在不知何处的良人，梦中醒来，还在悲伤中牵挂着他。

宋向子諲词《水龙吟·绍兴甲子上元有怀京师》中"醉失桃源，梦回蓬岛"两句意思是：在酒醉中、在梦境中，"我"都陶醉于过去在"桃源"和"蓬岛"（指大宋失去的、被金朝掠夺的美丽的故国）的美好生活，但酒醒梦回时，梦中片刻的欢娱却令"我"更感凄凉和失落。

　　通过以上词句，我们可以看到，"梦回"和下文叙写的梦境之间其实省略了一个介词"于"（从）。加上这个介词，结构就很完整了："梦回于××"，意思就是"从××的梦境中醒来"。

　　一般来说，在"梦回"的这种用法中，梦境都是美好的、令人向往的，而醒来以后面对的现实情境，则会令人感到失落、惆怅、寂寥和凄凉。

（3）"梦回"二字后本句结束或全诗词结束，最多在"梦回"二字后着一"时"或"处"字。

　　钱锺书先生《返牛津瑙伦园（Norham Gardens）旧赁寓》一诗首联为"缁衣抖擞两京埃，又着庵钟唤梦回"，具体梦中情境是什么、梦醒之后作者又有何种感受，至少字面上都无明确交代（当然读者可以通过知人论世和文本细读品味出来）。王国维先生词《虞美人·犀比六博消长昼》末句"又是人间酒醒梦回时"，同是如此。

（4）只以"梦回"二字作为题目，但此二字下文不出现。

　　宋代刘克庄、舒岳祥、翁卷、邓深和赵孟坚都有以"梦回"二字为题的诗作，但诗作正文中皆无此二字出现。

　　整体来看，出现"梦回"字样的古典诗词中，很多时候也同时出现"酒醒""醉醒""魂断""声断""肠断"之类的字眼，一般用来抒发一种低回的悲情。

　　那么，辛弃疾《破阵子》一词"梦回吹角连营"中的"梦回"应属于以上四种情况的哪一种呢？主要分歧就在"吹角连营"究竟是梦醒后感受到的现实情境，还是梦中感受到的虚幻情境。这两种意见到底哪种能够站得住脚呢？

　　袁行霈教授认为："词人在梦醒之后听到'吹角连营'，也可以想象是这连营的号角声唤醒了词人的梦。"①袁先生的观点，也就是我们上文所说的"梦回"的第一种用法。还有研究者持同样说法："词人在喝醉酒的时候，还拨亮灯火，深情地端详着心爱的宝剑，在迷离的醉态中，英雄酣然入梦，一梦醒来，各军营里连续响起了雄壮的军号声。"②这和此位研究者在上文说的"这首词是作者失意闲居信州时所作"就自相矛盾了：既然被弹劾罢官，失意闲居信州（今江西上饶），又何来军营号角之声呢？

通过知人论世，可见，"吹角连营"不可能是词人梦醒之后感受到的现实情境，词人梦醒以后，并非身在军营。

当然，也有不少研究者对词人处境非常清楚，知道词人此时已远离战场，他只是在梦中重温那段火热的战斗生活而已，而梦是不可能在清醒时做的，所以就有点武断地认定"梦回"就是"梦中回到"③。

诚然，这种解读好像是解决了上述那种自相矛盾的问题，解释力似乎也很强大，但这是建立在以现代汉语思维习惯误读"梦回"的基础之上的，而以误读为代价换来的"顺畅"是不可取的。

其实，"梦回吹角连营"中的"梦回"应属于以上四种用法的第二种。也就是说，一方面，词人确实是在梦中梦见了过去的军营生活，这表现了词人对战场杀敌的渴望，但另一方面，从此梦境中"梦回"，面对的却是自己已远离心爱的军营这个无奈的现实，这又突出表现了词人梦醒之后报国无门这个现实情境给自己带来的无限痛苦。了解了"梦回"的这种用法，可知："梦回"表现的"梦醒"之义和词人当时并非身在战场这二者之间并无丝毫的矛盾。

一句话，"梦回吹角连营"不是动宾短语，不是"梦中回到吹角连营"，而是动补短语，即"梦回于吹角连营"，义为"从吹角连营这样的梦境中醒来"。这里的"于"此处不能解释为"在"，说词人"在吹角连营中醒来"，

---

①　袁行霈. 好诗不厌百回读［M］. 北京：北京出版社，2017：196.

②　陈强，张桂玉. 古典诗词鉴赏与训练［M］. 北京：中国致公出版社，2002：141.

③　岳嵩泰. "梦回"不宜作"梦醒"解［J］. 语文教学与研究（综合天地），2010（11）：90.

是不对的。当然，在"几番梦回枕上，飞絮恨悠扬"这样的词句中，"梦回"和"枕上"也构成动补结构，即"梦回于枕上"，"于"就是"在"。

也就是说，在"梦回"二字后出现表处所的词或短语，该词或短语可能是梦醒后抒情主人公所处的场所，也可能是抒情主人公刚才在梦中去到的场所。文学作品的精微由此可见，需要读者在鉴赏时仔细辨析。

三、古诗词中表"梦醒"义的其他词

在古诗词中，除了"梦回"，还有很多词被用来表示"梦醒"之义。

（一）梦后

如宋晏几道词《临江仙·梦后楼台高锁》："梦后楼台高锁，酒醒帘幕低垂。"宋邵雍诗《首尾吟》："梦后旧欢初仿佛，酒醒前事略依稀。"宋张抡词《西江月·独坐闲观瑞雪》："梦后琼台阆苑。"

（二）梦还

如宋丁宥词《水龙吟·雁风吹裂云痕》："梦还惊客，青灯孤枕。"宋赵师侠词《醉桃源·阮郎归》："悠然醉梦还。"清纳兰性德词《河传·春浅》："阑珊，香销轻梦还。"

（三）梦觉

如宋柳永词《临江仙·梦觉小庭院》："梦觉小庭院，冷风淅淅，疏雨潇潇。"宋无名氏词《满江红·今古高情》："万古兴亡春梦觉，一溪云水平生足。"宋辛弃疾词《水调歌头·我志在寥阔》："欲重歌兮梦觉，推枕惘然独念，人事底亏全。"

（四）梦断

如五代冯延巳《鹊踏枝·烦恼韶光能几许》："心若垂杨千万缕，水阔花飞，梦断巫山路。"宋苏轼词《蝶恋花·昨夜秋风来万里》："梦断魂销，一枕相思泪。"宋辛弃疾词《鹧鸪天·梦断京华故倦游》："梦断京华故倦游，只今芳草替人愁。"

（五）梦破

如唐徐夤诗《再幸华清宫》："霓裳旧曲飞霜殿，梦破魂惊绝后期。"宋苏轼词《蝶恋花·春事阑珊芳草歇》："梦破五更心欲折，角声吹落梅花月。"宋秦观词《如梦令·遥夜沈沈如水》："梦破鼠窥灯，霜送晓寒侵被。"

（六）梦寤

如北宋宋祁诗《答京西提刑张司封次韵》："梦寤惭封邑，陶埏仰铉台。"明吴梦旸诗《相逢行别朱大复比部》："所思在此劳梦寤，合眼已睹中兴年。"有时"梦寤"也作"梦悟"，如元王哲词《杨柳枝·梦悟青霄月正高》："梦悟青霄月正高。"

（七）梦惊

如宋吴则礼词《满庭芳·立春》："声促铜壶，灰飞玉琯，梦惊偷换年华。"宋程垓词《菩萨蛮·去年恰好双星节》："楼外鹧鸪声，几回和梦惊。"宋刘过词《柳梢青·送卢梅坡》："觉几度，魂飞梦惊。"

（八）梦尽

如唐杜甫诗《大历三年春，白帝城放船出瞿塘峡，久居夔府，将适江陵，漂泊有诗，凡四十韵》："曲留明怨惜，梦尽失欢娱。"宋王安石诗《江宁夹口三首》（其二）："北山草木何由见，梦尽青灯展转中。"宋黄庭坚《戏答公益春思二首》（其二）："黄粱一炊顷，梦尽百年历。"

（九）梦醒

有时会直接用"梦醒"二字，如宋张炎词《声声慢·门当竹径》："醉梦醒，向沧浪容与，净濯兰缨。"明朱应辰诗《梦醒》："梦醒方床夜四更，纸窗残月弄微明。"现代诗人沈祖棻词《浣溪沙·梦醒银屏人未还》："梦醒银屏人未还，暮云西隔几重山。"

以上几词和"梦回"意义相同，用法也基本相同。如"梦后楼台高锁，酒醒帘幕低垂"及"梦觉小庭院，冷风淅淅，疏雨潇潇"都和"梦回"上述第一种用法相同，只是"梦觉"和现实情境"冷风淅淅，疏雨潇潇"中插入了"小庭院"表梦醒的处所。"心若垂杨千万缕，水阔花飞，梦断巫山路"，属于第二种用法。"香销轻梦还"则属于第三种用法，第四种用法如宋代释文珦《梦觉》诗。

第三章

新课程背景下的语文教师专业发展

第一节 乡村初中语文教师学科知识发展现状、问题及对策

扎实的知识素养是一名教师成功展开教学活动的基石，而学科专业知识则是教师知识素养中至为重要的组成部分。就语文学科来说，缺乏专业的语文学科知识，很难想象一名语文教师会如何展开积极有效的语文课堂教学活动。因此，对于每个语文教师来说，深入、系统地掌握好语文学科知识，有着极为重要的意义。乡村初中语文教师在整个语文教师队伍中，所占比重非常大，是语文教师队伍的重要组成部分。近年来，我们立足地处中原的河南省，对乡村初中语文教师的学科知识发展问题进行了广泛调研。

一、乡村初中语文教师学科知识发展现状及存在问题

乡村初中语文教师的学科知识发展现状如何，其中又存在哪些主要问题呢？带着问题，近年来，我们对河南省博爱县（豫北）、汝阳县（豫西）、郏县（豫中）、虞城县（豫东）和方城县（豫南）五县15所初级中等学校的部分语文教师进行了调查研究，结果喜忧参半。

本次调研采用了问卷、访谈和观课几种方式，共发放问卷132份，回收有效答卷121份，访谈36人次，观课48节次。

以下是通过问卷方式获取的调研信息。

经常有意识地运用接受美学的相关理论来解读文本的教师为15人，占11%；经常有意识地运用"两重视角"理论来解读回忆性散文的教师为12人，占9%；较为系统地掌握了一定的文本解读学方面相关理论的教师为26人，占

20%；对"知人论世"文本解读法在文本解读中通常起什么作用（"知人论世"是为了使读者更好地解读文本，对其使用无一定之规）能够正确认识的教师为79人，占60%。

认为"有朋自远方来，不亦乐乎"和学习有关的教师为18人，占15%，多数教师在访谈时觉得这一句是在讲交友的乐趣，没有认识到"朋"乃"同学"，"友"乃"志同道合"，"有朋自远方来，不亦乐乎"仍是在讲关于学习、学问方面的事情。在文本解读最需要重视的是文本的内容还是形式这个问题上，能够正确选择"应视具体文本类型决定"的教师为18人，占15%。这表明教师们对语文教材选文类型鉴别理论还知之不深，凭自己的感觉在把握这个问题。

对于陶渊明《桃花源记》的体裁，认为是游记的为46人，占38%；认为是散文的为43人，占36%；正确判断为小说的为32人，占26%。教师们判断失误，很大一部分原因是受题目中"记"字的影响，而没有认识到此篇志怪小说只是借"记"为名、以游记体的形式写人叙事、表达某种社会理想而已（关于这一点，褚斌杰教授解释得很清楚，见《中国古代文体概论》，北京大学出版社1984年版，第348页）。同样，访谈中，也有教师将郦道元的《水经注》当作游记，事实上此书（包括选入语文教材的《三峡》）应是客观介绍地理科学知识的科学类作品而非属于散文类的游记。

认为赵师秀诗《约客》的第一句"黄梅时节家家雨"合乎"平平仄仄平平仄"的要求的教师为25人，占21%，其他教师由于不明白"节"字在古汉语中属入声字、也为仄声而判断失误。认为《斑羚飞渡》中写斑羚的飞渡峡谷不符合物理规律、因而这种写法没有道理的教师为14人，仅占12%。对于胡适散文《我的母亲》中的"在文字和思想的方面，不能不算是打下了一点底子"一句为什么要使用双重否定的句式，有35位教师（占29%）正确分析为减弱语气，其他教师则受"双重否定句的目的是增强语气"这个知识的影响而判断失误。韩愈《马说》前两句中两个"千里马"的含义是不同的，第一个是指"潜能得到开发的千里马"，第二个则是指"拥有千里之潜能的千里马"。正确认识到这一点的教师为38人，占31%。王弼关于文本层次的"三层次说"，正确选择"言—象—意"的教师为89人，占74%。能够正确将不属于文学四要素的"内容"选项选择出来的教师为60人，占50%。

能够正确将不属于新课标倡导的学习方式"研究学习"选项选择出来的教师为110人，占91%，看来新课程标准的某些精神，教师们接受得非常好。"识别广告中的宣传技巧"这条教学目标，表面来看属于语文课程与教学三维目标的"知识与能力"维度，但由于三个维度的关系是你中有我、我中有你、水乳交融、不可分割的，且任何工具性目标的背后都有隐含的情感、态度和价值观，所以本条教学目标应是内在地蕴含了三个维度的因素。而正确选择D项的教师为26人，仅占21%。

不少人都有过阅读主题思想比较发散而不易归纳的散文的经历。认为自己有过此种经历的教师为78人，占64%。实际上这种散文在整个散文系列中所占比重甚大，估计是有教师虽读过但由于受"一篇文章只能有一个明确的中心"的理论影响，而没有有意识地认识到自己曾经读过的某篇作品正是主题发散而不易归纳的类型。唐李益诗《闻亡友王七嘉禾寺得素琴》中"抚琴犹可绝，况此故无弦"中的"素琴"，从诗句中可以看出，其本无弦，意指"无弦琴"，而非"不加装饰的琴"。正确选择选项的教师为25人，占21%。"梦回灯影斜""梦回诗思不可遏"中的"梦回"，义为"梦醒"而非"梦中回到"，仅从语境来看，理解为后者也是说不通的。而正确选择B项的教师为26人，仅占21%。对于"消息的导语是否要集中呈现最重要、最新鲜或最有特点的新闻事实，提示消息的要旨"这个问题，正确回答"否"的教师为32人，占26%。这应是不少教师没有认识到消息的导语有直接性导语和延缓性导语两种，后者是不需要"集中呈现最重要、最新鲜或最有特点的新闻事实，提示消息的要旨"的。记事时，事情的经过是否是记叙的主要内容，并且要重点写，这需要根据具体情况具体考虑，并无一定之规。正确选择B项的教师为68人，占56%。

以下是通过对河南省36位乡村初中语文教师的访谈获取的调研信息。

在谈及老舍的散文《济南的冬天》中"济南的冬天有什么特点"这个问题时，28位教师认为是第一段中的"温晴"二字，只有8位教师认识到"温晴"乃是作者老舍对济南冬天的主观感受而已，并非就是客观实际情况。事实上，不少教师在欣赏散文时，喜欢将散文抒写的作者个人情怀、个人体验这些主观性极强的内容当作客观实情来分析，即王荣生教授所言"从个人化的言说对象，向外跑到外在的言说对象"（王荣生《散文教学教什么》，华东师范大学出版社，第10页）。散文欣赏的重心，在于作者在写人记事、绘景状物中所抒发的独特的个人体验和感受，而非作者所写人事景物这些客体本身。如果本末倒置，语文教学就可能成了"非语文"教学。因此，教读《济南的冬天》时，合适的做法，应是积极引导学生体验老舍先生对济南特有的偏爱，以至在他看来，寒冷的冬天也是"温晴"的，继而可以进一步探究何以老舍先生会对济南如此情有独钟。

谈及《木兰诗》中木兰的人物形象时，教师们多数（31位）认同统编教材的分析——既展现木兰的英雄气概，也表现她的女儿情怀，而觉得旧版的人教版教材的相关分析（说花木兰是一位"巾帼英雄"）是不完整的。看来本诗对木兰英雄善战的叙写极少、而对木兰儿女情长这一面叙写较多这一点其中的奥妙，教师们领会得还是不错的。

调研过程中，课题组还对河南省乡村初中语文教师的课堂教学进行了48节次的观课，以下是获取的调研信息。

培根的《谈读书》是一篇阐明文，主要任务是提出论见，但不去论证。也就是说，它没有完整而充分的议论文三要素。像这样的议论文在语文教材中所占比重还是不小的，但我们发现：教师们在教读议论文时，几乎对所有的议论文都要进行三要素分析，即使有时分析得十分勉强。传统的议论文三要素理论对教师们的强力影响可见一斑。

有多位教师们在上《我的叔叔于勒》《孔乙己》和《刘姥姥进大观园》等小说时，除了带领学生赏析人物形象、故事情节和环境描写，还能够有意识地提醒学生关注小说三要素以外的因素，如小说的叙事视角和叙事节奏等。

这种令人欣喜的进步，在一定程度上要归功于最新版的统编语文教材对"小说三要素"理论的突破，为广大师生呈现了"叙述视角"和"阅读期待"等旧版教材严重忽略的知识，拓宽了小说阅读的关注面。

在讲授都德的小说《最后一课》时，对于文中韩麦尔先生的人物形象，有半数左右的教师仍将其按完美的人物形象来分析，认为这是一个绝对的好老师。实际上都德是按圆形人物来塑造这个人物形象的，他是一位值得尊敬的好老师，但身上的缺点也是很明显的。能够将这些缺陷较好分析出来的教师占一半多，但没有一位教师能够深入解释都德为什么要塑造这么一个不完美的人物形象。

在讲授吴刚的《罗布泊，消逝的仙湖》这篇课文时，能够正确判断此文体裁为报告文学的教师只有3人。尽管语文教材在文下注释里说此文"节选自《善待家园——中国地质灾害忧思录》（2001年度最佳报告文学）"，还是有多数教师在课堂教学中错误地把这篇新闻文体的作品当成了说明文来教，带领学生分析其说明对象、说明方法、说明顺序和说明语言，而此篇报告文学突出的特性——新闻性、文学性和评论性，则只字未提。

在教读古诗词时，多数教师能够有意识地从乐府诗、古体诗、近体诗等不同诗歌的具体体式特点出发来解读诗歌。如在课堂教学中提醒学生《黄鹤楼》一诗为古体诗向近体诗的过渡，整体来看为近体诗，但不太严格遵守格律；强调陈子昂的《登幽州台歌》为古体诗；强调《木兰诗》为乐府诗；强调杜甫的《望岳》《茅屋为秋风所破歌》和《石壕吏》为古体诗，《江南逢李龟年》为近体诗。不同体式的诗歌，解读的具体路径也有所不同。因此，仔细辨析每首诗歌的体式非常有必要，以上教师的做法也是很可喜的现象。

从以上调研结果可以看到，尽管和我们在21世纪初做的一次同类型调研相对比，乡村初中语文教师的学科知识发展有了不少可喜的进步，但整体来看仍不尽如人意。就语文学科知识的不同组成内容来说，教师们对部分学科知识掌握较好，部分学科知识掌握较差。

首先看语言学知识。问卷调研中，教师们对古汉语中的入声字、古汉语中某些特殊词汇的意义、古诗词格律及现代汉语的双重否定句式几个方面的知识掌握情况较差，回答问题正确率均不足30%。

对于文章学知识的掌握情况则较为复杂。多数教师未能准确认识到回忆性散文的两重写作视角，未能充分认识到散文的任务是"抒发作者对自然、社会和人生的主观体验与感受"的特点，对实用性文本《水经注》和《罗布泊，消逝的仙湖》的文体判断出现失误，对议论文"阐释""论证"的两种类型缺乏认识，对消息中的相关文体知识掌握也不到位。但对散文主题分散的特点，对如何把握记叙文写作的重点，大部分教师都有较好理解，情况比我们预期的要好很多。

对于文学理论知识的掌握情况也较为复杂。对于接受美学、系统的文本解读理论以及具体经典文学作品（《桃花源记》）的文体判断几个方面的知识，掌握情况较不理想。而在知人论世文本解读法、小说的虚构性、小说的叙事手法、文本"三层次说"、古诗体式分类，以及具体作品的主题思想方面，多数教师都有较好理解和处理。

教师们对语文学习领域和语文课程资源领域方面的专业知识掌握情况同样不均衡。多数教师对语文教材选文鉴别理论知之不多；虽能熟练说出语文课程目标的三个维度，但对其间关系认识不深，并以割裂的方式对其进行处理。对新课程标准倡导的学生学习方式教师们则有很好的理解，领会非常深入。

二、乡村初中语文教师学科知识发展相关问题产生的原因

在访谈中，教师们普遍认为，目前在语文学科知识提升方面最需要解决的困难，主要有两个：一是缺乏专业人员的指导，二是缺乏所在学校的支持。首先，虽然现在的网络技术发达、纸质学术资源也较易获得，但在知识爆炸的时代，知识数量急剧增长，知识和知识之间还会有相互冲突和不一致的地方（尤其对于语文学科知识来说更是如此），没有专业人员的指导，很难在海量的知识中发现哪些知识最有价值、最需要学习。其次，多数中学并不太鼓

励教师们学习新知识，而倾向于让教师们多上课、多讲习题，进行轰炸式教学，认为只要按照可靠的教学参考资料来展开教学活动就可以了。

对自己所毕业高校的汉语言文学专业在师范生语文学科知识培养上最想提出的意见或建议，教师们多数认为，自己在高校求学期间所学知识，在较大程度上和实际教学工作所需要的知识之间脱节较为严重。亦即：有不少专业知识学了以后在工作中用不上；有不少专业知识在工作中很有用，本来在求学期间应该学习的但学校却没有教；还有一些专业知识和教学实践中遇到的知识相冲突。

关于自己在工作中所接受的语文新课程培训，教师们的看法更为一致，普遍认为近年来的新课程培训主要就是进行语文新课程理念的灌输和新的教学方法的推行，而很少考虑到课程内容方面给教师们提供新鲜的血液。

综合以上和教师们的访谈，以及课题组近年来对相关问题的观察与思考，我们认为：乡村初中语文教师学科知识发展方面存在问题较多，其产生的原因有三个方面。

一是乡村初级中学自身方面的原因。乡村初级中学一般地处偏僻，和外界交流沟通较少，能够获得的有利信息较少，语文教师们平时的教学缺乏专业人员的指导，主要靠自己的感觉进行教学活动。虽然现在上网方便，近乎无穷的网络资源可任由教师们获取，但问题是他们更需要语文教学专家的引导，有了有效的引导，教师们才能高效地利用好有效资源以提高自己的知识素养。同理，在中小学语文课堂教学中，为什么在现在这样一个信息极易获取的时代，学生还需要教师的引导？对于中学生、小学生这样的语文知识和能力的学习者，他们还缺乏对有效信息进行搜寻、加工和处理的能力，尤其是批判性利用的能力。缺乏正确的引导，他们就会被淹没在知识的海洋中，最终导致迷茫无助而无所收获。在名师所在学校，如清华附中、苏州中学、南京第十三中学和成都盐道街中学，由于有王君、黄厚江、曹勇军和李镇西等名师的引导，语文教师们在学科知识的学习上有得天独厚的条件。相反，河南省乡村初中语文教师则缺乏此种有利条件。此外，乡村初中学校的管理也是重要原因。由于学校领导多数眼光放不长远，只重短期效益，只会让教师们多上课、学生多做题，以期在短期内提高成绩，而非常不注重提高教师们的学科知识素养，进而提高他们的综合实力。这样的管理注定不可能收到多好的成效。

二是高校汉语言文学专业运行方面的原因。乡村初中语文教师多数出身于河南省新升本地方院校的汉语言文学专业，而考察河南省新升本地方院校的汉语言文学专业的运行现状，发现也存在较多问题。最大的问题就是该专业的课程内容和中学语文课程内容没有实现无缝对接，存在较大空隙。不少新升本地方院校的汉语言文学专业的课程内容，存在较明显的学术化倾向，追求的是高端的学术知识，而不太关注这些知识是否在以后能够被自己的毕业生利用到中学语文课堂教学当中。以某师范院校近期出版的学报为例，可以看出该高校所主导的研究方向为明显的学术性而非基础教育课堂教学的实践性，前者的研究占绝对主导地位，后者只是一些点缀而已。

● 一场有关任博克《庄子》英文全译本的访谈与对话

●《南华真经：道家哲学家庄子的著作》述评

● 论道教游仙诗所体现的生命关怀

● 中国共产党巡视制度的建立及纵深发展研究

● 习近平全面从严治党的理论逻辑与实践路径

● 从欧、梅戏题诗考察北宋时期对"戏"诗的认识——理解宋诗特殊题材与复杂情感的一种视角

● 从仙修途径书写看中国古代涉道小说对古代朝鲜汉文小说的影响

● 论新中国成立初期中共对外国在华宗教团体的改造

● 转型时期英国城市工商业组织的社会符号研究

● 涉农供应链中龙头企业与农户利润分配机制及行为研究

● 商标恶意抢注的行政确权规制探讨

● 权力偏移视角下的"陪而不审"

● 论在先登记企业字号构成在先权利的"竞争因素"

- 课程美学的内涵及其在幼儿园的应用与实践
- 对外汉语教学中的汉语网络流行语述论——以2015—2019年为时限
- 社会项目支持下的师生创作共同体构建——以动画短片创作课程为例
- 对胡塞尔与潘诺夫斯基关于艺术图像阐释问题的思考
- 论安德鲁·怀斯绘画作品中的内涵表现

在这么一种导向下，高校教师的研究精力和兴趣主要不在中小学课堂教学上，对中小学课堂教学内容和方法均不太关注，最终导致师范生在四年本科期间所学专业课程内容和自己在走上工作岗位以后所讲授的课程内容之间存在很大程度上的不一致。如：系统的"文本解读学""中学语文教材经典篇目多元解读"在很多高校的汉语言文学专业都没有教过，而学了以后在中学语文课堂教学中发挥作用并不大的"当代西方语言学"和"文化诗学"等课程倒在不少高校的本专业人才培养方案中占有一席之地。

三是在职教师新课程培训方面的原因。在调研中我们也发现，目前河南省的在职乡村初中语文教师新课程培训的主要内容，就是新课程理念和新的教学方法的推行，感觉教师们掌握了新的教育教学理念和新的教学方法之后，语文课堂教学从此就可以一帆风顺了。事实上，目前我国中小学语文课程存在的诸多问题，根源主要不在于如何教，而在于教什么。也就是说，只有切切实实地提升了语文教师的语文知识素养和能力素养，语文课堂教学才能搞好，语文新课程改革也才能取得实效。以下是某高校主办的乡村初中骨干语文教师新课程培训班的开设课程。

- 国家中长期教育改革发展纲要与基础教育
- 做一名优秀教师
- 教育科研方法
- 教师心理健康与保健
- 教师礼仪
- 做智慧型教师
- 语文有效课堂教学

● 做一个快乐的教育工作者

● 中学作文教学例谈

● 课堂高效的策略与方法

● 建设理想课堂

● 新课程背景下的语文教材研究

通过以上开设课程可以看出，该课程体系还没有真正去重视对语文教师的学科知识培训，其能够取得的效果也值得怀疑。这样的课程培训，课堂教学形式也只能是以培训教师的讲授和被培训教师的接受为主，教学效果肯定不佳。

三、乡村初中语文教师学科知识发展相关问题的解决策略

针对以上问题以及问题产生的原因，课题组拟提出以下相应的问题解决策略，以供相关部门参考。

（一）对乡村初级中学提出的问题解决策略

对乡村初级中学管理者来说，在办学中首先要眼光放长远，要着眼于包括学科知识发展在内的语文教师整体专业发展。只有教师的综合实力提升了，整个学校的课堂教学水平才能稳步提升。如果只盯着当前利益大搞突击、训练，靠拼时间提高学生考试成绩，不注重可持续发展，必将导致最终的失败。乡村初级中学管理者还要开放办学，积极和语文学界相关专家交流沟通，敞开心胸欢迎专家的指导，以促进语文教师学科知识的发展。

乡村初级中学的语文教师也要积极利用各种资源进行学科知识方面的学习，不能被动等待。如清华大学附中的王君老师，在语文课堂教学方面拥有超强的多方面能力，包括情景创设再造能力、填补空白还原能力、矛盾发现破解能力、多元对比提炼能力、咬文嚼字探秘能力、写读说画原创能力、追问点拨对话能力、同类信息整合能力、源头活水引入能力、语文丰腴延展能力和支柱词语发掘能力等等。正是这些扎扎实实的能力，使王君老师在文本

解读中游刃有余、如鱼得水，进而也使她在语文课堂教学中和学生的对话自然、顺畅、有效。王君老师的以上能力，也绝不是凭空形成的，而是在包括语文学科知识在内的丰富的专业知识的支撑下形成的。作为一名专科生，王君老师毕业时被分配到一所乡村初中工作。也正是在这所极其普通的乡村中学，王君老师通过不间断的学习，掌握了丰富的专业知识，为以后冲出县城、走进重庆、站稳北京奠定了良好基础。

王君老师的成功经历，也可以给广大乡村初中语文教师的专业发展提供很多有益的启示。广大乡村初中语文教师可以有意识地根据个人实际情况，本着查漏补缺、扬长避短的原则，有计划地选读一些语言学、文字学、文艺学、文体学、思维学、逻辑学、修辞学、语法学、演讲学等方面的论文或专著，以提高自己的学科知识水平。如孙绍振教授的《名作细读》和《月迷津渡——古典诗词个案微观分析》，钱理群教授的《名作重读》，叶嘉莹教授的《中国古典诗词感发》，袁行霈教授的《好诗不厌百回读》和刘大为教授的《比喻、近喻与自喻》等，对广大语文教师来说都是很有理论和实践价值的学术成果。

（二）对培养师范生的高校汉语言文学专业提出的问题解决策略

为促进乡村初中语文教师的学科知识发展，相关高校的汉语言文学专业也要进行多层面的课程与教学改革。

首先，要在宏观层面上对本专业的人才培养方案进行调整，精简甚至淘汰那些对师范生将来的学科知识发展意义不大的课程，如某院校开设的"当代西方语言学""文化诗学"和"文化产业管理"等课程；要强化或增设那些对师范生将来的学科知识发展意义重大的课程，如"语文课解读学""中学语文名篇多元解读""文体学研究"和"语文课程标准解读"等课程。

其次，要在中观层面上对相关多门课程的课程内容进行相应调整。如"文学理论"课程，要大力强化"审美价值对实用价值的超越""艺术真实对科学真实的超越""叙事理论"和"文学接受"等对师范生将来的学科知识发展意义重大的相关课程内容，简化"文学活动的发生""文学作为特殊的精神生产"和"文学理论的基本形态"等对师范生将来的学科知识发展意义不大的课程内容；同理，"现代汉语"课程，要突出"修辞""汉字构造"等内容，弱化语素、音位、义素等内容。

最后，要大幅度增加师范生各种实践的机会。师范生学到的理论内容，如果缺乏运用的平台，则只能永远处于一种蓄势待发的状态，知识中蕴含的潜能也不能得到释放，"知识就是力量"的威力也不能得到体现。目前，河南省不少地方高校的汉语言文学专业对师范生理论学习的重视程度要远远超过对实践锻炼的重视程度。这样，师范生学到的理论知识和他们有限的实践锻炼就成了两张皮，理论与实践你是你，我是我，缺乏有机融合。也就是说，他们所掌握的本体性知识和条件性知识没有转化为实践性知识的机会，作为本体性知识的语文学科知识只能以机械的、孤立的、僵化的方式存在于师范生的头脑之中。因此，相关高校的汉语言文学专业要大幅度增加师范生各种实践的机会，让他们将学到的各种知识在生动活泼的实践中转化成有血有肉、有情有义的教师专业素养。

（三）对在职乡村初中语文教师新课程培训方面提出的问题解决策略

在职乡村初中语文教师新课程培训也存在不少问题，如上文提到的重教育教学理念灌输和新的教学方法的推行，而轻语文教师学科知识的吐故纳新。事实上，经过了20年左右的新课程改革，大多数的广大乡村初中语文教师对新课程理念已经耳熟能详。至于教学方法，包括传统的讲授法、问答法、练习法和新倡导的自主、合作和探究法，本身并无好坏之分，只有用得合适与不合适的区别。在忽略课程内容的前提下，单纯地提某种教学方法好、某种教学方法不好，是不合适的。再考虑到目前我国（包括河南省在内）的语文课程与教学的根本性问题出在"教什么"上而非"怎么教"上，因此我们认为：对在职乡村初中语文教师的新课程培训，理应把重心放在教师们的专业知识培训上，尤其是语文学科知识培训上。知识是能力形成的基础，什么样的知识基础，很大程度上决定了什么样的能力表现。语文教师只有拥有了良好的语文知识结构，才能拥有扎实的语文能力，进而在课堂教学中让自己的学生也在知识和能力上有所发展。以下是江浙某高校主办的语文教师新课程培训所开设课程：

- 提炼和改善教师的实践性知识
- 语文教师领雁者的成长之路
- 教师二次成长论：卓越型教师的成长路径与轨迹
- 新课程实施中的有效教学
- 在改善语文教学的征途上
- 语文教师如何进行有效的反思
- 来自教研员的课堂观察
- 文章体式与阅读方法
- 共同备课：《故都的秋》（如何进行散文教学）
- 专题研讨：从"教学内容"角度观课评教；依据文本体式选择教学内容
- 阅读主体与阅读图式
- 共同备课：《十八岁出门远行》（如何进行小说教学）
- 专题研讨：从"教学内容"角度观课评教；根据学生学情确定教学内容
- 共同备课：《始得西山夜游记》（如何进行文言文教学）
- 课例研究：写作教学
- 专题研讨：交际语境的写作；写作教学的过程化
- 专题研讨：以学的活动为基点的课堂教学；教学环节的组织及教学流程

的展开

从以上开设课程可以看出，培训方既高度重视提升参训教师"如何教"的素养，同样又高度重视他们"能够教什么"的素养，追求参训教师在"教什么"和"如何教"两个方面同时有实实在在的成长与进步。课程开设的理念，一是"教什么"在很大程度上决定"如何教"，因此要在研究课程内容的前提下开展教学方法研究;二是培训教师和参训教师必须有充分而深度的互动才能保证培训效果,培训者不是高高在上地讲授和灌输,而主要是对参训者进行引导,并与参训者结成密切合作的教研共同体;参训教师也不是被动地接受和倾听,而是主动参与,与培训教师一起思考、探究,共同成长、共同进步,最终实现双赢。这也是河南省的乡村初中语文教师新课程培训应该学习的。

附1:关于乡村初中语文教师学科知识发展的问卷调查

尊敬的各位老师:

您好!

对于语文学科知识,随着新课程改革的不断推进,我们大家都有了足够的重视。我们设计了以下调查问卷,希望借此了解老师们对于初中语文学科知识的具体认识情况,以便使我们的初中语文教学搞得越来越好。本调查为无记名调查,仅用于课题研究,不会对您产生任何不利的影响,希望能够得到您的支持。请给予配合,非常感谢!

1.您经常有意识地运用接受美学的相关理论来解读文本吗?

A.经常运用　　　　B.运用过　　　　C.没用过　　　　D.没听说过

2.您经常有意识地运用"两重视角"理论来解读回忆性散文吗?

A.经常运用　　　　B.运用过　　　　C.没用过　　　　D.没听说过

3.您是否较为系统地掌握了一定的文本解读学方面的相关理论?

A.是　　　　　　　B.否

4."知人论世"文本解读法在文本解读中通常有什么作用?

A.赏析文本前,帮助读者快速进入学习情境

B.赏析文本时,可以深化和丰富读者的理解

C.赏析文本后,作为补充和拓展材料

D."知人论世"是为了使读者更好地解读文本,对其使用无一定之规

5."有朋自远方来,不亦乐乎"的论述和学习有关吗?

A. 有　　　　　　　　B. 无

6. 您认为文本解读最需要重视的是文本的哪一项?

A. 文本内容　　　　　　　　　　B. 文本形式

C. 文本内容和形式如何配合　　　D. 应视具体文本类型来决定

7. 陶渊明《桃花源记》的体裁是什么?

A. 游记　　　　　B. 小说　　　　　C. 散文

8. 赵师秀诗《约客》的第一句"黄梅时节家家雨"合乎"平平仄仄平平仄"的要求吗?

A. 是　　　　　B. 否

9. 有人说:《斑羚飞渡》中写斑羚飞渡峡谷不符合物理规律,您觉得这种说法有道理吗?

A. 有　　　　　B. 无

10. 胡适散文《我的母亲》中的"在文字和思想的方面,不能不算是打下了一点底子"一句为什么要使用双重否定的句式?

A. 加强语气　　　B. 减弱语气

11. 韩愈《马说》前两句中的两个"千里马"意思一样吗?

A. 是　　　　　B. 否

12. 王弼关于文本层次的"三层次说"指的是什么?

A. 言—象—意　　B. 音—象—意　　C. 音—情—意

13. 以下选项中不属于文学四要素的是哪一项?

A. 作者　　　　B. 文本　　　　C. 内容　　　　D. 读者

14. 新课标倡导的学习方式不包括以下哪一种?

A. 自主学习　　　B. 合作学习　　　C. 研究学习　　　D. 探究学习

15. "识别广告中的宣传技巧"这条教学目标属于语文课程与教学目标的哪一维度?

A. 知识与能力　　　B. 过程与方法

C. 情感、态度与价值观　　　　　D. 以上都是

16. 您是否有读过主题思想比较发散、不易归纳的散文的经历?

A. 有　　　　　　B. 无

17. 唐李益诗《闻亡友王七嘉禾寺得素琴》中"抚琴犹可绝,况此故无弦"的"素琴"是否指的"不加装饰的琴"?

A. 是　　　　　　B. 否

18. "梦回灯影斜""梦回诗思不可遏"中的"梦回"的意思是"梦中回到"吗?

A. 是　　　　　　B. 否

19. 消息的导语是否要集中呈现最重要、最新鲜或最有特点的新闻事实,提示消息的要旨?

A. 是　　　　　　B. 否

20. 记事时,事情的经过是记叙的主要内容,并且要重点写吗?

A. 是　　　　　　B. 否

附2：关于乡村初中语文教师学科知识发展的访谈问题

21. 在老舍的散文《济南的冬天》中,济南的冬天有什么特点?

22. 人教版语文教材说花木兰是一位"巾帼英雄",统编教材则说本诗"既展现木兰的英雄气概,也表现她的女儿情怀",您认为哪个说法更好一些?

23. 作为一名语文教师,对于您来说,目前在语文学科知识提升方面最需要解决的困难是什么?

24. 您对自己所毕业高校的汉语言文学专业在师范生语文学科知识培养上有什么最想提出的意见或建议?

25. 您对自己在工作中所接受的语文新课程培训在语文学科知识培训上有什么相关意见或建议?

第二节　乡村初中语文教师统编教材驾驭能力
提升的实践与研究

　　语文教师要成功地备好一节课、上好一节课，须做到"心中有标、腹中有书、目中有人、胸中有案"，即牢牢把握好《语文课程标准》、语文教材和具体学情，在此基础上进行合宜的教学设计，才能实现有效的教学。其中，"腹中有书"指的就是教师要对语文教材有良好的独立驾驭能力。教师独立驾驭语文教材的能力，是指对语文教材全面把握及运用的能力，即主要靠教师自身的能力吃深吃透、深刻领会教材，根据教学的实际需要灵活自如地处理教材，准确恰当地评价教材，以及创造性地对教材进行适当的加工、改编甚至不同程度的改造。

　　尽管语文教材只是语文课程资源的一种，当前"用教材教"的理念也开始被大家逐步接受，语文教材对语文教学的成败也不存在决定性的影响力，但它毕竟是所有语文课程资源中最重要的资源之一。语文教材的教学功能能否得到很好的落实，很大程度上取决于语文教师是否具备较好的独立驾驭教材的能力。只有具备独立驾驭教材的能力，语文教师才能用好教材这个教学之本以提高学生的语文素养，进而能够根据教学的实际需要，立足于教材，从语文教育教学的学理出发，合理地开发其他语文课程资源，更好地开展语文教学工作。因此，可以说，语文教师能否胜任语文教学工作，能否较好地适应语文新课程改革，很大程度上要取决于他的语文教材独立驾驭能力的高下。

　　但根据近年来在河南省的初步调查，我们发现：目前乡村初中语文教师统编教材独立驾驭能力整体不尽如人意，在多个方面都有明显表现。因此，通过理论及实践探索，充分考虑乡村初中语文教师特殊的教学环境和教学特点，找到有效提升他们统编教材独立驾驭能力的路径，有着重要意义。

一、乡村初中语文教师统编教材驾驭能力方面的主要问题

近年来，"河南省乡村初中语文教师统编教材驾驭能力提升的研究与实践"课题组在河南省的博爱县（豫北）、汝阳县（豫西）、固始县（豫南）、商水县（豫东）和宝丰县（豫中）15所初级中等学校进行了相关调查，共进班听课72节，访谈教师48人。调查结果显示，乡村初中语文教师对现行统编初中语文教材的独立驾驭能力整体偏弱，在一定程度上制约了他们的专业发展进程。主要表现为四个方面：缺乏准确理解教材的能力，缺乏灵活运用教材的能力，缺乏批判性运用教材的能力，缺乏创造性运用教材的能力。

（一）缺乏准确理解教材的能力

首先是对教材的体系结构、各组成部分的功能理解不到位。如不少教师不明白语文课程内容包括语文知识、经典文学文化作品及对其内涵的阐释两大块，语文教材的主要功能就是具体承载语文课程内容，即传递、呈现语文知识、经典作品及其阐释；他们也不明白经典作品在语文教材中自然以选文的形式呈现，而语文知识情况则较为复杂，可以以多种形式呈现，选文形式只是其中之一。因此，在进行阅读教学的时候，经常出现教学内容的确定严重跑偏的现象。如教《散步》一文，将教学重心放在人文教育上，培养学生尊老爱幼、重视亲情之心，而对真正需要教的"如何阅读散文的方法"这样的语文知识却轻描淡写。教《敬业与乐业》一文，同样将教学重心放在人文教育上，培养学生敬业乐业之心，而对真正需要教的"如何阅读演讲类文本的方法"这样的语文知识却漠不关心。教《伊索寓言》二则，也未能系统总结出如何阅读寓言故事的方法（如要关注故事情节中出其不意的突转、读出抵达人类或自我灵魂深处的人生经验并结合自身实际生活切实体会等），而将故事中反映出来的道理当作了教学重难点。在教《论语》（十二章）和陶渊明的《饮酒》（其五）等内涵丰厚的经典作品时，却蜻蜓点水般地在选文表层上滑行，并未将深入挖掘文本中的中国文化当作教学重点，本来应是重要教学目标的人文教育在这里反而被轻轻地搁置在一边了。因此，学生学习了这些

作品以后，却对作品中蕴涵的中国儒家文化和道家文化知之甚少。

其次是对教材中选文的解读不全面、不准确、不深刻、不细腻。如教《智取生辰纲》一文，不少教师只在一般性的人物形象分析、故事情节梳理和环境描写分析上下功夫，甚至整节课主要精力都放在领着学生去分析杨志押送生辰纲失败的原因上，而不知道深挖细掘作品的文化内涵和艺术内涵，去引导学生认识智取生辰纲这一行为背后特殊的社会意义、分享作家在讲述这个故事的时候所采用的叙事艺术手法并从中获得美的享受。其中一位教师在教这一篇目时虽然努力带领学生去挖掘作品丰厚的内涵，却没有真正达到这个目的。原因之一就是对作品的解读出了较严重问题：从阶级对立的立场出发，错误地将夺取生辰纲的晁盖一方定性为革命的、进步的力量，将为官场服务、押送生辰纲的杨志一方定性为反动的、落后的力量，进而认定，正是杨志没有代表人民利益才导致他最终不可能成功，他所服务的官场的黑暗和腐朽正是他失败的根本原因。当然这种解读是站不住脚的：杨志为了自己能够向上爬而专心服务于宋朝官场固然不够高尚，但晁盖一方也未必是为了人民利益才夺的财宝，他如何就能成功呢？事实上，小说中的这两方人物都不够高尚，他们的举动都是为了私利，至多是小集团利益，一方成功而另一方失败并不能说明什么阶级问题。

教李清照的《渔家傲》（天接云涛连晓雾），在词的思想内容上下功夫较多，而对作品的艺术性分析发力不够，看不到作品在音韵、节奏、意脉处理上的高妙之处。教鲁迅的《故乡》，在作品的社会意义上分析较多，也能够兼顾到作品所运用的人物描写手法，却分析不出来作家在创作此篇小说时对中国社会的未来几乎绝望的心情（小说最后一段关于"路"的经典名句其实只是自我安慰而已）。在分析《故乡》的故事情节时，以近乎僵化的、模式化的小说情节知识（每篇小说的情节都可以分为"开端、发展、高潮、结局"四个部分）给作品分段，而不知道鲁迅先生创作每篇小说时总是力求在艺术上的创新。实际上，《故乡》这篇小说的情节艺术创新还是非常明显的，它只设立了开端和结局，而有意省略了发展和高潮两个部分。对此，孙绍振教授在

《名作细读》一书中有详细阐释。

（二）缺乏灵活运用教材的能力

缺乏灵活运用教材的能力主要表现之一，是教读教材中某一篇选文时，固守单篇教学的思维，不善于利用群文阅读的思路，发挥多篇选文集中教学的优势。在教《赤壁》（杜牧）时，不免要分析作品中词人对历史人物和历史事件的艺术加工，这时，如果能够灵活地将不同版本语文教材中的《赤壁赋》（苏轼）、《赤壁之战》（司马光）和《念奴娇·赤壁怀古》（苏轼）等不同文体的相关课文拉过来放在一起比较阅读，会非常有利于学生正确理解杜牧在《赤壁》中所抒发的情感。但多数乡村初中语文教师却非常习惯于在拿到一篇选文的时候按照教材编排顺序老老实实地进行单篇教学。

又如教读《愚公移山》一文时，要引领学生品读出文本中所蕴含的中国传统文化，并不是一件容易的事情。如果单就此文本讲文本，学生就很难深刻领悟到文本内涵，他们甚至可能还会嘲笑愚公的不灵活，将其坚毅和坚守的品格视为死板和不开窍。这时，非常需要教师广开源头，提供给学生更多的其他教学资源，帮助他们正确地理解文本。比如，《列子·汤问》中的另一则寓言故事《夸父逐日》，民间故事《铁杵成针》，以及江涛演唱的流行歌曲《愚公移山》的歌词和海明威的小说《老人与海》。这些文本共同构成多文本，尽管在这些文本之间可能会存在意义上的严重冲突，但只要教师引导得当，还是能够起到很好的作用的。但遗憾的是，就我们的观课来看，尚未有教师有意识地这样做。在广大教师心目中，关于"教材"的概念还主要固守在"教科书"上。

在和广大教师的访谈中得知，他们有时是因为担心其他相关教学资源和所讲文本会产生冲突而起到负面作用，所以对多文本教学态度不积极。比如讲《木兰诗》时，不敢使用美国动画片《花木兰》。但实际上，动画片《花木兰》所反映出来的美国人的价值观尽管和《木兰诗》所反映出来的中国人的价值观有较大冲突，但只要运用得当，将其当作理解《木兰诗》的有效参照物和另外视角，还是可以洋为中用的，对深入挖掘诗中的中国文化也会起到独特的作用。

　　缺乏灵活运用教材的能力主要表现之二，是不善于将整套教材中的语文知识在不同的选文中前后勾连、贯通。语文知识，就是对提高语文学习者的听说读写等言语实践能力有用的各种相关的事实、概念、原理、技能、策略和态度。语文知识是重要的课程内容之一，虽然对它的教学本身不是目的，语文知识教学的目的是希望学生借此支架以提高语文能力，但由于能力一定要建构在相应知识的基础之上，所以语文知识教学在整个语文教学体系中有着至为重要的意义。统编教材出版使用之后，广大语文教师对语文知识的重视程度有所增加，但整体来看，还缺乏对知识的前后勾连贯通、灵活运用的能力。比如，在整套统编教材的选文当中，散文所占的比重非常大，回忆性散文也有多篇。关于回忆性散文的阅读有一个关键点，即读者在阅读中要掌握作品中独特的两重叙述视角，否则便不易理解作者所抒之情的微妙所在。在教读《背影》《湖心亭看雪》《老王》《藤野先生》和《秋天的怀念》这些分属于不同年级和学期的篇目时，就需要教师有意识地引导学生将"两重叙述视角"这个知识点融会贯通到相应的阅读实践当中，让学生在反复的阅读实践中相关能力实现螺旋上升，最终真正学会如何阅读回忆性散文。但能够这样做的教师在我们的调查过程中也几乎看不到。

（三）缺乏批判性运用教材的能力

　　多数教师习惯于仰视教材，不能以平等的姿态展开和教材的对话，导致对教材进行批判性评价的能力缺失，看不出来教材编辑中的成功之处和错误之处。实际上，统编初中语文教材不仅在编制中有不少可圈可点的地方，出现的错误也不少，表现在多个方面。

　　如讲《陋室铭》时，对教材中关于"素琴"的错误解释（不加装饰的琴）教师们普遍缺乏批判性追问：既然素琴就是不加装饰的琴，那它就是可以发声的，但为何下文又说道"无丝竹之乱耳"呢？素琴所发之声不就是丝竹声之一吗？实际上，"素琴"在此处义为无弦琴。《晋书·陶潜传》有相关记载："（潜）性不解音，而畜素琴一张，弦徽不具，每朋酒之会，则抚而和之，曰：'但识琴中趣，何劳弦上声！'"唐朝诗人李益的诗《闻亡友王七嘉禾寺得素琴》中有"抚琴犹可绝，况此故无弦"两句。另有大量诗文都可以说明"素琴"本来就是"无弦"之琴而非不加装饰的琴。

统编教材对《破阵子·为陈同甫赋壮词以寄之》"梦回吹角连营"句中"梦回"一词的解释（梦中回到）也属误注，因为在古典诗词中出现的所有"梦回"意义均为"梦中醒来"。如在"几番梦回枕上，飞絮恨悠扬"，"洛浦梦回留佩客，秦楼声断吹箫侣"和"醉失桃源，梦回蓬岛"几句词中，皆是如此。因此，将"梦回"解释为"梦中回到"是不通的，教材的误注应为望文生义导致。而很多教师则唯教材是举，未能对此提出批判性见解并做出相应的批判性处理。

统编教材中还有一项写作知识（中心，是文章中传达出来的作者的基本观点、态度、情感和意图，也就是作者写作文章的主旨所在）表达有欠严密。根据现代写作学理论，一篇文章的中心可以是由作者赋予的，但也有的时候，要考证出作者写作的当时究竟想要表达什么样的主旨是根本不可能的事情，我们也没有必要非要做这样的考证。这时，读者解读时赋予文本的合理意义也就具备了合法性，可以看作文章的中心，即我们非常熟悉的一句话"作者未必然，读者何必不然"。

所以，文章的中心不等于作者写作文章的主旨，作者写作文章的主旨一般只能有一个，而文章的中心却可以是多元的（即有一千个读者就有一千个哈姆雷特）。这样来理解文章的中心，可以极大地激发学生文本解读的主观能动性，解放学生文本解读的生产力。但同样遗憾的是，教师们普遍以统编教材的定义为真理来教这项写作知识，也导致了学生在阅读课文时只能小心翼翼地寻求作者写作的原意，从而极大地束缚了学生阅读活动中的活力。

（四）缺乏创造性运用教材的能力

在调查中发现，多数教师"教教材"的意识仍较为强烈，"用教材教"的意识较弱，"用教材教"的能力更是阙如。

在教《大雁归来》一文时，虽然教师们都知道本文是用来教学生如何阅读说明文的方法性知识的，但他们显然未能真正认识到本文其实并非一篇标准的说明文。标准的说明文写作任务是客观地介绍外在的事物或事理，而非抒发作者内心某种独特的感受或体验。《大雁归来》则不同，此文选自美国生态学家利奥波德的自然文学作品《沙乡年鉴》，就该书中《大雁归来》一节来看，也确属自然文学作品而非说明文，尽管它的说明成分在文中所占分量还不小。我们知道，一篇文章的文体属性并非由某一种文字量在整篇文章中所占比重非常大的表达方式来决定，而是要在考虑写作中心的基础上看文中何种表达方式是主导性的表达方式，进而对文章文体做出判断。此文当然有生态环境知识方面的大量的说明性文字，但另一方面，作者在整个行文过程中，却偏偏有意将自己对大雁及其生存环境的自我感受融入其中，读者在阅读中如果留心体验，也能够清清楚楚地觉察到这一点。因此，《大雁归来》并非一篇标准的说明文，而应看作一篇融多种表达方式为一体的小品文。也就是说，其文体更接近于散文。统编教材却错误地将其定性为说明文。遗憾的是，绝大多数教师没有能够指出这一错误，看出《大雁归来》文学性、抒情性的根本属性，恢复其文学作品的本来面目，将这篇文学作品当作文学作品来教。有一小部分比较有批判性眼光的教师在多年的教学过程中敏锐地发现了这个问题，意识到从"用教材教"的角度出发，显然此文是不适合在此单元中发挥作用的（适当的做法是另选一篇真正的、合适的说明文来教相关的语文知识，过去的语文教材中有不少相当好的说明文，经实践证明很容易取得好的教学效果，如《死海不死》和《奇妙的激光》等，都可以拿来使用）。但由于长期以来缺乏创造性运用教材的实践锻炼，相关能力欠缺，教师们在教读此文时无一例外地做了教材的忠实执行者。

另外，在教读八年级下册第四单元（演讲单元）时，教师们同样缺乏"用教材教"的意识和相应能力。这一单元选用了闻一多的《最后一次讲演》、丁肇中的《应有格物致知精神》、王选的《我一生中的重要抉择》和顾拜旦的《庆祝奥林匹克运动复兴25周年》等四篇课文。这四篇课文在教材中发挥的功能无非就是一个个例子，用来体现、承载"如何演讲"这样的语文知识，学生在理解这些知识的基础上经过实践历练，相应的演讲能力即可形成。当然，这些例子只是一种途径或手段，如果有更好的其他途径或手段，不用这些途径或手段也是可以的。比如，学生观看相关的经典演讲视频，或者请一位演讲家到教室中演讲等，都是合适的途径或手段。但我们在调查中也很少见到这样带有建设性的教材处理方式。

总体来看，乡村初中语文教师在统编教材驾驭方面问题较多，主要表现在以下四个方面。①不能靠教师自身的能力吃深吃透、深刻领会教材；②不能靠教师自身的能力灵活自如地处理教材；③不能靠教师自身的能力准确恰当地评价教材；④不能靠教师自身的能力根据教学的实际需要创造性地对教材进行适当的加工、改编，甚至不同程度的改造。

二、乡村初中语文教师统编教材驾驭能力偏低形成的原因

根据我们多年来对相关领域的观察和分析，乡村初中语文教师统编教材独立驾驭能力偏低，主要由以下四方面的原因导致。

一是教育教学管理体制僵化。长期以来，很多地方乡村中学的教育教学（当然包括语文学科的教育教学）实行集权式管理，过于保守、不够开放。在我们调查的15所乡村初级中学中，有13所学校的管理有如下表现：在教学进度上，每学期安排统一的教学进度表；在教学内容上和教学方法上，强调集体备课，强调权威结论，忽略教学个性，很容易造成教学内容和教学方法的趋同；在语文课程与教学资源方面，强调一元的统编教材一统天下，忽略其他有益的课程与教学资源。这样做的结果，只能造成广大乡村语文教师在教学实践上，以及教学研究上的被动。在几乎一切都要由"上边"安排好、不

容"上下"平等对话的教育教学管理体制中，广大乡村语文教师自由的课程权在很大程度上被剥夺，而失去课程权的教师则根本就没有机会在自由的课程实施中锻炼自己课程改革与教学改革的能力。在此大背景下，语文教师如何能够拥有独立运用和处理教材的自由空间，并在摸爬滚打的"用教材教"的实践中提升相应的能力呢？

二是教师自身相关教学素养存在一定缺陷。广大乡村初中语文教师自身相关教学素养较差，主要表现在教材使用方面的有效知识欠缺。教师要想具备良好的独立驾驭教材的能力，必须要有相关的知识作为支撑，相关知识的欠缺必然导致相应能力的缺失。那么，具备良好的独立驾驭教材的能力，要有哪些相关的知识作为支撑呢？我们认为，这些知识包括：

独立驾驭教材的陈述性知识，含语文教材的性质和功能、语文教材的内容和意义、语文教材的体系和结构、语文教材的类型和编排、语文教材选文的功能及类型等教材理论。这一类陈述性知识可以使语文教师在语文教材性质观、内容观、体例观和应用观上形成新观念，以突破不合时宜的旧观念。

独立驾驭教材的程序性知识，含中学语文教材的分析方法、中学语文教材的评价方法和中学语文教材开发利用的途径等课程内容。这一类程序性知识可以使语文教师拥有正确使用语文教材的方法性工具，为他们熟练、灵活地用好教材奠定方法基础。

在对河南省广大乡村初中语文教师的观课和访谈过程中，我们发现：教师们独立驾驭教材的陈述性知识和程序性知识在很大程度上均较为欠缺。比如，统编教材七年级上册第六单元第22课在整套教材体系中的作用，就是要教给学生如何阅读寓言故事的知识。但是，当我们和教师们谈到本单元的主要教学任务时，不少教师却没有意识到"教会学生如何读寓言故事"这个根本任务。在上课过程中，多数教师也只是就课文讲课文，以单篇教学为能事，甚至根本就没有教授学生阅读方法的意识。当然，下了课以后，学生也很难学到如何阅读寓言故事的方法性知识。部分学生若有一些收获，那主要是凭借头脑中的暗中摸索。如果教师们教材驾驭方面的知识掌握较好的话，是不可能出现上述问题的。

三是教学评价机制（包括学生学业成就评价机制和教师教学成效评价机制）不顺畅。很多地方的乡村初级中学基本上都采用这样的教学评价方式：对学生的学业成就评价主要靠期末考试的分数，而对教师的教学成效考核评价几乎完全由学生期末考试的平均分来决定，期末考试的命题权则归县级教育行政管理部门教研机构的初中语文教研员。这一套教学评价机制当然存在不少问题，其中最核心的问题之一，就是负责命题的教研员的语文教研水平不尽如人意。通过对近三年来45套县域内初中语文学科统考试题的分析，我们发现一个较为突出的普遍性的情况：教研员多数分不清语文课程内容包括两大块，一块是语文学科知识，一块是经典文学文化作品及对其的阐释，其中教材中入选的非经典篇目本身不属于语文课程内容，而只是用来传递或呈现语文课程内容中语文学科知识的一种途径或手段。语文教师在教相关的语文学科知识的时候，上述途径或手段只供选用而非必须使用，教师有权利采用任何合适的途径或手段。这时，我们应该知道，在期末考试中，教材中入选的非经典篇目不宜作为考试内容编入试题中，否则，教师们就出于显而易见的考虑只能老老实实地"教教材"而不敢"用教材教"。但遗憾的是，以上45套试题中出现了大量的以教材中入选的非经典篇目为材料的试题，举隅如下。

《苏州园林》试题

阅读本文第四段并回答下列问题。

1. 本段的首句和其他句子之间构成了一种什么样的关系？

2. 本段文字用到了哪些主要的说明方法？目的在于说明什么？

3. 本段中作者引用的诗句"鱼戏莲叶间"选自《_____》。

4. "可以说是一项艺术而不仅是技术"句中的"艺术"和"技术"这两个词能否互换？为什么？

《应有格物致知精神》试题

阅读本文6—13段并回答下列问题。

1. 给这8段文字划分一下层次。

2. 第10段和前4段是什么关系？在文中起到什么作用？

3. 第11段和第12段在文中各自起到什么作用？

4. "格物致知"真正的含义是什么？

按说，《苏州园林》和《应有格物致知精神》两篇课文都是作为"例子"进入教材中的，不宜作为考试材料命题。更糟糕的是，命题者基本上对这两篇课文在语文课程中应该发挥什么样的功能并不清楚，所以导致命题质量很差。以上《苏州园林》的试题命题，应该着眼于考查学生如何阅读说明文的相关知识和能力，但只有第二题在考查学生的这种知识和能力；《应有格物致知精神》试题命题应该着眼于考查学生如何阅读演讲类文本的知识和能力，但遗憾的是，没有一道题目指向这一点。这种质量很低的命题，在发挥考试指挥棒功能的时候，不知能把教师们导到何处？显然，对培养教师们正确使用教材的能力也只能起到负面作用。

四是教师职后培训效果不尽如人意。在访谈过程中，有不少教师反映：近年来参加了省培计划班和国培计划班的培训，培训后当然也有一定收获，但离自己的期望还有一定距离；这些培训的主要问题，一是有不少培训内容不切合教师们的实际需求，二是培训形式较为保守。教师们这些反映和我们课题组近年来的相关调查结果基本吻合。关于培训内容，有的培训内容面过于宽泛，培训主题不集中；有的培训内容过于学术化，不接地气，和基层的教学实践脱节。关于培训形式，主要就是在中小学都已经深入人心的探究、合作、互动等课堂教学理念在培训班上竟然很少加以贯彻，传统的灌输式讲授法仍在唱主角，致使参训教师的参与意识不强、积极性不高。以下是我们见到的一份初中语文教师国培计划班所开设的培训课程目录。

师德修养专题研究

中国古代文学专题研究

中国现当代文学专题研究

外国文学专题研究

文学鉴赏专题研究

中学语文课程改革专题研究

作文教学专题研究

中学语文教学中的多媒体技术运用

全球化视野下的基础教育课程改革

可以看到，以上为参训教师所开设的课程面面俱到、主题散而不凝，问题较大，无怪乎教师们在参训以后怨言不少。

三、乡村初中语文教师统编教材驾驭能力提升的路径

为有效提升乡村初中语文教师的统编教材驾驭能力，我们以宝丰县和鲁山县的两所乡村初级中学作为课题实施的重点学校，在以下四个方面采取了相应措施，并初步取得了较为明显的成效。

（一）强化理论学习，提升语文教师准确理解教材的能力

合宜的理论可以引领实践有效地展开。在课题实施之前，以上两所中学语文教师的教材理论掌握情况还是有较大问题的。从以下一位教师制定的《最后一次讲演》一课的教学目标即可以看出。

● 学习作者闻一多热爱祖国、不怕牺牲、献身革命的英雄气概和斗争精神；

● 领会文中观点鲜明的表达特色；

● 体味本文感情色彩强烈的语言风格。

可以说，这个目标的制定反映出执教者缺乏明确的课程意识，未能有意识地思考《最后一次讲演》这篇选文在教材中的地位和所要发挥的作用，因此也未能将教学行为约束到"如何阅读演讲类文本"这个语文知识上（由于教学目标的制定可以在很大程度上反映教师对教材内容的理解及相应的教学化处理是否得当，以下我们的相关论述即聚焦于此）。

鉴于此，在整个课题实施过程的前期，我们对以上两所中学的语文教师

进行了"语文教材分析方法"理论的强化教学。经过理论学习，教师们对语文教材的性质、内容、体系、结构、类型、编排，尤其是选文类型、功能及鉴别有了较深理解，这为他们合理利用教材奠定了坚实的基础。同时，为了提高教师们教材选文的解读能力，我们从统编教材中精心挑选了一批典型选文和教师们一起进行文本细读，并将孙绍振教授的《名作细读》和《月迷津渡——古典诗词个案微观分析》、王荣生教授的《实用文教学教什么》和《阅读教学教什么》等专著分享给教师们，使他们在解读选文的实践中掌握解读选文的方法，提高解读选文的水平。

课题实施完成以后，教师们反映，在教材分析方面，最大的收获就是对教材中每一篇选文所应发挥的功能能够有理有据地予以界定，对选文内涵的理解也更加深入细致，进而能够更加合理地对选文进行教学化处理。

教师们认识到：语文课程内容包括语文学科知识、经典文学文化作品及对其的阐释。在语文教材中，选文有两种功能，一是为学习者传递和呈现语文学科知识；二是作为经典，提升学习者的文学文化素养。教第一类选文，要将其当作途径和手段来使用，眼光要由文本内部最终看到文本外部的语文学科知识；教第二类选文，要认真将其本身研读好并教好，眼光应主要聚焦于文本内部。以统编教材九年级下册为例，本册教材共有课文23篇，其中《祖国啊，我亲爱的祖国》（舒婷）、《面朝大海，春暖花开》（海子）、《孔乙己》（鲁迅）和《变色龙》（契诃夫）等篇目在教材中被设置为第一类选文，分别用来教如何读诗的知识、如何阅读小说的知识；而《鱼我所欲也》（《孟子》）、《唐雎不辱使命》（《战国策》）、《曹刿论战》（《左传》）和《出师表》（诸葛亮）则本身就是要教的对象。这样，在制定教学目标的时候，教师们就能够有意识地用理论对自己进行引导，从而科学合理地拟定教学目标。

如一位教师制定的《壶口瀑布》一课的教学目标是这样的。

● 说出作者的游踪；

● 感受文中所描绘景物之美；

● 分享作者游览景观时产生的独特感受；

● 体味文中精彩的语言美；

● 欣赏文中的艺术手法美。

这几条目标，正确地将《壶口瀑布》当作教学语文学科知识的途径和手段，将教学活动精准地指向"如何阅读游记类散文"这样的方法性知识：即学习者拿到一篇游记，要能够把握作者的游踪，感受作品中描绘景物的美，并能够分享作者在游览景物时内心独特的体验和感受，还要学会欣赏文中精彩的语言和丰富的写作手法，从而获得一种美感。在这之前，这位教师制定的教学目标是这样的。

● 多角度赏析文章的语言是如何营造出磅礴气势的；

● 体悟作者通过壶口瀑布表达出来的对中华民族伟大、坚强精神的赞美之情。

很明显，这两条教学目标反映出制定者缺乏清晰的课程意识，从而导致了目标过分简单且指向不准。

另有一位教师在教材理论强化学习之后制定的《周亚夫军细柳》一课的教学目标如下。

● 说出"锐""军""使""介胄"等关键字词的意义和用法，"将以下骑送迎"等关键句的结构；

● 理解本文作为历史传记文本记载人物生平事迹的实用价值；

● 欣赏文中的文学手法，并从中获得美的享受；

● 感受中华民族不畏权威、刚正不阿、追求正义的伟大精神。

这几条教学目标准确地将挖掘《周亚夫军细柳》这篇选文丰厚的文学文化内涵作为教学的指向，并有意识地从文字、文章、文学和文化四个层面去挖掘，是非常科学的。在此之前，这位教师制定的相应目标如下。

● 了解关于司马迁及《史记》的文学常识；

● 积累文言词汇；

● 借助注释和工具书疏通文义；

● 学习运用对比手法刻画人物形象的写作方法；

●学习周亚夫忠于职守的精神。

诚然，这几条教学目标的制定整体来看质量较高，问题不大，反映了制定者较高的文本理解水平和教学设计能力，但在教材理论强化学习之后的设计无疑更加自觉和理性，体现了制定者更高的文本理解水平和教学设计能力。

当然，以上所呈现的较为合宜的教学目标确定好以后，教师们整个课堂教学的大方向就不会出现大的问题。

（二）以具体案例为抓手，提升语文教师灵活处理教材的能力

语文教材在语文课程中发挥的作用，无非两个方面：一是承载语文课程内容，即明确"教什么"，二是提出语文教学方法，即建议"怎么教"。语文教师拿到语文教材，当然首先要对其表示尊重，因为教材是相关领域专家勤劳和智慧的产物，但另一方面，教师们在教材使用中又不能泥守教材常规，要做到灵活处理。归根结底，教师要对课程和学生发展负责，而不是对教材负责。那么，如何提升语文教师灵活处理教材的能力呢？我们的思路是，以前一阶段强化学习的教材理论为指引，以具体案例为抓手，展开相关实践和研究。

经过一个阶段的努力，取得了较好成效，主要表现在以下两个方面。

首先，阅读教学中，教师们能够以群文阅读理念和多文本阅读理念来处理教材，展开教学。如教读《湖心亭看雪》一课时，一位教师将其与之前学生学过的《藤野先生》《老王》《秋天的怀念》《背影》《阿长与〈山海经〉》和《从百草园到三味书屋》等几篇课文放到一起让学生比较阅读。通过教师引导，学生发现，这几篇课文虽然语体不同、题材不同，主题也各异，但有一点是共通的，即它们都是回忆性散文，而回忆性散文的文体有一个特征：写作中双重叙述视角的使用。抓住这一点，非常有利于对文本的思想文化内涵和艺术手法进行发掘和赏析。事实上，这篇课文的教学也取得了很大的成功。而不懂得双重叙述视角这一理论，教读《湖心亭看雪》等课文就很容易出现浅阅读、假阅读，甚至是误读现象。在教读《智取生辰纲》一课时，一位教师在多文本阅读理念指引下，让学生观看了电视连续剧《水浒传》中的相关片

段，研读了萨孟武教授《〈水浒传〉与中国社会》一书中的相关章节及统编教材九年级上册"名著导读:《〈水浒传〉古典小说的阅读》"，又欣赏了连环画出版社2015年出版的《水浒传》连环画。经过多文本碰撞，学生明白，原来《水浒传》中包括夺取生辰纲的几个人物在内的所谓梁山好汉并非真的好汉，他们身上既有很多优点，也有不少严重缺陷，思想道德境界也未必有多么高尚，甚至有部分人物品行还极为恶劣。而施耐庵的《水浒传》原著也正是按照不掩其善亦不避其恶的原则如实描绘一个个鲜明生动的圆形人物形象的，倘非如此，原著的艺术价值必大打折扣。

其次，在阅读教学中能够根据教学内容的需要灵活采用合适的教学方法。如一位教师教读《阿长与〈山海经〉》一课时，基于回忆性散文双重叙述视角的理论，让两个学生分别扮演两个鲁迅（一个是小时候正经历课文中所叙事件时的未成年鲁迅，一个是长大以后回顾往事时的成年鲁迅），两个鲁迅则分别用自己的口吻来讲课文中的故事。当然，事件相同，叙事的视角和口吻不同，产生的叙事效果是很不一样的。通过这种教学方法，这节课收到了意想不到的成效，学生对课文的思想内容和艺术手法有了非常直观又很深入的理解。

（三）培养批判技能，提升语文教师批判性运用教材的能力

乡村初中语文教师在拿到统编语文教材的时候，除了少部分以外，大多数教师还是以一种崇拜的眼光来看待教材的。当然，这是不合适的，也不利于培养学生的批判精神和批判能力。为此，我们在给教师们讲授语文教材评价方法的基础上，重点向他们推荐了美国斯蒂芬·D.布鲁克菲尔德教授的《批判性思维教与学:帮助学生质疑假设的方法和工具》（中国人民大学出版社，2017年版）一书，以提高教师们的批判性思维能力和批判性思维教学的能力。经过一段时间的努力，也取得了初步成效。现在，与课题组合作的教师们多数有了一定的批判性思维的意识，进而形成了一定的批判性运用统编教材的能力。

如一位教师在教"名著导读:《儒林外史》——讽刺作品的阅读"专题时,能够引导学生在独立细读作品的基础上,结合黄仁宇教授在《中国大历史》(北京生活·读书·新知三联书店,2015年版)中的相关观点(此小说将当时的生活状态以极悠闲的态度写出细微之处,但从历史学家的眼光看来仍为官僚主义之下的产物;它极端讽刺,却好像一部论文集;和包括《红楼梦》在内的其他清代小说一样,作者之愤怒和自我怜惜表彰着他们生活范围之狭窄,他们的读者与爱慕者想必深切地了解而具同感),以及另一论者的观点(就《儒林外史》来说,作者的艺术目的并不是建立一个超越世俗的世界,恰恰相反,他想努力还原文人生活之俗),比较中肯地、不带偏见地对《儒林外史》的思想内涵和艺术价值进行批判性评价。

另一位教师在教读《纪念白求恩》一课时,发现教材的练习设计有不当之处,即缺乏语用意识,未能引导学生从语用角度分析文本结构、写作手法和语言运用。在执教时,这位教师就从课文的语用功能出发,引导学生认识到毛泽东这篇悼词的功能——简要叙述白求恩的事迹,突出其伟大精神,表达对逝者的哀悼之情,号召大家向逝者学习。然后,从此出发回过头再来观察文本结构、写作手法和语言运用,认识到以上这些都是为了更好地实现文本的语用功能。这样,学生在课堂中学到的东西就成了活生生的、有情有义的内容,而非干巴巴、冷冰冰的内容,语文和生活的界限也被打开了。

在一节教如何叙事的写作课上,一位教师也打破了统编教材中"写作记事文章的时候,也要记真实的事"的理论束缚,给学生正确地讲授了如何叙事的知识。也就是说,在一般的叙事文写作中,可以叙真实发生过的事情,也可以叙实际上并没有发生过的事情,后者就需要学生发挥想象力来展开了。而无论是叙真实发生过的事情还是实际上并没有发生过的事情,只要叙事态度是真诚的,所叙之事可以反映出作者的真情实感,就都应该受到鼓励。实际上,司马迁写《史记》尚且允许一定的虚构成分,中学生的一般性写作就更应允许放开手脚。

以上教师对教材的处理,都体现了可贵的批判精神和一定的批判能力。

当然，批判并非意味着一定要推翻别人的观点、否定别人的做法，重要的是要遵循理性、倾听内心深处理性的召唤，按理性精神来行事。

（四）培养创新精神，提升语文教师创造性运用教材的能力

为了提升教师们创造性运用教材的能力，我们采取的办法是，在讲授语文教材开发方法的基础上，给他们提供吴泓、刘胐胐等优秀教师创造性运用教材的典型个案，然后和教师们一起研讨自己如何在某一个点上创造性地运用教材。经过一段时间的努力，也取得了一定成效。

首先，教师们能够有意识地站在课程的高度来确定课堂教学要教什么，进而对教材中既有的课程内容进行初步的改编。比如，上口语交际课的时候，有教师能够对统编教材所呈现的口语交际知识进行一定程度的增删调补，尤其是适时给学生补充了"如何听"的知识。应当说，现行教材中呈现了丰富的口语交际知识，但却存在一个较大缺憾，即没有专门给学生讲"口语交际中如何聆听效果更好"的相关知识。我们知道，会说的基础是会听，会听有时候比会说更重要。因此，这位教师的做法，从课程角度来看是非常合适、也是非常必要的。

其次，能够有意识地从"用教材教"的角度展开选文教学。如教读八年级下册第二单元的五篇选文时，有教师意识到，这五篇选文在教材中发挥的主要功用之一，是呈现说明顺序（包括时间顺序、空间顺序和逻辑顺序）这样的语文知识（掌握这项语文知识也是本单元重要的教学目标），而本单元所选的这几篇课文（除《大雁归来》以外，因为这篇课文严格来说不能算是说明文）从整体来看都体现了逻辑顺序，虽然从细部来看也有时间顺序和空间顺序的使用。这样的选文编排，是不利于单元教学目标的实现的。因此，这位教师在教教材中这几篇选文的基础上，另选了《雄伟的人民大会堂》（用来体现空间顺序）和《从甲骨文到缩微图书》（用来体现时间顺序）两篇选文来进行教学，从而取得了很好的教学效果。

最后，能够创造性地选用合宜的教学手段处理教材，展开课堂教学。如

九年级上册第二单元的写作专题中有这样一项写作任务：青少年应该如何对待时下流行的各种电子游戏？大家认识不一。对此，你有什么看法？自拟题目，写一篇议论性文章。不少于600字。这道写作题目虽然在话题上能够贴近学生实际，但也有一个不足，即从世界写作教学发展史的角度看，其体现出来的写作教学思想仍然停留在文章写作阶段，尚未达到过程写作阶段，更遑论交际语境写作阶段。有教师鉴于此，对这道题目进行了加工改造：你将要代表我们学校参加于下个月举行的全市中学生辩论大赛，辩题是青少年应该拒绝时下流行的各种电子游戏。作为一辩，请你分别站在正方和反方两个角度写一份开篇立论词。这个题目设计，显然要比教材原有题目设计好多了。

整体来看，虽然教师们在创造性运用教材方面的做法还显得不够成熟，但可喜的是，他们已经有了较为成功的尝试，能够不拘泥于教材、不迷信教材、敢于从教学的实际需要出发大胆对教材进行一定程度的改编了，这也为将来力度更大的教材改造做好了坚实铺垫。

四、乡村初中语文教师统编教材驾驭能力提升的建议

为提高乡村初中语文教师对于统编教材的驾驭能力，课题组特提出以下建议。

（一）对教育教学管理者的建议

对于乡村学校的各级教育教学管理者来说，一方面，要制定好教育教学运行的各项常规制度，保证日常教育教学有计划地开展。但另一方面，对于教师的管理又不能控制太多，要给各位教师的教育教学活动留出自由的空间。目前河南省的乡村学校管理普遍存在的问题是，对教师教育教学活动的控制过紧、过细、过度统一化，尤其是教师对教材的使用更是如此。当然这对管理方来说有不少的便利，但无疑也将教师们的活力和创造性给扼杀了。在这种大环境中，对于教师们来说，听话是最稳妥的做法。但长此以往，教师们独立驾驭教材的能力也就永远不可能培养起来，因为他们从来就没有机会在

充足的实践中摸爬滚打、去尝试、去失败、去成功。相比之下，我们应该远学芬兰、近学深圳。芬兰基础教育阶段各学科的教师们都是在独立驾驭教材的实践中成长起来的，由于国家没有统编教材，教材都需要由教师们站在课程高度、根据学情等因素自己编写、自己使用，他们的相关能力就这样被培养起来了。在深圳，尤其值得一提的是吴泓老师，他多年来"专题教学"的理论与实践真正贯彻并体现了"用教材教"的理念，教材成为课程与教学重要的资源之一而非全部，成为为我选用的所有重要教学材料之一。在这里，"教教材"理念被彻底抛弃，"用教材教"的理念真正深入人心。

总之，教育教学管理者必须将本属于教师的课程权、教材权、教学权有计划地、逐步地还给教师们。这样，他们的相关能力才可能培养起来。

（二）对乡村语文教师的建议

对于乡村初级中学的语文教师来说，要想提升自己包括教材驾驭能力在内的整个教育教学能力，诚然存在很多不利的客观条件，比如教育教学大环境不宽松、和名师接触机会少、外出进修机会少等等。但这些都不是决定性的因素，决定性的因素乃是自己的教育理念和追求，以及为实现追求的恒心和路径。有不少名师如新生代的王君老师、老一代的魏书生老师等，都是在很普通的环境中成长起来的。因此，乡村初级中学的语文教师不能坐等各种外在条件成熟再去做出应对，要心存自己高尚的教育理念和高远的教育追求，并克服种种不利因素，靠坚定的恒心和合适的路径去实现自己的梦想。具体来说，教师们要在自己平时一点一滴的教学实践中多留心、多思考、多学习、多实践，并和同事以及相关领域的专家学者多交流、多探讨，这样久而久之，驾驭教材的能力乃至整个语文教学能力就会逐渐得到提升。

（三）对教学评价机制的建议

当前，有关方面对学生的学业成就评价、对教师的教学业绩评价都存在不少深层次的问题，这些问题不可能在短期内一蹴而就地得到根本解决。目前相对来说最需要得到解决、解决之后也切切实实能够带来实际成效的问题是考试命题问题。让考试命题更科学，就能够通过考试对教学发挥的指挥棒作用，有效指导教师们更科学地理解教材、更大胆地使用教材。这个问题不解决，只能束缚住教师们的手脚，使他们在教材使用中规规矩矩、小心翼翼而不敢越雷池半步。

（四）对教师职后培训的建议

职后培训在教师的专业发展中具有举足轻重的意义，但是，目前乡村初中语文教师的职后培训（包括省培计划和国培计划）也存在较多问题。因此，改革培训内容和培训形式势在必行。

首先，要改革培训内容。对在职乡村初中语文教师的培训，一要专题化，二要接地气。如果培训内容面太宽泛，面面俱到，则势必造成培训内容的蜻蜓点水，或水过地皮湿。如果培训内容过分学术化，则势必造成培训高高在上，不解决教育教学中的实际问题。所以，对在职乡村初中语文教师的培训内容必须做到集中发力，有针对性地解决教育教学中的实际问题。对于培训机构来说，非常有必要让参训教师在赴培训盛宴前主动"点菜"，他们最需要的就是培训者最应该去满足的。

其次，要改革培训形式。培训形式中自上而下的讲授、灌输，体现了一种错误的理念，即培训教师是多知多能的专家，而参训教师是无知的接受者。当然，这种理念是不合时宜的，也注定不可能取得好的成效。合适的做法是培训者和参训者多元互动，共同组建一个学习共同体，共同探索如何把语文课教好。这时，培训者既是施教者同时也是学习者，参训者既是学习者同时也是智慧贡献者。当然，在这个过程中培训者起到的主导作用应该更多一些。

第三节　语文教师个人知识建构的意义、内涵及路径

作为个体性极强的一种职业性活动，教师的教学工作是以特定的教师个

体知识为基础展开的。有什么样的知识基础，就会有什么样的教学活动。知识，在很大程度上决定着一名教师能够教什么和怎么教。因此，教师的个体知识问题，就成了教师专业发展中最基本的问题。

从"公共—个人"和"显性—隐性"两个维度来考察，一名教师所拥有的对其教学活动产生影响的个体知识，可以分为四种：公共显性知识、公共隐性知识、个人显性知识和个人隐性知识。现在，我们以语文学科为例，讨论教师个体知识中个人知识（包括个人显性知识和个人隐性知识）建构的意义、内涵及路径。

一、教师个人知识建构的意义

在人类漫长的古代社会，对从事教学工作的教师来说，掌握了人类文明积累的学科专门知识（如科学、军事、伦理、政治、艺术和宗教方面的专门知识），就可以算得上一名合格的教师。好教师的主要标志，就是专门知识掌握得多。在我国，专门知识主要就是以伦理知识为核心的文史哲知识。当然，如何去教学生学习专门知识这样的教学知识也不是完全被忽略的，我国的"不愤不启，不悱不发，举一隅不以三隅反，则不复也"，以及国外以"诘问"为能事的苏格拉底式教学，就清楚地表明：一个好老师，还要知道"如何教"。但毫无疑问，相比于专门知识，教学知识不是主流。

进入工业时代以后，教师知识的范围被大大拓展，包含了一般知识、专业知识和教学知识三大块。但此处的教学知识，主要指书本上可以理论化的显性知识，这些知识当然属于公共所有，而不属于任何个人。这时，教学知识和一般知识、专业知识是不可能充分融合的。

如果说古代的教师知识可以看作一条线、工业时代的教师知识可以看作一个面，那么，当代教师知识就可以看作一个体：此种知识体系中，除了理论知识，也强调实践知识；除了显性知识，也强调隐性知识；除了公共知识，也强调个人知识。这时，教学知识和一般知识、专业知识得以深度融合。也就是说，条件性知识和本体性知识充分互动，保证了教学经验、教学风格和教学智慧的生成。生成的教学经验、教学风格和教学智慧则是教师对自己所教内容与所用教学方法的特定的、高度的个人化理解与经验，这种实践性知识又反过来促进教师对本体性知识和条件性知识的深度认知，将本体性知识由"一般教什么"升华为"在特定情境下实际上最好教什么"，将条件性知识由"一般怎么教"升华为"在特定情境下实际上最好怎么教"。从而，教师的本体性知识、条件性知识和实践性知识都实现了个人化。

为什么当代教师的个人知识会受到如此重视？这是因为，虽然从某种角度来看，比起公共的群体知识，个人知识肯定是极为有限的，但公共知识再如何庞大，它也必定要转化到、体现于每一个教师活生生的、独特的个人身上才有意义。和公共知识的理论性、公共性、普适性和可言说性相比，个人知识具有实践性、个体性、情境性、缄默性、整合性和双重性等特点[①]。正是个人知识所拥有的这些品质，保证了它在教学过程中能够更直接地帮助教师顺利地完成具体的教学任务。

众所周知，教学活动永远是在特定情境下进行的人与人之间复杂的交际活动。对于语文教学来说，情况更是如此，语文教学活动的任务、氛围、施教者、施教对象、凭借的资源以及要解决的问题都是极具个性化的。因此，教学不仅是一件普遍的，更是一件特殊的事情。而作为教师个人知识结构主体部分的实践性教学知识不是针对普遍事物的知识，而是针对特殊事物的知识。所以，越是教龄长的教师，越是优秀的教师，他的成功就越是依赖于其积累的充满个人色彩的教学经验、教学风格和教学智慧。有研究表明，在课堂教学中，非骨干教师更多地应用公共显性知识，而骨干教师则能够更多地应用个人隐性知识[②]。近年来，人们也越来越认识到，真正体现一名教师的教学水平、决定他的学生学习效果的，并不是可预见的科学性，而是不可预见的艺术性，是教师面对复杂的教学情境做出正确决策的知识和能力。也就是说，比起理论化的、显性化的公共知识，个人知识（尤其是个人缄默知识）

---

① 陈振华.解读教师个人教育知识［J］.教育理论与实践，2003，23（11）：6.

② 周福盛.教师个体知识的构成及发展研究［D］.兰州：西北师范大学，2006：135.

对教师的教学实践有更直接的指导意义。

再好的教学理论，要想落到实处，必须与特定的教学环境相适应。当我们只看重那种适用于一切教学环境的教学"真理"的时候，当我们漠视教学理论与特定的运用环境互动的时候，这种理论必定不会让人感受到它的实践价值。英国哲学家罗素曾指出，和个人知识相比，虽然整个社会的知识有其优势，但是，关于构成个人生活的特殊色调和纹理的那些温暖而亲切的事物，它却一无所知[①]。这也就是说，从某种视角来看，个人知识比公共知识有更宽泛的外延和更深刻的内涵，因此更能够适应特殊情境下的教学活动。在正确的宏观理论指导下，越是具体的知识，应用价值也越高。这个理念已经被越来越多的人所接受。

过去，在知识与技能相分离的狭义知识观影响下，知识被局限在"公共显性知识"范畴内，技能则被认为是对知识的实践应用。这种狭义的知识观，使高校的教师教育将个人知识、隐性知识拒之门外，并不认可师范生在实践练习中取得的个人知识和隐性知识是教师知识的主体。因此，高校的师范生教学技能培养，走的是师范生先在高校接受知识培训，再到中小学进行实践练习的路径。这里有一个预设：师范生在高校学习到的公共显性知识已经足够用了，只要将这种知识应用好，自然就可以形成相应的教学技能。这种认识必然会导致高校师范生教学技能培养长期以来的低效。对于在职教师的新课程培训来说，培训内容同样以公共显性知识为主，培训效果当然同样是低效的。这些失败，都表明个人知识在教师专业发展中具有非同小可的意义，也告诉我们：提升教师教学技能必须关照知识的个人属性。

诚然，由于个人知识的双重性，总体来看，教师（尤其是语文教师）所生成的个人知识中，积极知识和消极知识并存，其中很多带有原创意味的知识被批评为"缺乏严格的学术检验"[②]。但这绝不能抹杀个人知识无可替代的积极意义。

---

① 罗素.人类的知识——其范围与限度［M］.张金言，译.北京：商务印书馆，1983：9.

② 王荣生.语文科课程论基础［M］.上海：上海教育出版社，2003：265.

二、教师个人知识建构的内涵

考察我国当代成功的教学名师，他们无不具有很好的教师个人知识。诚然，这些名师的个人知识不可能是无所不含的，而主要体现在某一个或几个方面，也很有可能会有某些个人知识经不起学理的检验。比如，一位语文特级教师曾说过，学生读小说，还只需要说出主要人物是好是坏。这个认识就没有注意到小说中的人物形象有扁平人物和圆形人物之分，也充分体现出教师个人知识的双重性。但是，从根本上说，这些名师生成的有缺憾、不完美的个人知识对于他们的成功，是必不可缺的；每一位教师要想获得成功，也必须要生成属于自己的一套个人知识体系。而成功的名师生成的个人知识对于成长中的教师来说，就有着很高的借鉴价值。

从理想状态来看，教师应该从两个方面构建起自己的个人知识体系，包括个人化的本体性知识、个体化的条件性知识，这两者的融合，就形成了个人化的实践性知识。优秀的教师几乎都是这么做的。

魏书生老师的"将管理扩充为教学"的个人化知识，是在一种"教学与事务双方常常无法兼顾"的独特情境下生成的，目的就是解决好自己学校管理事务多、常规班级教学时间少，但学生自觉学习的意识又不强这一对矛盾。他将语文知识分为死知识、似死似活的知识和活知识三大块，每块知识都有对应的教学策略。这种认识促成了"将教师的语文学习方法转化成学生的语文学习方法"的语文教学理念，并最终形成教师一节课也不讲的"将管理扩充为教学"的语文教学思想。当然，站位于今天来看，他的个人化知识良莠并存，其中有相当大一部分属于静态的陈述性知识，很大程度上缺失"语用"精神内涵，需要我们加以仔细梳理和鉴别。

蔡澄清老师的个人知识"点拨法"，与其说是一种教学方法，不如说它更加关注"教什么"，其最终目的是让学生掌握自己读书的技能和策略。蔡老师认为："点拨法"中的"点"就是点中要害，就是指导学生抓住关键词句、抓住文眼，进而更好地理解课文；而"拨"就是帮助学生排除阅读中的知识障碍、思维障碍和心理障碍 [①]。他的"暗示引发""引路入境""辐射延展""抽换比较""纲要信号""激疑促思""再造想象""挑拨争鸣"系列教学艺术都是为实现"教什么"服务的。

宁鸿彬老师为了取得应试教育与素质教育之间的平衡，生成了独具匠心的创造性思维能力训练艺术，教学中的"多端性训练""变通性训练""独特性训练"等方法都是为了让学生形成独立思维能力（尤其是创造性思维能力）。这种能力，不仅有利于学生在各个领域的创新，也有利于他们的应试。

洪镇涛老师以让学生掌握语感知识和语感能力为目标，通过"语感分析""朗诵陶冶""披情析理巧设疑"等语感教学艺术，提高学生对语言分寸感、和谐感和情味感的领悟和运用能力，最终提高他们的语文综合能力。

刘胐胐、高原老师的作文三级训练体系，则是针对当时的"记叙文—说明文—议论文"训练模式的低效，甚至无效的状况而创生的。这个新颖的"有本、有序、有用、有望"的作文教学，就是基于充满个人色彩的包括"观察知识、分析知识、表达知识"的写作知识体系而展开的。

在被誉为"中国苏霍姆林斯基式的教师"的李镇西老师心目中，人的思想、人的情感、人的精神境界的提升，人的个性发展，应该是语文教育的生命。所以，在他的语文教学内容和教学方法之中，渗透了鲜明的自由、平等、宽容、妥协和创新精神。

新生代语文教师郭初阳老师，则把"追求智慧、独立精神、自由思想和敢于表达"作为语文教学的终极目标，这个目标使他的语文教学内容和方法也充满了个人色彩：有深度、有锋芒的思考，师生对话的极度开放，敢于对任何权威挑战。比如，郭老师对比喻有深入的认知：本体喻体愈远愈新；比喻要准确新鲜，有想象力；比喻要适合语境，上下协调。这种见解，难能可

---

① 张正君．当代语文教学流派概观［M］．北京：中国社会科学出版社，2000：133-134.

贵地关注到了修辞的认知性，从而避免了用表达性辞格来对待一切修辞的肤浅性。课例《〈项链〉：掩耳盗铃的莫泊桑》《笼外之笼——我是如何解读〈珍珠鸟〉的》则充分体现了他的语文教学对批判性思考贯彻和实施的力度。

独特的个人知识，也是新生代语文教师、清华附中特级教师王君老师成功的基石。她以情怀教育为寄托，通过"和学生艰难对话"进入问题情境，借助自己的生活体验解决问题，从而构成了教师关于教学文本解读的个人知识。王君老师首先形成了自己的一套文本解读思路，即以"教情怀"为旨趣、以投入生活体验与教学文本对话为基本经验，并且对解读效果进行自我评赏。这样，把文本读透以后，自然就找到了独特的教学策略："找准学生的情感底座和知识底座"，为学生和文本"搭桥"①。

以上这几位教学名师，正是在自己独特的教育信念、人生经历、语文学习经验和人际交往经验的共同作用下，生成了特定的语文教师个人知识。尽管从微观上看，这些知识有所差异，甚至迥然不同，但从宏观来看，它们共同的内涵是：都有适合特定情境的"教什么"的课程内容方面和"怎么教"的教学方法方面的选择和确定。

剔除这些个人知识中不正确的成分，我们可以充满信心地说：中小学课程形态的多元选择将逐渐成为现实。在过去的"教学大纲"时代，课程形态（尤其是语文课程形态）由少数专家以国家的名义予以选择和强势确定，全国不论何地都要遵循此种唯一的课程形态。但事实上，任何一种课程形态都不可能适应所有的教育教学情境。因此，从这个角度来看以上教学名师选择确定的丰富多元的课程形态，就会发现其中蕴涵的改革者的巨大勇气和创造性。对新课程改革来说，给我们的启示是：任何一位教师都要以开拓精神去生成自己的个人知识，进而开创属于自己的课程形态。

---

① 王倩.语文教师教学解读的个人知识探析［J］.教育学术月刊，2016（4）：100.

三、教师个人知识建构的路径

教师个人知识具有实践性、个体性、情境性、缄默性、整合性和双重性，因此，每位教师在自己的个人知识建构过程中，也必须考虑这些特征。

（一）从来源上看，教师可以将公共知识转化为个人知识

教师公共知识是关于教师教学的普适性知识，但是，这些知识只有被内化为教师的个人知识时，它才能真正发挥作用。而每位教师个体选择什么样的公共知识来进行内化、如何内化，都充满了个性。同时，已内化的公共知识在被不同的教师个体应用时，同样会以个性化的方式进行。

比如，同样是"以教师为主导，以学生为主体"的公共知识，对钱梦龙老师和蔡澄清老师来说，尽管在"因势利导"和"培养能力"两点上他们的认识完全一样，但如何落实这种公共知识，两人却有不同的理解。钱梦龙老师是把这种理念放在"先守格然后再出格"的有序训练系列里落实，而蔡澄清老师则是将其放在"序点共治"理念下的多种方式的"点拨"里落实。另外，两位老师在落实这种公共知识时，所采用的课堂教学对话方式也有较大差异。

又如，"教学要有启发性"这样的公共知识，也必须要转化为有可操作性的教学策略，才能真正发挥作用，否则其势能再大，也不具有任何意义。当然，转化而成的具体教学策略因人而异，但公共知识只能以这种个人化知识的形式体现自身价值。

除了"怎么教"，在"教什么"上，教师更要有属于自己的个人知识，否则，有效教学就难以实现。王君老师在这方面，力求以自己的生活经验和阅读经验读透文本，读出文本中的情怀，在文本解读知识的生成上可以说体现了高度的个人性。陈雁梨老师在此方面也有很好的个人知识。比如，对于李森祥的散文《台阶》，语文教师用书从"尊重得到满足使父亲心头充满喜悦"和"他的负重归根结底是由于农村经济极端落后"两个方面挖掘其意蕴，但

对父亲身上体现出来的民族传统负累却视而不见。陈老师用心揣摩作品，发现其中处处弥漫着淡淡的惋惜、感伤和无奈的情绪，父亲身上也体现出传统文化中消极的一面（不务实际地追求等级和门第，以及对生活目标的盲从导致他失去了自我，失去了生活的乐趣）[①]。这个个人知识，就是对绝大部分语文教师公认的教师用书中所谓"公共知识"的解构。

（二）从方式上看，教师可以通过自身课堂教学、现场观摩、教学反思等实践环节生成个人知识

教师的个人知识有很强的实践性，而实践性知识和理论性知识不同，它不是思考的结果，不能以规则的形式明确地呈现于文本之中，而只能主要以缄默状态存在于使用之中。个人知识的情境性和整合性，也要求教师在多种多样的教学实际情境中综合运用显性知识和隐性知识去处理现场发生的问题，在问题解决中丰富教学图式、积累教学经验。当然，由于个人知识的双重性，教师还要善于进行教学反思，对自己生成的个人知识进行主动的、理性的质疑和批判，鉴别这些知识中哪些具有积极意义，哪些则相反。

研究表明，对教师个体知识的获得，贡献最大的途径依次为：自身的教学反思和经验积累、参加优质课观摩课的听课或比赛、向老教师学习（如听课请教）、有组织的教研活动、和同事的日常交流等。对教师个体知识获得，贡献比较大的途径有：参加教育科研、自己阅读书刊。相比之下，对教师个体知识获得，贡献不太大的途径有在职继续教育和职前专业教育。还表明，骨干教师较非骨干教师更能够从参加优质课观摩课的听课或比赛以及向老教师学习中获得个人显性知识，同时，更善于从自身的教学反思和经验积累、参加优质课观摩课的听课或比赛、有组织的教研活动、向老教师学习以及和同事的日常交流等途径中获得个人隐性知识。

所以，教师要通过多种形式的实践活动，去生成属于自己的个人知识。

---

① 　陈雁梨.文化视角下的作品解读［J］.语文教学与研究（教师版），2004（1）：28.

陈友勤老师以《荷塘月色》的六次教学为例，深刻反思自己的教学设计：某些概念自己是否真的弄懂了；自己是否真的读懂文本内容并进而恰当地确定教学内容；是否真实地了解学生语文学习状况；是否恰当地选择了教与学的策略①。这很好地体现了"自身的教学反思"对教师个人知识建构的重要意义。

再如钱梦龙老师，他的语文几乎都是自学的，所以对语文教学中哪些是重点和难点就有着切身的体会，对学生如何学习这些知识以及学习中会遇到什么困难就比较清楚，讲课的时候就很容易抓住学生的真正学情，有针对性地演好"主导"，帮助学生成为学习的"主体"。"教学"历来包括"教"和"学"两个密不可分的方面，因此，这很好地体现了"自身的教学经验"中"学"的经验对教师个人知识建构的重要意义。

结论

教师要在本体性知识和条件性知识两个方面，积极建构属于自己的个人知识，这两方面知识高度融合，就会产生价值极高的教学智慧。但从以上分析可知，教师职前专业教育和在职继续教育对教师个人知识的生成意义不大，这是为什么呢？据我们的调查，教师职前专业教育和在职继续教育虽然在教师公共知识教学上取得了一定成绩，但其运行中却存在一个长期以来未能有效解决的问题，即过分重视教师公共知识而轻视教师个人知识，这直接导致教师职前专业教育和在职继续教育的理论教学和本来应该大量进行但实际上却极其有限的实践教学脱节，成为两张皮。一方面，只重公共知识的理论很难对实践起到应有的指导作用，导致人们对理论的轻视、抵触，甚至"去理论化"行为；另一方面，教师真正要掌握的实践性极强的个人知识却要在教学实践中靠自己慢慢摸索来完成，教师培养和培训机构在此关键处却是典型

---

① 陈友勤.问有道 教无涯——以《荷塘月色》的六次教学为例［J］.语文学习,2016(10)：34-37.

的不作为。因此，教师职前专业教育和在职继续教育要想获得在教师培养和培训中本来应有的地位和尊严，就必须转变观念，将公共知识教学和个人知识教学统一起来。只有这样，才能从根本上改变教师培养和培训中重理论教学而轻实践教学的顽症，改变理论教学和实践教学脱节的不正常现象，使教师职前专业教育和在职继续教育走上正轨，发挥其在教师培养和培训方面应有的作用。

第四章

新课程背景下的高校汉语言文学专业
师范生专业发展

第一节　高校汉语言文学专业师范生思维能力发展与提升研究

2011年，教育部颁发《义务教育语文课程标准》，其中"课程总体目标"要求："在发展语言能力的同时，发展思维能力，学习科学的思想方法。"2017年，教育部又在颁发的《普通高中语文课程标准》中特别指出：语文学科核心素养主要包括"语言建构与运用""思维发展与提升""审美鉴赏与创造""文化传承与理解"四个方面。其中，"思维发展与提升"是指学生在语文学习过程中，通过语言运用，获得形象思维、逻辑思维和辩证思维等的发展，以及深刻性、敏捷性、灵活性、批判性和独创性等思维品质的提升。语文教育专家谭维翰教授也对思维能力高度重视，认为它是学生听说读写等种种语文活动的核心，此种能力在很大程度上决定着学生语文学习水平的高下。这就是说，发展与提升中小学生的思维能力是基础教育阶段语文课程的重要使命。

"打铁先要自身硬"，作为几年后即将从事语文教学工作的准教师，高校汉语言文学专业的师范生也必须具备良好而全面的思维能力，才能胜任将来的教学工作。否则，就会在未来的教学工作中失职，严重影响中小学生语文学科核心素养的形成。

据"河南省高校汉语言文学专业师范生思维能力发展与提升研究"课题组近年来的初步调查，高校汉语言文学专业师范生思维能力表现欠佳，须得到有效发展与提升。从高校汉语言文学专业的课堂教学中、教育实习中、毕业论文写作中，以及一年一度的全省师范毕业生教学技能大赛中，我们观察到：一方面，大部分师范生拥有不错的外在的教学基本功；但另一方面，他们在内在的思维能力上（尤其是辩证思维能力和批判性思维能力上）整体偏弱。如文本解读习惯于跟着教师用书中的现成答案走，崇拜权威，缺乏对文本独立和深入的思考；写作中对较复杂问题的分析缺乏全面的、发展的视角，等等。

以下，我们就以河南省为例展开相关论述。

一、高校汉语言文学专业师范生思维能力发展现状及存在问题

近年来，我们对河南省的平顶山学院等五所相关高校汉语言文学专业大四年级的师范生进行了思维能力发展现状及存在问题的相关调查研究，结果令人喜忧参半。本次调研采用了问卷、观课和访谈三种方式，共发放问卷196份，回收有效答卷183份，观课77节次，访谈83人。以下是调研信息及相应分析。

（一）通过问卷方式获取的调研信息及分析

本调研问卷共设10题，分别用来考察师范生的形象思维、逻辑思维、辩证思维、批判性思维、聚合性思维和发散性思维能力。

1.师范生形象思维问卷调研信息及分析

经常有意识地运用形象思维来解读文学作品（比如《荷塘月色》）的师范生为131人，占比达71.6%；运用过但不经常运用此种思维解读文学作品的师范生为27人，占比达14.8%；较少用过的师范生为25人，占比达13.7%。能够用简短的句子很好地描绘"两岸青山相对出，孤帆一片日边来"这个画面的师范生为138人，占比达75.4%。这138名学生对画面的描绘动静结合、充满多种色彩且能够造成冷暖对比效果。能够较好描绘此画面的师范生为39人，占比达21.3%。这部分学生对画面的描绘能够表现出动与静的对比效果，或色彩的冷与暖的对比效果。在文字描绘中以上两种对比效果均未能表现出来的

师范生为6人，占比达3.3%。可以看出：该专业师范生的形象思维能力发展现状还是值得肯定的。

2. 师范生逻辑思维问卷调研信息及分析

日本和英国都是岛国，它们的自然资源相对不够丰富，这反倒成为它们发展科技的动力，所以才有它们今天的强盛。上述这句话在逻辑上成立吗？

对于此问题，大多数师范生（179人，占比达97.8%）都能从综合因素考虑日本和英国两国的发展，尤其是一部分师范生（109人，占比达59.6%）还能够考虑到英国资本主义思想和制度在全世界萌芽较早，以及日本最善于向世界先进思想和制度学习这两个深层次因素，在此基础上否定了上述从片面因素出发考虑问题并得出盲目结论的逻辑思路。这是非常可喜的。

傍晚，我竟听到有些人聚在内室里谈话，仿佛议论什么事似的，但不一会，说话声也就止了，只有四叔且走而且高声的说："不早不迟，偏偏要在这时候——这就可见是一个谬种！"文中"四叔"这句话在逻辑上有问题吗？

对于鲁迅先生小说《祝福》中四叔这句话，100%的师范生都能准确判断：四叔是带着迷信思想、自私心理和充满负能量的主观情感下的结论，因此，他的逻辑完全是荒谬的。

3. 师范生辩证思维问卷调研信息及分析

您对"言必信，行必果，硁硁然小人哉"和"大人者，言不必信，行不必果，惟义所在"这两句话有什么看法？

由于对儒家所提倡的诚信观念再熟悉不过了，更由于辩证思维的不成熟，多数师范生（125人，占比达68.3%）不能正确理解孔子和孟子的这两句话，他们还是坚持自己大脑中的固有观念：诚信的价值比什么都高，在任何时候都要坚守，绝不能以变通方式来对待诚信。只有少数师范生（58人，占比达31.7%）提出：世界上必须坚守的有价值的高尚理念很多，比如诚信、友善、敬业、爱国、乐群和进取，等等。当追求诚信和追求其他理念能够鱼和熊掌兼得的时候，当然要坚守诚信，但当它们之间产生冲突的时候，可能就要综合考虑多种因素做出最合情合理的取舍了。

您对"方生方死，方死方生；方可方不可，方不可方可"（生就是死，死就是生，肯定就是否定，否定就是肯定）这句话有什么看法？

对于老庄哲学中的辩证观师范生还是比较熟悉的，他们多数（130人，占比达71.0%）能够从较为宏观的视野解读生和死、肯定和否定的辩证关系，认为生和死、肯定和否定这两对矛盾范畴的对立两方之间一方面相互冲突，存在对立性，另一方面又相互依存，存在统一性，在一定条件下还可以相互转化。

4. 师范生批判性思维问卷调研信息及分析

中国有一个著名故事叫作"孔融让梨"，我们从小就被告知要学习孔融的谦让有礼。有人却持反对意见，他们认为：孔融的推理本身就是自相矛盾的，因为他说年纪小应该拿小梨，他比哥哥年纪小，所以应当拿小梨，然后又讲年纪大应当拿小梨，他比弟弟年纪大，所以他应当拿小梨。这种批判能够站住脚吗？

在我国，孔融让梨的故事深入每个学生的内心。同时，批判性思维的价值也逐渐深入当前每个大学生的内心。但是，不少学生却对批判性思维的本质和如何运用知之不深。批判性思维的本质是理性精神在思维过程中的贯彻实施，在运用批判性思维分析问题时，还要注意把批判性思维和文化理解结合起来。上述对"孔融让梨"持反对意见的人其实着眼的是孔融让梨这个举动所体现的中国谦让文化的表层：根据年龄大小来决定拿大梨或是小梨。当然，如若从逻辑思维来判断孔融的做法，无疑他这种做法是不合逻辑的。但实际上这并不是关键，关键是孔融这种做法体现了一种优秀的、与西方文化根本不同的谦让文化：对年龄比我小的，我应该谦让，对年龄比我大的，我也应该谦让，孔融所说的年龄大小其实只是一个托词而已。所以，对孔融的做法进行批判，其实是不适当地用西方思维和文化来解读中国思维和文化，结果只能是枘凿方圆，扞格不入。问卷结果显示：多数学生（132人，占比达72.1%）赞同文本中的反对意见，只有少数学生（51人，占比达27.9%）认为此反对站不住脚。

船主让漆工给船涂漆。漆工涂好船后，顺便将漏洞补好了。过了不久，船主给漆工送了一大笔钱。漆工说："工钱已给过了。"船主说："这是感谢补漏洞的钱。"漆工说："那是顺便补的。"船主说："当得知我的孩子们驾船出海，我就知道他们回不来了。现在他们却平安归来，所以我感谢你！"考生根据材料自拟题目，写800字作文。请简要评论一下上述题目出题质量。

上述题目是某年的一道高考作文题目。该题目的导向无疑体现了一种正能量，希望考生能够分析出故事中漆工的淡泊名利、细心、爱心和船主的感恩之心。但是，高考题目的拟制是一项复杂的系统工程，不仅要考虑题目所宣传的思想健康与否，还要综合考虑其他方方面面的要素，比如题目的周密性。如果从这个角度来考察，上述题目问题还是比较明显的。首先，当漆工发现船体出现漏洞时，为何不向船主及时反映情况而自作主张呢？须知，漆工的专长是油漆涂补而非船体漏洞的修补，船体出现漏洞，应该由船主找专业人员来修补；其次，当船主得知"孩子们驾船出海，就知道他们回不来了"，说明他一定知道船有漏洞，但为何他不及时采取措施呢？难道有比人命关天还大的事情吗？对此道高考题目的出题质量，有半数左右的学生（89人，占比达48.6%）提出了质疑，另有半数左右的学生（94人，占比达51.4%）未提出质疑，只能够分析出出题人希望看到的积极向上的思想内涵。

5. 师范生发散性思维问卷调研信息及分析

为了考察师范生的发散性思维能力，我们设置了以下题目。

如果要写一篇以"水"为话题的作文，您可以从哪些方面入手展开写作？

A. 农业	B. 物理			

此题目可以较好考察师范生的发散性思维能力。除了题目中已有的农业和物理两个角度，师范生还可以从文学、军事、政治、哲学、工业、商业、化学、环保、建设、能源、交通、医疗、餐饮和养生等多种角度出发展开写

作思路。问卷结果显示：筛除掉无效答案，能够将表格中余下13项有效填满的学生为57人，占31.1%，填够9~12项的学生为21人，占11.4%，填够5~8项的学生为96人，占52.5%，其余9名学生只能填够1~4项，占4.9%。看来师范生的发散性思维能力还有待提升。

6. 师范生聚合性思维问卷调研信息及分析

某小区有一"怪洞"：猫、狗入洞则死亡，人马入洞则无事。实验人将猫、狗抱进去无事，而猫、狗一旦自己进入则死亡。这个问题产生的可能原因是什么？

上述题目的设置是为了考察师范生的聚合性思维能力。题目中出现的信息实际上都指向了一点：位置的高低决定有事与否。猫、狗入洞则死亡，人马入洞则无事，是因为猫、狗所处位置较低，人马所处位置较高；实验人将猫、狗抱进去无事，是由于猫、狗的位置变高了；猫、狗一旦自己进入则死亡，还是因为其所处位置较低。这些信息表面看来不易梳理，但仔细分析就会发现它们共同聚合到一个关键点上：可能该洞中存在某种有毒气体，这种气体只聚集在洞中较低位置。当然，该问题可能还另有答案，只要能够言之成理都是可以接受的。问卷结果显示：多数学生（119人，占比达65.0%）能够较圆满地解释该问题，另有少数学生（64人，占比达35.0%）未能做出合理解释。

（二）通过观课方式获取的调研信息及分析

本次调研共观课77节次，分别为师范生在高校的平时课堂试讲和在中学的教育实习课堂讲课两种授课情形，对前者的观课为36节次，对后者的观课为41节次。

1. 师范生形象思维观课调研信息及分析

观课过程显示，师范生的形象思维能力较为突出，值得肯定，这和我们的问卷调查结果是高度吻合的。究其原因，应该是各高校所开设专业课中，文学类课程占绝对大的分量，师范生在大量的文学作品阅读和写作中积累了丰富的形象思维经验。另外从性别角度来看，各高校汉语言文学专业师范生中女生所占比例平均高达80%左右，应该也是重要原因之一。

如在讲授朱自清的《春》时，有的师范生带领中学生一边读，一边在大脑中想象课文中所描绘的春花图、春草图、春风图和春雨图等画面，有的师范生甚至就让中学生在准备好的白纸上画出这几幅生动的画面。还有的师范生特别重视作品第四段中"闭了眼，树上仿佛已经满是桃儿、杏儿、梨儿"这一句，给学生点出此处作者将事实上还没有发生的景象凭借自己丰富的联想和想象能力生动地描绘了出来，并给学生补充鲁迅的《雪》中"但我的眼前仿佛看见冬花开在雪野中，有许多蜜蜂们忙碌地飞着，也听得他们嗡嗡地闹着"同样体现了作者丰富的联想和想象能力的这一句景物描写。最后告诉学生：我们在今后的写作中也不要太拘泥于"真实"，可以借鉴这种虚实结合的手法进行写作。在讲授老舍的《济南的冬天》时，不少师范生也能够激发中学生整体感知作品，展开自己的想象力将作品中的文字还原为一幅幅生动的图画，并在此过程中获得一种美的享受。

但也无须讳言，由于应试的需要，以及历史上盲目地过度学习西方的文本分析法，一定程度上把我国传统的整体感知阅读法给弄丢了，对文本进行细致的、不漏边角的分析，一度成为语文课堂上文本解读的主流方法。这种影响至今仍然不小，也需引起注意。事实上，仍有一小部分师范生在讲课过程中（尤其是对文学类作品的讲授中）不重视引导学生用形象思维感触文本，甚至作为授课者自身也缺乏这样的能力，这是很值得我们警醒的。如一位师范生讲授朱自清的《荷塘月色》时，就几乎全部是抽象思维主导课堂教学，在课下同这位学生交流文本解读体验的过程中也发现他在形象思维能力上明显偏弱。

2. 师范生逻辑思维观课调研信息及分析

观课过程显示，师范生的逻辑思维能力也普遍较强，这要得益于他们在课堂内外大量的言语实践中经常有意识地锻炼自己的逻辑思维能力。

如讲竺可桢的《大自然的语言》一文，一位师范生能够带领中学生正确分析本文说理的严密性，更可贵的是，还能够从宏观、中观和微观三个层面做具体分析。以下是此教学环节的过程概述。

一、从宏观层面学习本文说理的严密性

课件展示第一课时对文章结构所划分的内容。教师提问："这四部分的顺序是否可以打乱？例如能不能先说意义，再说含义？"引发学生思考，最后明确原因：文章脉络是环环相扣、层层递进的，体现出逻辑顺序的逻辑性和严谨性特点。

二、从中观层面学习本文说理的严密性

请学生默读课文6—10段，思考决定物候现象的来临有哪些原因，并填写在下面表格中。

	段落	决定物候现象形成的因素
因素一	第七段	纬度差异
因素二	第八段	经度差异
因素三	第九段	高下差异
因素四	第十段	古今差异

学生完成表格后，再抛出问题：这四个因素的先后顺序能不能调换？为什么？学生回答，从而开展课堂辩论赛：一部分学生认为可以调换，理由可能是这四个因素互相没有关联，因此无关先后顺序；另一部分学生认为不可以调换，理由可能是这四个因素互相有联系，人们对由纬度差异所引发的物候现象感触最深，对由古今差异所带来的物候现象感触最浅，所以作者是按人们感受程度的强弱排列的。

学生发言完毕，教师进行小结：以上四个部分当然不能调换顺序。作者把决定物候现象来临的四个因素按照其影响程度，由大到小，依次进行排列。纬度因素的影响最大、经度次之、高下又次之、而古今最次。此外，前三者属于空间因素，第四个则属于时间因素，这样写还达到了分门别类的效果。如此严密的逻辑联系，使文章思路清晰、层次分明。

三、从微观层面学习本文说理的严密性

教师请学生读第一段，并思考此段落的行文顺序是什么。细读结束后，学生回答："第一段是按照季节变化顺序写的，由春到夏，再由秋到冬。"接着教师进一步引导学生朗读第七段和第九段，并讨论：第七段中"值得指出的是物候现象南北差异的日数因季节的差别而不同"相关内容在这里有什么作用？第九段中将"不过研究这个因素要考虑到特殊的情况"和后面的内容删去可以吗？小组讨论结束后，师生共同总结并明确：第七段中在纬度起决定作用的基础上，季节是会影响物候现象发生变化的。而在第九段里，现实中会出现逆温层等特殊现象，是需要人们考虑在内的。这是从微观层面体现出科学小品文严谨性的特点的。

此段教学实录，充分体现了执教者较好的逻辑思维能力，只有教师有了这样的能力，才可能带领学生准确分析出竺可桢教授写作本文时所运用的逻辑思维的严密性。

但也偶有不尽如人意之处。讲鲁迅的《中国人失掉自信力了吗》一课，有师范生自己对作者辩驳错误观点的过程和方法领会不深，因此在带领学生分析此问题时则只能言之不详，教学过程也出现较明显失误，表明其逻辑思维能力欠佳。如对本文题目"中国人失掉自信力了吗"中的"中国人"所指理解失误。题目所问问题的答案应该是：中国人没有失掉自信力。但题目中的"中国人"是指所有的中国人吗？非也。此"中国人"应该指的是一部分中国人，这一部分中国人可能在相对人数上不一定占优势，但他们在引领中国向前发展的道路上要么默默奉献，要么带领大家努力抗争和奋斗，他们切实起到了中坚作用，是中国人的脊梁，他们对中国的前途充满了信心。看中国人有没有失掉自信力，只能看他们而不能看别人。故此，鲁迅先生说中国人没有失掉自信力。但有师范生对此不能理解，他们觉得，只能说部分中国人没有失掉自信力，另有部分中国人失掉了自信力，因此，本文题目中蕴含的"中国人没有失掉自信力"的说法是不正确的。这种误解显然是逻辑思维方面的问题引起的。

3.师范生辩证思维观课调研信息及分析

观课过程显示，师范生掌握了初步的辩证法理论，具有了初步的辩证思维能力，但这种思维能力偏重于宏观把握而不善于微观分析运用。

如讲入选高中语文统编教材的《老子》第二章（天下皆知美之为美，斯恶已；皆知善之为善，斯不善已。故有无相生，难易相成，长短相形，高下相倾，音声相和，前后相随。是以圣人处无为之事，行不言之教），多数师范生能够讲清楚矛盾着的事物双方或一个事物矛盾着的两个方面既对立、又统一，在一定条件下可以相互转化，但在运用这个理论做具体分析时则不免出现失误。具体来说，他们可以分析美与丑、善与恶、有和无、难和易等对立属于矛盾范畴，这些矛盾范畴的两方之间存在差异，同时又有统一的基础和相互转化的契机。但在解释为什么"天下皆知美之为美，斯恶已；皆知善之为善，斯不善已"时，却分析道："天下的人都知道怎样才算美，这就无所谓丑了；都知道怎样才算善，这就无所谓恶了。"这个分析完全没有领会老子《道德经》的真谛，老子明明在说：天下的人都知道美的事物就是美的，这就成为恶的事情了；都知道善的事物就是善的，这就成为恶的事情了。也就是说，美和丑、善和恶的标准从来都是变动不居的，从来不会有任何时候人们的审美观和伦理观统一而无争议，一旦有一天这个标准统一了，天下皆知美之为美、皆知善之为善，这就意味着丰富多彩的世界变成一元的了，美的形态单一化了、善的形态单一化了，这个世界就会非常可怕。比如，美国就认为自己的价值观是全世界最优秀的价值观，因而用各种暴力和非暴力手段在全球推行自己的价值观。这不是很"恶"和"不善"的生动表现吗？"斯恶已"和"斯不善已"意思很明确：成为恶的事情，"成为恶的事情"绝不等同于"无所谓丑""无所谓恶"。

4.师范生批判性思维观课调研信息及分析

观课过程显示，师范生的批判性思维能力发展状况较为复杂。一方面，他们有一定的批判性思维的意识，也有一定的相应能力，但另一方面，作为大学生，他们的这种能力还需要上升到高级阶段。

如上"写人记事"的专题写作课，有师范生发现统编教材中讲道："写作记事文章的时候，也要记真实的事。"这位同学结合自己学过的写作理论以及读过的各类作品，很合适地纠正了教材中这个不正确的知识。写作理论认为：写人记事类的作品，可以是纪实的，也可以是虚构的。这应该是一项常识。莫怀戚对其著名散文《散步》中所记之事在一定程度上进行了想象性的虚构，司马迁的《史记》在记史实的过程中其实也在一定程度上加入了虚构成分。这充分说明记事不一定要记真实的事。如果在这一点上思想保守，很容易束缚中学生的想象力，也不利于激发他们的写作兴趣。这是批判性思维运用很成功的案例。

当然也存在运用批判性思维不太恰当的案例。如有师范生讲授《唐雎不辱使命》一文，只站在后来者的立场，看到秦国一统天下给中国带来的好处，认为唐雎对抗秦国从社会发展史来看是阻碍了中国统一的进程，从而批评唐雎的行为是错误的。这和当下不少人批评岳飞抗金的伟大举动、进而否认岳飞的民族英雄地位的思路如出一辙。如何看待历史、评判历史人物和历史事件，是一件很困难的事情。历史是复杂的，因此，必须谨慎地从多个维度对历史人物和历史事件展开评判才能有所广益，单一地从某一维度出发对历史人物和历史事件做出简单的结论是没有什么价值的。

5.师范生发散性思维观课调研信息及分析

观课过程显示，师范生的发散性思维能力大体处于中等水平。以下两位师范生的表现较为典型，可以大体体现师范生的发散性思维能力发展状况。

在一节语文综合性学习活动课堂上，一位师范生带领中学生围绕"石油"这个话题展开综合性学习活动。这位师范生构思了如下八个分专题。

1.石油与每个人的生活

2.石油是如何形成的

3.石油可以用之不竭还是不可再生

4.石油如何影响世界政治格局

5.石油如何影响世界经济发展

6. 石油如何影响当代文化

7. 石油与世界交通的关系

8. 石油与环境保护

然后将全班同学分成八个小组，每个小组围绕其中一个话题展开活动。通过这八个分专题，可以看出，这位师范生能够将石油这个总话题从生活、科学、政治、经济、文化、交通和环保等几个方面发散为多个分话题，其发散思维能力还是较强的。

在另一节写作课上，一位师范生让中学生进行命题作文：《谈中学生打工》。本来，这位师范生应该引领中学生拓展思路，较为全面地列出本次作文需要提出并加以分析和解决的问题，如：

目前中学生打工热是在什么样的背景下形成的？

中学生打工通常存在什么样的目的和动机？

中学生打工带来了哪些好处？又产生了哪些问题？是利大于弊还是相反？如何扬利除弊？

中学生应该如何摆正打工和学习之间的关系？

政府、家长、学校、社会和企业应该如何保证中学生打工中的人身安全和其他权益？

但实际上，这位师范生却只是引导学生"提出中心论点（打工好还是不好）——围绕中心论点搜集材料——用材料论证中心论点"，显然并未跳出传统议论文写作的窠臼，也反映出这位师范生发散思维的局限性。

6. 师范生聚合性思维观课调研信息及分析

所谓聚合性思维，就是集中精力在一个特定范围内或在一个点上对某个问题展开分析并尝试解决该问题，归纳法和演绎法是运用聚合性思维分析问题、解决问题常用的具体方法。观课过程显示，师范生的聚合性思维能力发展较好，处于中上水平。这和他们经常使用归纳法和演绎法进行思维不无关系。

如一位师范生在讲授杨绛的《老王》时，就体现了很好的聚合思维能力。

杨绛先生这篇散文卒章显志：几年过去了，我渐渐明白：那是一个幸运的人对一个不幸者的愧怍。但是，整篇文章却用笔极淡，稍不留心，就发现不了文中蕴涵的作者对老王的这份实际上很深厚的愧怍感。当然，这也非常需要读者在阅读时运用较强的聚合思维能力将文中每一段，甚至每一句话都凝聚到文章主旨上。事实上，授课的这位师范生也比较顺利地做到了这一点，对文中关键字句段的分析基本到位，合乎情理。如：

我常坐老王的三轮。他蹬，我坐，一路上我们说着闲话。

后来我在坐着老王的车和他闲聊的时候，问起那里是不是他的家。他说，住那儿多年了。

我也赶忙解释："我知道，我知道——不过你既然来了，就免得托人捎了。"

等到听不见脚步声，我回屋才感到抱歉，没请他坐坐喝口茶水。可是我害怕得糊涂了。那直僵僵的身体好像不能坐，稍一弯曲就会散成一堆骨头。我不能想象他是怎么回家的。

他还讲老王身上缠了多少尺全新的白布——因为老王是回民，埋在什么沟里。我也不懂，没多问。

应该说，将上述句子中全部指向愧怍感的意蕴揭示出来，还是相当难能可贵的，缺乏一定的聚合思维能力，根本完成不了这项任务。

（三）高校汉语言文学专业师范生思维能力发展现状及存在问题小结

总之，河南省高校汉语言文学专业师范生的思维能力发展情况较为复杂。①形象思维能力（尤其是其中的联想能力和想象能力）发展整体较好，但也不排除一小部分师范生不善于形象思维的情况。②逻辑思维能力发展整体较好，但也不排除一小部分师范生不善于逻辑思维的情况。③辩证思维能力发展不够理想。虽然具备了初步的辩证法常识，也具备了初步的运用辩证思维分析实际问题的能力，但毫无疑问他们的理论水平和实践能力还处于初级阶段，有很大的提升空间，仍需要加深对辩证法的学习，更需要较大幅度提升运用辩证思维分析实际问题的能力。④批判性思维能力发展令人喜忧参半。他们有一定的批判性思维的意识和初步的批判性思维能力，但仍存在认识上的相关误区，运用批判性思维分析问题的技术和策略也需要进一步提升。⑤发散性思维能力处于中等水平。⑥聚合性思维能力发展整体较好，处于中等偏上水平。

二、高校汉语言文学专业师范生思维能力发展相关问题产生的原因及相应建议

通过以上调研信息，我们发现：河南省高校汉语言文学专业师范生的思维能力发展是不够均衡的，他们的形象思维能力、逻辑思维能力和聚合性思维能力发展虽然也存在一些问题，但整体较好，而在辩证思维能力、批判性思维能力和发散性思维能力方面问题则相对较大。那么，问题产生的原因是什么呢？

为了探寻问题产生的深层次根源，我们对平顶山学院、信阳师范学院等五所高校汉语言文学专业的近20名教师和近70位师范生进行了访谈。通过访谈发现，目前河南省相关高校汉语言文学专业的课程设置及教学运行方面存在一些不利于师范生思维能力发展的深层次因素。

（一）课程设置方面的因素

在课程设置方面，相关高校汉语言文学专业所开设的骨干课程存在一些较明显的弊端和缺陷。

《普通高中语文课程标准》规定的学生语文核心素养包括：语言建构和运用、思维发展和提升、审美鉴赏和创造以及文化理解和传承。当然，打铁还要自身硬的师范生也必须具备这四种核心素养，否则就不能在不久的将来走上工作岗位之后胜任中学语文教学工作。因而，作为培养未来的中学语文教师的重要阵地，高校汉语言文学专业也必须承担起培养师范生扎实的语文核心素养的重任。这样，本专业所开设的骨干课程就必须与语文核心素养有内

在的呼应。其中，核心素养之"语言建构和运用"有本专业所开设的专门的语言类课程与之对应，核心素养之"审美鉴赏和创造"有本专业所开设的专门的文学类课程与之对应，核心素养之"文化理解和传承"有本专业所开设的专门的文化类课程与之对应。提到核心素养之"思维发展和提升"，则缺乏专门的相应课程与之对应。虽说在培养师范生核心素养方面，上述这三大类课程与核心素养之间并非是一一简单对应的关系，三大课程之间也确实存在一种复杂的交融和互补性，因而它们均可在一定程度上提升师范生的思维能力，但缺乏与"思维发展和提升"相对应的专门的课程，则会在一定程度上对师范生思维能力的发展造成不利影响。

如某高校汉语言文学专业的人才培养方案规定，本专业主干课程包括：文学理论、语言学概论、古代汉语、现代汉语、中国古代文学、中国现当代文学、外国文学、基础写作、美学、心理学、教育学、语文教学论和语文教材研究等13门课程。该培养方案在学生毕业要求方面也提出了以下八大素养。

1. 思想政治素质

1.1具有坚定的政治立场和理想信念，拥护中国共产党的领导，熟悉党的指导思想及国家的大政方针，具有爱国主义思想和集体主义精神。

1.2树立正确的世界观、人生观、价值观，遵纪守法，知礼明理，诚实守信，具备良好的思想政治素养。

2. 职业基本素质

2.1熟悉党和国家的教育方针政策，具有良好的人文素质和科学素质，具备现代化的教育理念。

2.2遵守职业道德规范，具有仁爱之心，爱岗敬业，爱护学生，具备良好的职业道德素养。

2.3具有良好的心理素质，健全的人格，健康的体魄。

3. 语言文字应用能力

3.1具备基本的汉语言学知识，掌握现代汉语、古代汉语、语言学等基本知识和专题知识。

3.2具备基本的汉语语音、词汇、语法和汉字的分析教学能力，具有提高自身汉语水平的意识和能力。

3.3具备规范的汉字书写能力，能说比较标准的普通话，达到学校师范毕业生普通话和书写技能相应的等级要求。

4. 外语应用能力

4.1能够正确运用英语语音、词汇、语法及篇章结构等语言知识。

4.2具备基本的英语听说读写能力，能够满足日常工作交流、专业学术交流的基本需求。

5. 文学阅读鉴赏能力

5.1掌握中国古代文学、中国现当代文学、外国文学的基础知识，把握重要学术流派、学术事件、学术观点等对文学发展的影响。

5.2掌握美学、文学理论、中国古代文论等基本知识，了解审美经验、审美教育等相关理论，具备分析、解读、鉴赏古今中外经典文学作品的能力。

6. 写作能力

6.1掌握基本的写作学知识，把握常用文体的写作特征，树立基本的文体写作意识。

6.2掌握新闻、应用文、学术论文等文体写作的基本技能，具备较强的思辨能力、审美能力和写作能力。

6.3掌握中学常见文体写作的基本技能和方法，能够胜任中学作文教学工作。

7. 教育教学能力

7.1熟悉教育学、心理学相关知识，掌握基本的教育教学方法及技能。

7.2熟练运用计算机、网络等现代信息技术，掌握现代化教育教学手段及方法。

7.3了解中学语文课程标准及教材情况，具备扎实的中学语文教学基本理论、知识、技能，能够胜任中等学校语文教师教育工作。

7.4具备中等学校语文教学设计、实施、评价及班级管理的基本能力。

8.专业发展与终身学习能力

8.1能及时了解中学语文教育学的最新理论、教学发展的前沿动态，能够适应社会发展、主动获取和更新专业知识。

8.2具有较强的创新意识和创新思维能力。

8.3具备较强的团队合作精神、交际交往能力和适应能力，具备一定的协调、管理和合作能力。

8.4创新创业能力。具有积极进取和勇于创新精神，善于学习新技能与新知识，积极进取，能运用创新性思维提出问题的解决方案，具备创新创业能力。

但遗憾的是，师范生思维发展素养并不在该人才培养方案考虑范围之内，因而也未有专门的思维类课程列入骨干课程体系当中，甚至在其整个课程体系的近百门必修和选修课程当中也无从发现思维类课程的影子。

另一所高校本专业的人才培养方案规定的主干课程包括：文学概论、中国古代文学、中国现当代文学、比较文学与世界文学、语言学概论、现代汉语、古代汉语、语文教学论。其庞大的整体课程体系中也依然没有提升师范生思维素养的专门课程的位置。

而放眼看一下外省相关师范院校本专业的课程设置，我们发现：尽管在专业骨干课程中没有专门培养师范生思维能力的课程，但相关课程在整体课程体系中还是有一定地位的，如鲁东大学文学院汉语言文学专业所开设的"学生思维能力与培养"，广西师范大学文学院汉语言文学专业所开设的"思维学与语文教育"和"逻辑学"，云南大学文学院和萍乡学院文学院汉语言文学专业所开设的"逻辑学"。更难能可贵的是，萍乡学院文学院本专业的人才培养方案中就有对师范生思维品质的强调：掌握文献检索、社会调查、学术研究的基本方法和规范，具有创新思维和较强的教学和科学研究能力。云南大学文学院本专业的人才培养中也提出相关要求：具有不断获取新知识的能力，具有一定的批判性思维能力，能够从事一定的理论研究和社会实践的具体工作。

虽说师范生的思维能力发展事实上并不专靠特定的某一门课或某几门课来实施，比如文学类课程一样能够培养师范生的思维素养。但人才培养方案中有无凸显师范生思维能力发展，在课程体系中有无专门的思维类课程，最终效果还是很不一样的。

（二）教学运行方面的因素

河南省相关高校汉语言文学专业在教学运行方面同样存在一些不利于师范生思维能力发展的因素。

第一，在宏观教学思想层面，不少高校出于对应用技术型大学的误解，盲目降低自身的办学定位，追求实用的知识和技能教学，意欲培养低端的技工型人才，从而导致对学生创新思维能力等方面的培养弱化甚至缺席。

第二，在具体教学方法层面，不少教师的课堂教学仍以单向的知识讲授为主，严重忽视了师范生学习的主体性。长此以往，师范生以被动的心态应付课堂，课堂教学中思维活动长期处于休眠状态，试问他们的思维能力如何能够提高呢？访谈中得知，能够有效激发学生学习兴趣和思维活力的课堂教学，在相关高校中占比较低，约为三分之一。有部分师范生甚至反映，高校的课堂教学方法某种程度上还不如中学课堂教学生动活泼，更能激发学生学习的积极性。也有高校教师反映，据自己的观察，越是层次高的高校，越不太注意具体的课堂教学方法，反而是中小学在这方面要远胜过高校。

第三，在教学评价层面，对师范生学业成就考评也存在较多问题。考试是学生学习的指挥棒，不仅在中小学是这样，高校一样不能幸免。可以说，除了心存大志、意志坚定且有独立思想的少部分师范生，相当多师范生的学习方式和学习态度在很大程度上要受到考试的影响，他们的学习是一种基于考试的学习。如果对师范生学业成就的考核是科学的、有效的，那么考试对学习所发挥的指挥棒作用也无可厚非。但据不少师范生反映，他们参加的多数考试实际上并未鼓励什么个性和思想创新，而是追求标准和稳妥，只要在考前背会老师划定的重点，考试时按照所谓的标准答案答题就可以拿到高分。

也有不少教师反映，出于种种原因，高校的教务管理重细节控制，轻宏观服务，特别是期末考试管理更是如此。一旦教师在考试环节出现哪怕是轻微的失误，也会被校方严肃处理，故此教师们在命题细节上和阅卷细节上丝毫不敢掉以轻心，唯求不出错误。这也在很大程度上制约了师范生相关思维能力的发展。

（三）原因小结

如上分析，河南省高校汉语言文学专业师范生的思维能力发展不够均衡，他们的形象思维能力、逻辑思维能力和聚合性思维能力发展整体较好，而在辩证思维能力、批判性思维能力和发散性思维能力方面问题则相对较大。问题产生的根源，就是相关高校在本专业的课程设置和教学运行方面存在的上述问题。师范生形象思维能力、逻辑思维能力和聚合性思维能力发展整体较好，说明相关高校在人才培养方面功不可没，但他们在辩证思维能力、批判性思维能力和发散性思维能力上发展不够理想，也说明相关高校在人才培养方面存在一定问题。

大体而言，较之于后者（辩证思维能力、批判性思维能力和发散性思维能力），前者（形象思维能力、逻辑思维能力和聚合性思维能力）是更为基础的能力。从本质上说，师范生前者发展较好而后者发展较差，这和高校对师范生更高阶的创新能力培养重视力度不够有关。当然，一方面，高校要培养师范生的基础能力，但另一方面，在当今这个创新时代，师范生的创新能力培养也要跟得上，否则高校培养的准教师在不久的将来走上工作岗位以后，就很难适应日新月异的课程改革。而在创新性人才培养方面，对师范生辩证思维能力、批判性思维能力和发散性思维能力的培养，比对他们的形象思维能力、逻辑思维能力和聚合性思维能力培养更有意义、也更有价值。

（四）相关建议

首先，在课程设置方面，一方面，师范生的思维能力培养要靠多门课程

（包括理论课程和实践课程）综合作用，另一方面，还要开设相关的专门课程（如"思维学与语文教育""思维能力及培养"和"逻辑学"等）以发挥独特作用。二者各有功用，彼此不可替代。当然，这就要求本专业的人才培养方案制定要突出师范生思维品质的培养。

其次，在教学运行方面，宏观教学思想站位要高，不仅要培养师范生的基础知识和基本技能，还要培养他们的创新能力，以创新驱动思维品质提升；具体的课堂教学方法则要多向中小学课堂教学学习，不仅要讲授新知，同时还要激发师范生探求新知的兴趣，引领师范生掌握探求新知的思维方法，让他们在大量的探究性活动中提升思维品质；在教学评价上也要立足长远，不能只抓住细枝末节无限放大，尤其是不能把考试当成控制师范生学习活动的低级手段，而要将教学评价打造成服务于师范生全面发展（包括思维品质发展）的金色指挥棒。

三、高校汉语言文学专业师范生思维能力提升的路径及实施成效

为了使师范生的思维品质得到有效提升，课题组在平顶山学院文学院汉语言文学专业2019级、2020级和2021级采取了一些积极措施，并取得较好成效。

（一）有效提升汉语言文学专业师范生形象思维能力的路径及实施成效

上述调研结果显示，本专业师范生的形象思维能力表现较好，但也有部分学生过分偏重抽象思维而不注重形象思维能力的发展。为此，我们采取了以下措施。

首先，理论上引导。我们给师范生系统讲授了中国传统的整体感知阅读法的内涵、价值、提出背景和操作策略，使他们在理论上认识到阅读特定文本过程中运用整体思维和直觉思维的重要性，以及过分抽象分析文本带来的

危害。过去，即使拿到一篇优美的抒情散文，也有部分师范生在试讲时从头到尾对文本只进行抽象分析的情况，产生的弊端就是我们非常熟悉的"肢解作品"，将好端端的一篇美文的神韵完全从文本中剥离了，以致下边听课的学生也感觉文本变得索然无味。课题实施以后，这种情况明显减少了。师范生多数能够在区分不同类型文本的基础上采取不同的解读策略，需要多抽象分析的文本就多抽象分析，需要多用整体感知的文本就多运用整体思维和直觉思维对文本进行感受和体验。

其次，实践上重视。只有理论认识而缺乏实践锻炼，依然不可能提升相应的能力。鉴于此，我们给部分师范生提供了大量的实践锻炼的机会帮助他们提升形象思维能力，并取得了较明显成效。如一位师范生初次登台讲授毛泽东的《沁园春·雪》，用的几乎都是抽象的文本分析，这首先就体现出这位同学认识上的错误。在课题组教师的帮助下，对阅读及阅读教学中展开形象思维有了足够的重视，在后来的登台讲课中就舍得拿出足够的时间，引领学生展开想象，对文本中描绘的壮美景象在头脑中进行生成。当然，这需要这位师范生在课下首先自己能够这样做好。实际上，这位师范生在课下确实进行了反复的演练，确保了打铁先要自身硬。

（二）有效提升汉语言文学专业师范生逻辑思维能力的路径及实施成效

在此方面，我们采取的路径如下。对于部分逻辑思维能力较弱的师范生，一是利用语文教材中的材料（包括课文）在读写过程中进行训练；二是利用其他资源和机会进行训练。

如阅读《中国石拱桥》，课题组和师范生一起提出有价值的问题并加以解决，以提高他们的逻辑思维能力。

1. 为什么作者先一般性地介绍石拱桥，再专门讲中国的石拱桥？

2. 讲中国的石拱桥，为什么先总说其特征，再举例子进行具体说明？

3. 介绍赵州桥时提到其四个特点，这四个特点的介绍顺序能否随意变更？

4.分析中国石拱桥取得伟大成就的三个原因时，其介绍顺序能否随意变更？

又如阅读《生于忧患，死于安乐》一文时，提出以下问题进行分析。

1.文章第一段举了六个人"生于忧患"的例子，这是否就是说有了忧患就可以"生"，并成就一番大事业呢？"忧患"就不能在人的成才中起反面作用吗？

2.一个人要成就一番大事业，需要哪些因素共同作用呢？

3.在论证"生于忧患"时，作者只是正面论证，而在论证"死于安乐"时，作者只是反面论证，这是否是作者的失误？

4.对于"生于忧患"的论证好像比对于"死于安乐"的论证所用篇幅要长得多，这是否合适？

5.文章最后论证了安乐的环境会不利于一国的发展，即"死于安乐"，那为什么我国还要努力发展经济、改善人民生活环境、让人民生活得更美好呢？

再如语文教材中的写作专题"议论要言之有据"提道：使用论据时要确保材料准确、经得起推敲，使用材料还应保证材料与观点的一致，并注意材料的丰富性。这时，可以和师范生讨论：《生于忧患，死于安乐》中举了六个例子（舜发于畎亩之中，傅说举于版筑之间，胶鬲举于鱼盐之中，管夷吾举于士，孙叔敖举于海，百里奚举于市），这六个例子是否体现了丰富性，有没有雷同的问题？

以上这些问题的提出极有思考价值，极有利于提升师范生的逻辑思维水平。

当然，我们也充分利用其他资源和机会提升师范生的逻辑思维能力。如爱因斯坦在20世纪初出的据说世界上有98%的人答不出来的这个题目，就是很好的训练材料。

在一条街上，有5座房子，喷了5种颜色。每个房里住着不同国籍的人。每个人喝不同的饮料，抽不同品牌的香烟，养不同的宠物。

问题是：谁养鱼？

提示：

1. 英国人住红色房子；

2. 瑞典人养狗；

3. 丹麦人喝茶；

4. 绿色房子在白色房子左面；

5. 绿色房子主人喝咖啡；

6. 抽 Pall Mall 香烟的人养鸟；

7. 黄色房子主人抽 Dunhill 香烟；

8. 住在中间房子的人喝牛奶；

9. 挪威人住第一间房；

10. 抽 Blends 香烟的人住在养猫的人隔壁；

11. 养马的人住抽 Dunhill 香烟的人隔壁；

12. 抽 Blue Master 的人喝啤酒；

13. 德国人抽 Prince 香烟；

14. 挪威人住蓝色房子隔壁；

15. 抽 Blends 香烟的人有一个喝水的邻居。

这是一个需要大量的逻辑推理才能正确解决的问题，当然在解决问题的过程中师范生相应能力也能得到极好的锻炼。

经过训练，师范生逻辑思维能力也得到较为明显的提升。如我们组织师范生同课异构讲恩格斯《在马克思墓前的讲话》一课，并规定讲课中必须解决如下三问题。

1. 如何引导学生理解"思想家""科学家"和"革命家"三者的关系？"思想家"这个概念能够统领"科学家"和"革命家"这两个概念吗？

2. 既然马克思首先是一个革命家，那么，为什么恩格斯不在开头说"当代最伟大的革命家停止革命了"呢？或者再全面一点，说"当代最伟大的思想家和革命家停止思想和革命了"呢？

3.如何引导学生理解恩格斯对马克思的两大贡献进行具体评价的顺序？

这三个问题看似平常，实则难度很大，要想带领学生顺利解决问题，首先需要执教者有很好的逻辑思维能力。值得肯定的是，参加同课异构的师范生基本上都能对文中复杂的概念、命题及其关系进行合理的梳理，最终较好地完成了任务。

（三）有效提升汉语言文学专业师范生辩证思维能力的路径及实施成效

师范生在辩证思维能力方面表现较差，因此，我们在此方面下了较大功夫，采取了如下措施。一是在大量的经典阅读实践中提升师范生的辩证思维能力。如鼓励并引领他们多读《老子》和《庄子》这两本道家经典，因为这两本经典著作中蕴涵着丰富的辩证法思想。师范生在阅读经典过程中还要结合自己的生活体会写一定量的读书笔记。二是在大量的写作练习中提升师范生的辩证思维能力。如我们给师范生出了如下写作练习题目。

题目一：

一个研究清史的朋友曾给我提供了两份名单，说是要考验考验我。第一份名单上是：傅以渐，王式丹，毕沅，林召堂，王云锦，刘子壮，陈沆，刘福姚，刘春霖。第二份名单上是：李渔，洪升，顾炎武，金圣叹，黄宗羲，吴敬梓，蒲松龄，洪秀全，左宗棠，龚自珍，盛宣怀，袁世凯。对照这两份名单，我一下子就喜欢上了后者，这些大名鼎鼎的历史人物，每个人都在历史的长河中留下了自己不可磨灭的辉煌业绩，人生有为，名垂青史，千古流芳。而对前一份名单上的人物，虽似曾相识，可又一时说不出个所以然。甚至在心里说，这都是什么样的小人物啊！

以上是一篇小品文片段。科举考试及第者和落榜者之间究竟有哪些本质差别呢？我们应该如何正确看待上文作者的观点呢？

题目二：

子曰：人而无信，不知其可也。大车无輗，小车无軏，其何以行之哉？

子曰：言必信，行必果，硁硁然小人哉！

孔子说的这两句话之间好像存在矛盾，但其实又不矛盾。

党的十八大倡导富强、民主、文明、和谐、自由、平等、公正、法治、爱国、敬业、诚信和友善。其中，"诚信"正是我们积极培育和践行的社会主义核心价值观之一。

《庄子》中则讲了一个这样的故事："尾生与女子期于梁下，女子不来，水至不去，抱梁柱而死。"

那么，我们应该以何种正确的态度对待诚信呢？

这两个写作练习题目，对训练师范生辩证思维能力极为有益。事实上，他们在写作中也确实展现了较好的辩证思维能力，很大程度上克服了片面、简单、静止地看问题的毛病。以下是一位师范生的作文片段。

孔子曾言：人无信不立。古往今来，许多名人大儒都曾强调"诚信"的重要性。为人处事中，诚信为人们所重视。它是评判一个人的重要条件，但是否为必要条件呢？我看并不见得。

诚信是立身之本。一个人在成长过程中应该学会诚信待人。孩童时期是一个人思想和行为产生的萌芽阶段，这一时期，父母对孩子的教育将直接影响其日后的发展方向。因此，在孩子的教育问题上，父母应该以身作则，信守承诺，为孩子树立良好的示范。这一方面，曾子是一个典范。"曾子杀猪"的故事大家都已熟知，在这个故事中，我们看到了曾子作为一名父亲，对孩子信守承诺，答应孩子的事情一定要做到。相信在这样的家长示范下，曾子的孩子也不会做一个言而无信的人。因此，在孩子的教育问题上，家长应该以身作则，帮助孩子树立诚信观念，这对他们日后的健康成长至为关键。

然而，当我们走入社会，会发现不知变通地一味坚守诚信并不会给自己带来好处，反而会让自己陷入困境。

不知变通地一味坚守诚信，可能会让我们丧失许多更有价值的东西，或利益，或生命。古有"尾生抱柱"的故事，令人印象深刻而又无比唏嘘。尾生在"诚信"与"生命"两个选项中选择了前者，或许得到了一些世人的称赞，称之为诚信重诺之人，然而，称赞过后可能会有思考：我们难道真的要为了诚信连命都不顾了吗？没有了生命，诚信对我们又有什么用呢？为了博得一个好名声？可明明我们可以健康快乐地活下去。为了完成承诺？可失约的并不是自己，在漫长的等待中，并没有发现等到来赴约者。那我们还为什么一定要再等下去呢？当我们迈入社会之后就会发现：在竞争中尔虞我诈的事情常有发生，你的过于僵化的诚信可能就是打败你的致命一击。美国十大财团的首富老洛克菲勒就曾教育孙子，告诉他："你活在这个世界上不要相信任何人，包括你的爷爷！"那么，老洛克菲勒为什么要这么说呢？这是因为他的身份和背景——他是美国十大财团的首富，而他的孙子日后必是继承他家业的人。如若他的孙子在将来的生意场中过分讲诚信、将诚信看得比什么都重要，而不会变通，没有手段和城府，轻易相信别人，那么他如何在不见硝烟的商战中存活下来呢？更别说发展了。由此可见，生活中并不是事事都要做到诚信的。在做人上，我们应该做诚信的人，在做事上，则不必太拘泥和保守。当然，如果这个分寸不掌握好，也是不行的。如果老洛克菲勒的孙子日后完全不讲诚信，只讲欺诈，我看他也会很快玩完。

综上可知，我们不得不承认："诚信"是我们人生路上的一个正向标，它可以使我们成长为一个诚实守信之人；但又不得不承认：刻意地追求完美的"诚信"并不是在所有场合都适合的，尤其是战场，战场中"兵不厌诈"的说法体现的就是这个道理，这个道理也适合于商场。一味地"诚信"有时并不能帮自己，反而会害自己。因此，在我看来，"诚信"并不是我们人生中的必选项。

诚然，写作过程中也发现还是有个别师范生只会通过正面和反面论证提出观点，号召大家一定要诚信的，也就是说，不会全面看待一个事物，将"诚信"完全绝对化。这说明，提高师范生思维能力的任务永远没有完成时，永远处于进行时中，需要我们不懈的努力。

（四）有效提升汉语言文学专业师范生批判性思维能力的路径及实施成效

师范生在批判性思维能力方面问题也较为严重，因此，我们在此方面也下了较大工夫，采取了如下措施。一是精讲批判性思维的相关理论。理论讲授以美国斯蒂芬·D.布鲁克菲尔德教授的《批判性思维教与学》（中国人民大学出版社，2017年版）为主，以使师范生较为系统地掌握批判性思维的概念、批判性思维的价值、批判性思维应该如何学习，以及如何避免走进批判性思维的误区等知识。二是展开批判性思维的分级训练。我们分别设立了初级训练方案、中级训练方案和高级训练方案，让师范生在实践中经受思维锻炼，提升思维品质。三级训练中注意将批判性思维与阅读、写作和口语交际等言语行为结合起来，将师范生的思维品质提升融入专业学习过程中。

如我们专门设计了一次师范生的写作练习，意欲提高他们的批判性思维能力。

首先告诉师范生批判性思维的本质和运用时的注意事项。

在写作中，我们要学会保持思维的独立性和批判性，即通过独立的思考去发现问题、判断问题、质疑问题、解决问题。只有这样，我们才能不墨守成规，才能不受任何偏见和成见的影响，才能对别人超越从而有所创新。当然，这绝对不是说可以闭门造车，随意言说，可以不理睬别人的观点，而是恰恰相反。

然后向他们介绍英国教授给学生的读书方法，以进一步激发他们的质疑精神。

1. 这本书是真实的吗？

2. 这本书是不是故意把读者引入迷途？

3. 这本书会在我身上产生什么样的影响？

4. 这是作者虚构臆造的吗？

5. 实际上人们真能像这本书里的英雄那样行动吗？

接下来提供某年全国高考作文题目作为师范生批判性思考的对象。

船主让漆工给船涂漆。漆工涂好船后，顺便将漏洞补好了。过了不久，船主给漆工送了一大笔钱。漆工说："工钱已给过了。"船主说："这是感谢补漏洞的钱。"漆工说："那是顺便补的。"船主说："当得知我的孩子们驾船出海，我就知道他们回不来了。现在他们却平安归来，所以我感谢你！"考生根据材料自拟题目，写800字作文。

最后提供一段心灵鸡汤式的短文作为本次写作的话题。

一个游客来到美国南部某州著名的小镇上，问当地人："请问，你们这个镇上出生过许多将军吧？""不，先生，这里只出生婴儿！"那个人淡淡地答道。这是刊登在某杂志上的一则笑话。然而，当我读完之时，却丝毫没有笑出声来，相反，倒让我的心为之凛然一颤。

在我看来，那位当地人的回答实在是太精彩太绝妙了！不但机智，而且实在；不但简单，而且精辟！你看，他用一句貌似平常的话语，却道出了一个多么不容置疑的真理：将军并非天生。是啊，不论是功勋卓著的将军，还是普普通通的士兵；不论是家喻户晓的明星，还是默默无闻的百姓，出生时，不都是光着屁股的娃娃吗？就好像色彩斑斓的蝴蝶，生来本是丑陋的毛毛虫；光彩耀人的珍珠，最初也仅仅是一颗普通的沙粒！

那么，聪明的你，还有什么理由抱怨自己出身卑微、天生就不是某块材料呢？记住吧！哪怕是将军，出生时，也都是婴儿。

当然，师范生在写作过程中可以认可上文观点，也可以否定之。无论是肯定还是否定，都不能凭直觉或经验做出判断，而要经过严谨的批判性思维过程。

师范生写好作文交上来以后，我们发现：多数学生还是能够做到这一点的，即以大胆的质疑和理性的精神展开论述，就一个人的出身是否对他今后的成功产生实质性的影响，独立地做出合乎情理的判断，不会简单、片面地看待成功和出身之间事实上存在的复杂关系。

我们也让师范生在各种实习讲课机会中经受批判性思维的锻炼。如师范生讲授欧阳修的《卖油翁》一文，课题组老师引导他们首先要学会以批判性姿态对课文展开解读。目前在很多资源和渠道中都可以找到对《卖油翁》进行阐释的有价值的相关文献资料，且这些资料观点各异，彼此间存在不少冲突。因此，师范生必须学会如何独立地、理性地分析各种资料，在此基础上展开对课文的合理分析。

以下是在课题组指导下师范生对课文提出的批判性思考问题。

1. 陈尧咨善射，"以此自矜"，是否就表明他这个人骄傲自大、目空一切？

2. 卖油翁的举动是否表现了他身怀绝技，但对权贵不卑不亢的超凡脱俗？

3. 宋朝精神和文化中的"抑武崇文"和本文有关系吗？

4. 本文是记录了关于勤学精进和"惟手熟尔"的一段逸闻趣事，还是对陈尧咨进行了一番为人方面的批评？

5. 射箭和酌油两件事有没有可比性？

6. 作为今天的读者，我们应该如何看待陈尧咨和卖油翁之间的这场小冲突？

当然，在解决问题的过程中，我们特别注意培养师范生对问题进行深入研究的能力。师范生在理性精神的指导下，通过查阅大量的相关资料，并对现有各种观点进行精细思辨，最终较好地解决了上述问题，并在解决问题的过程中提升了批判性思维品质。

在一次实习课堂上，一位师范生讲授顾颉刚的《怀疑与学问》一文，也成功地展开了对课文的批判性解读。如引导中学生对下述问题进行思考。

课文中提出观点：怀疑不仅是消极方面辨伪去妄的必需步骤，也是积极方面建设新学说、启迪新发明的基本条件。接下来举了一个例子：清代的一位大学问家——戴震，幼时读朱子的《大学章句》，便问《大学》是何时的书，朱子是何时的人。塾师告诉他《大学》是周代的书，朱子是宋代的大儒；他便问宋代的人如何能知道一千多年前著者的意思。这个例子作为论据用得合适吗？

经过师生的仔细思辨，得出初步结论：作者举的这个例子基本上是合适的，但有一个缺陷，即只说戴震有质疑精神，但没有给读者继续说这种质疑精神让戴震建立了什么样的新学说。因此，这是一个不太有力的论据，需要继续完善加工，才能增加其说服力。

这位师范生继续引导学生对课文作批判性思考。课文中说："我们不论对于哪一本书，哪一种学问，都要经过自己的怀疑：因怀疑而思索，因思索而辨别是非。"当然这句话是劝大家不要迷信书的，但如果大家真的都按课文中的说法来读任何一本书，都按这样的说法来对待任何一种学问，这样的做法就合适吗？有可行性吗？进而引导中学生认识到：如果在读书学习的过程中将质疑发挥到极致，走向了盲目相信书本的另外一个极端，肯定也是不行的，也会严重影响我们的学习和今后的研究：任何学习和研究都需要有大量的预设知识作为基础，我们不可能对任何一本书、任何一种学问都统统来一遍质疑，这也是不现实的。

师范生的以上表现，都表明了他们在批判性思维能力上可贵的发展和进步。

（五）有效提升汉语言文学专业师范生发散性思维能力的路径及实施成效

在发散性思维能力方面，师范生的表现同样欠佳。对此，我们采取的具体措施如下。

一是通过教学设计提高他们的相应能力。比如我们非常重视让师范生进行语文综合性学习专题式活动教学设计，即围绕一个专题组织引导中学生进行语文综合性学习活动。这样的教学设计非常能够考察师范生的发散性思维水平，同时，在教学设计过程中他们的发散性思维能力也会得到很好的锻炼。以下是几位师范生教学设计中拟定的专题和分专题。

●关于"中秋"的语文综合性学习活动设计

中秋节的来历

中秋节的天文学意义

中秋节与经济

中秋节与健康

诗词中的中秋文化

故事中的中秋文化

饮食中的中秋文化

民俗中的中秋文化

●关于"环境保护"的语文综合性学习活动设计

平顶山市环境保护现状调查

环境与健康

环境与经济

环境保护宣传语设计

中国传统文化中的环境保护意识

环境保护小故事

●关于"节约能源"的语文综合性学习活动设计

平顶山市能源使用现状调查

节约能源宣传语设计

世界能源构成及发展现状研究

"节能与生活"专题演讲

中国古人的节能意识

绿色新能源畅想

二是通过写作过程提高他们的相应能力。在写作过程中，我们突出两个关键点："头脑风暴"构思法和阐明文写作。这样的方法也确实收效甚好。通过"头脑风暴"构思法和阐明文写作，师范生的发散性思维能力得到较大幅度提升。

如2020年高考全国一卷作文，让考生就春秋时期齐国公子纠与小白争夺君位，管仲和鲍叔牙分别辅助他们的故事写一篇发言稿。下面是我们的一位师范生运用"头脑风暴"构思法所写发言稿的提纲。

是金子总会发光的

成功中贵人的重要性

成功，需要不拘小节

成功，需要谦和的力量

成功，要善于纳谏

成功，需要包容之心

信任，确保友谊的小船不会翻

领导者要善于做出正确选择

机遇与成功

阐明文写作，也是我们近年来力推的一种议论文写作样式。这种议论文写作，要求写作者围绕一个议题发散开思维，从方方面面展开自己的各种论见，因此也是锻炼发散性思维的一个好路径。过去，师范生写议论文，只习惯于确立一个中心论点，然后从方方面面搜集论据来证明这个论点，这样的写作样式训练的只是聚合思维能力。现在，经过多次的反复练习，师范生发散思维能力得到较快提升。以下是一位师范生就"中国当前流行的俗文化"这个议题拟的阐明文写作提纲。

俗文化指的是什么？

它和雅文化之间有什么区别和联系？

俗文化为什么会如此流行？

俗文化流行的利与弊

如何做到使俗文化通俗而不庸俗和低俗？

如何做到文化的雅俗共赏？

师范生能够有以上表现，也说明我们选取的提升他们发散性思维能力的路径是比较有效的。

（六）有效提升汉语言文学专业师范生聚合性思维能力的路径及实施成效

以上调研结果显示，师范生的聚合性思维能力发展情况还是较为理想的。我们需要做的，就是使他们的此种能力在原来的基础上发展得更好。为此，就需要加大训练难度，让他们在高难度的训练中提升思维的聚合力，事实证明这种做法收效也甚好。

如我们给师范生布置了一个任务：模拟讲授司马迁《史记》中的《伯夷列传》。一位师范生在模拟讲授中，就体现了其较好的聚合性思维能力。《伯夷列传》在《史记》中是一篇写法很特殊的传记，正如钱锺书先生所说："此篇记夷、齐行事甚少，感慨议论居其泰半，反论赞之宾，为传记之主。"为什么这篇传记会采用这样的写法？钱先生继续解释："司马迁牢骚孤愤，如喉鲠之快于一吐，有欲罢而不能者。"因此，这篇传记已经不能再简单地看作一篇传记了，而且作者所发感慨忽左忽右，思绪极度跳跃，这给读者解读带来了极大的困难。不过，由于聚合思维能力较强，这位师范生还是通过作者相对恒定且单一的写作宗旨将文中各种纷繁的材料（包括所叙的各种人物和事件以及所发的各种感慨）梳理得清清楚楚。如：

1. 余以所闻由、光义至高，其文辞不少概见，何哉？

2. 或曰："天道无亲，常与善人。"

3. 盗跖日杀不辜，肝人之肉，暴戾恣睢，聚党数千人，横行天下，竟以寿终，是遵何德哉？

4. 子曰："道不同，不相为谋。"

5. 贾子曰："贪夫徇财，烈士徇名，夸者死权，众庶冯生。"

6. 同明相照，同类相求。

7. 云从龙，风从虎，圣人作而万物睹。

这些材料之间表面看来松松散散，无甚联系，但本质上有着异常紧密的内在关联：对高尚道义的追求和赞美，对社会失道的揭露和批判。正是通过聚合思维将此传记中的材料聚合到了这个点上，然后再通过这个点返回到文本中去分析解读各种材料，才使得这节课的讲授清楚简洁、明白无误，成功地理清了文本的写作宗旨、行文思路、文章结构和写作特点。

　　整体来看，在提升师范生思维能力方面，我们收到了较为满意的成效。但是，提升师范生各种思维能力是一项很有意义同时又非常复杂的系统工程。由于我们对思维科学的认识和把握还不太深入等原因，研究深度还没有达到非常理想的程度。因此，如果条件允许，我们会进一步将此项研究在现有成果基础上做得更好，使研究更有深度、更有效度。

附1：关于高校汉语言文学专业师范生思维能力发展的调查问卷

亲爱的同学：

　　您好！

　　对于语文核心素养，随着新课程改革的不断推进，中学语文教师及高校汉语言文学专业的师范生都有了一定程度的认识。我们设计了以下调查问卷，希望借此了解同学们在语文核心素养中的思维能力方面的发展情况，以便发现我们的汉语言文学专业运行中出现的问题并对专业课程与教学进行相应的调整和改进，使本专业越来越好。本调查为无记名调查，仅用于课题研究，不会对您产生任何不利的影响，希望能够得到您的支持。请给予配合，非常感谢！

　　1.您经常有意识地运用想象思维来解读文学作品（比如《荷塘月色》）吗？

　　A.经常运用　　　　B.运用过　　　　C.较少用过

　　2.您能够用简短的句子描绘一下"两岸青山相对出，孤帆一片日边来"的画面吗？

　　_____

　　_____

3. 日本和英国都是岛国，它们的自然资源相对不够丰富，这反倒成为它们发展科技的动力，所以才有它们今天的强盛。上述这句话在逻辑上成立吗？

_____

_____

4. 傍晚，我竟听到有些人聚在内室里谈话，仿佛议论什么事似的，但不一会，说话声也就止了，只有四叔且走而且高声的说："不早不迟，偏偏要在这时候——这就可见是一个谬种！"文中"四叔"这句话在逻辑上有问题吗？

_____

_____

5. 您对"言必信，行必果，硁硁然小人哉"和"大人者，言不必信，行不必果，惟义所在"这两句话有什么看法？

_____

_____

6. 您对"方生方死，方死方生；方可方不可，方不可方可"（生就是死，死就是生，肯定就是否定，否定就是肯定）这句话有什么看法？

_____

_____

7. 中国有一个著名故事叫作"孔融让梨"，我们从小就被告知要学习孔融的谦让有礼。有人却持反对意见，他们认为：孔融的推理本身就是自相矛盾的，因为他说年纪小应该拿小梨，他比哥哥年纪小，所以应当拿小梨，然后又讲年纪大应当拿小梨，他比弟弟年纪大，所以他应当拿小梨。这种批判能够站住脚吗？

_____

_____

8. 船主让漆工给船涂漆。漆工涂好船后，顺便将漏洞补好了。过了不久，船主给漆工送了一大笔钱。漆工说："工钱已给过了。"船主说："这是感谢补漏洞的钱。"漆工说:"那是顺便补的。"船主说:"当得知我的孩子们驾船出海,我就知道他们回不来了。现在他们却平安归来,所以我感谢你!"考生根据材料自拟题目,写800字作文。请简要评论一下上述题目出题质量。

_____

_____

9.如果要写一篇以"水"为话题的作文,您可以从哪些方面入手展开写作?

A.农业	B.物理			

10.某小区有一"怪洞":猫、狗入洞则死亡,人马入洞则无事。实验人将猫、狗抱进去无事,而猫、狗一旦自己进入则死亡。这个问题产生的可能原因是什么?

_____

_____

附2:关于高校汉语言文学专业师范生思维能力发展的访谈提纲

1.从思维发展角度来看,您对我们汉语言文学专业所开设的课程有哪些意见和建议?

2.从思维发展角度来看,您对我们汉语言文学专业的教学运行有哪些意见和建议?

第二节　高校汉语言文学专业师范生语文教材驾驭能力的层级训练

教材是教学的基本要素之一，尤其对语文教师来说，他们几乎每天都要和教材打交道，因此，掌握良好的教材驾驭能力，在语文教师的专业发展中更有着举足轻重的作用。作为在不久的将来就要登上讲台的准教师，高校汉语言文学专业的师范生也必须能够较好地、独立地驾驭语文教材，才能胜任未来的语文教学工作。

但是，据我们在多种场合（高校课堂教学中的演习、中学课堂教学中的实习和各级教学技能大赛中的相关表现）的观察所知，本专业师范生的语文教材驾驭能力实际上整体偏弱，不足以支撑他们成为一名基本合格的准教师。主要表现为：对教材的体系结构、各组成部分的功能理解不到位，尤其是对教材中选文的解读不准确、不深刻、不细腻；对教材的运用缺乏灵活性；对教材的评价缺乏批判性；"用教材教"的意识较弱，"用教材教"的能力更是阙如。

因此，对师范生展开有计划的、系统性的层级训练，逐步提升他们驾驭语文教材的能力，是非常必要的。近年来，平顶山学院汉语言文学专业对本专业师范生进行了语文教材驾驭能力提升的四级训练：第一级，主要训练师范生准确理解教材的能力；第二级，主要训练师范生灵活运用教材的能力；第三级，主要训练师范生批判性运用教材的能力；第四级，主要训练师范生创造性运用教材的能力。在实施过程中，以上四个层级的区分只是相对的，实际上它们彼此融合，整体螺旋上升，因而不可做刻意的、过分的分割，否则就会严重影响训练的实效。

一、讲授相关理论，提升师范生准确理解教材的能力

准确理解教材，是驾驭教材的基础。为了让师范生准确地理解语文教材的体系结构，以及各组成部分的功能等相关理论，我们单独开设了"语文教材研究"必修课程，以及"语文教材分析方法与实践"选修课程。通过系统的学习，师范生掌握了"语文教材的性质和功能""语文教材的内容和意义""语文教材的体系和结构""语文教材的类型和编排"和"语文教材选文类型的鉴别"等教材理论。这些理论知识，对他们教材驾驭能力的生成，起到了有力的支撑作用。

比如，师范生认识到了语文教材的主要功能就是承载语文课程内容（即语文课程知识、经典文学文化篇目以及对其的阐释），因此，教材中除了经典篇目以外的选文，其功能都是呈现语文课程知识的一种手段或途径，相对于语文课程知识这个"本"，此类选文为"末"。故此，解读这一类选文应该最终着眼存在于选文外部的语文课程知识而非选文写了什么内容，而解读经典篇目时则应该最终着眼存在于选文内部的丰厚的文学文化内涵。也就是说，对于前者，眼光主要是向外看；对于后者，眼光主要是向内看。过去，师范生不明白这一点，在选文解读中经常出现失误。如解读韩愈的《师说》和荀子的《劝学》，不懂得向内发力去挖掘作品丰厚的文学文化内涵，而将两篇作品当成了议论文知识教学的例子，结果捡了芝麻却丢了西瓜。在解读非经典篇目如《壶口瀑布》时，却局限于并终止于欣赏选文内容而不懂得向外发力去探寻"游记类文本的读法"这样的语文课程知识。这就犯了方向性的重大错误。明白了以上教材理论之后，师范生就能够高屋建瓴地看待并较为准确地处理教材中的选文了。在课堂演习试讲中，他们对所讲篇目在教材中的功能首先有了准确定位:《愚公移山》在统编教材中属于经典篇目，《阿长与〈山海经〉》和《我的叔叔于勒》则被当作学习相关语文课程知识的样本。进而知道了讲解《愚公移山》时，要向文本内部深入挖掘作品中蕴涵的中国传统文化。讲解《阿长与〈山海经〉》时，不仅要立足文本，更要跳出文本向文本外

部探寻解读回忆性散文的方法：以作者写作中运用的两重叙述视角作为钥匙，打开并进入作者复杂的情感世界，分享作者独特的情感体验。这样的方法性知识可以举一反三地被运用到《秋天的怀念》《老王》《背影》和《藤野先生》等回忆性散文的解读中。讲解《我的叔叔于勒》时，根本目的则是在立足文本的基础上向文本外部探寻解读现实主义小说的方法：让学生学会返回到历史的现场，去理解、感受特定历史场景中人物的思想和行为[①]。这样的方法性知识则可以举一反三地被运用到《故乡》《猫》《孔乙己》和《变色龙》等现实主义小说的解读中。

此外，通过理论学习，师范生还认识到了统编教材在写作教学设计上的范式突破：由过去所追求的"文章写作"，经过后来的"过程写作"，发展到当今所强调的"交际语境写作"。他们分析了教材八年级上册"表达要得体"的写作训练设计，认为此专题训练设计的三项写作实践活动均很好地突出了写作中"交际语境"这个因素，这意味着语文教学开始追求"真实的"和"有生活意义的"写作形态了。认识到这一点，对他们展开有效的写作教学是非常必要的。

实际上，师范生对统编教材最大的理解，是认识到了此套教材和过去的教材相比，最主要的进步就是让本来就应该是教材主角之一的语文课程知识回归到教材中，并享受崇高的地位。在新课改中，有相当长的一段时间，由于受"淡化知识"潮流的影响，语文课程知识从教材中全面撤退，从而对语文教学产生了极其恶劣的影响。现在，关于阅读、写作和口语交际的有效的语文课程知识在教材中逐渐恢复主角地位，其意义非同小可。认识到这一点，对他们在语文教学中正确把握并妥善处理工具性和人文性的关系，也是极为必要的。

---

① 王荣生.阅读教学教什么［M］.上海：华东师范大学出版社，2016：57.

二、提供实践机会，提升师范生灵活运用教材的能力

准确理解教材的体系、结构及功能等要素，为师范生运用好教材奠定了理论基础。但是，这个理论基础只能帮助他们运用教材时把握正确的大方向。在此基础上，还要给他们提供充足的运用教材的实践机会，让他们在用教材的实践中学会使用教材，即做中学。做得多了，才会熟能生巧，形成灵活运用教材的能力。

以阅读教学为例。师范生要上好阅读教学课，前提是要做好选文的文本解读，亦即"打铁先要自身硬"，自己对文本缺乏解读能力，绝不可能把学生的解读教好。因此，师范生必须通过大量的练习，将在专业课中所学到的相关专业知识用到文本解读的实践中。这个实践，可以是高校课堂教学内外师范生的阅读实践，也可以是他们在各种场合中的试讲。对于前者，我们多年来一直高度重视，对于后者，近年来我们也给予了格外的重视。这是出于教学相长的考虑：师范生在"教阅读"中能够更好地反思和进步、不断提高自身的阅读能力，把文本读准、读深、读细。长此以往、坚持不懈地做下去，他们灵活运用教材的能力就会慢慢生成。

在把文本读准、读深、读细方面，尤其应该谈一下师范生对《愚公移山》一文的解读。对此文一般性的理解不外乎是认为愚公的形象表现了要做好一件事，必须久久为功、持之以恒，要有坚定的信心和顽强的毅力这么一个道理。当然，这种解读是有道理的，过去的师范生也几乎都是这么理解的。但近来有位师范生在试讲中细心地发现，这篇寓言故事出自《列子》这本书，而列子是除老庄之外另一位重要的道家代表人物，亦主张清静无为。《愚公移山》是《列子·汤问》篇中的一节，其内涵无疑也包含道家思想。那么，它是如何体现道家思想的呢？经过不断研读、深入挖掘，这位同学发现了愚公形象中的做事情"要自然而然、顺应事物发展规律""要心平气和、不急不躁""不能急功近利、投机取巧"等道家文化内涵，而故事中最终是神的力量移走了两座大山的情节，则体现了"谋事在人、成事在天"的思想（而过去，

不少人在解读这则寓言故事中这个转折性的情节时，容易产生误读，认为这个情节多少对表现愚公精神有些削弱）。有了对《愚公移山》准确、深入、细致的理解，接下来，对此文进行灵活的教学设计也就成了水到渠成的事情。为了帮助中学生弄清楚课文的道家内涵，除了运用历史上以及生活中的多个正反事例来帮助学生理解以外，这位师范生还引入语文教材中另一则寓言故事《夸父逐日》作为反面材料来解释《愚公移山》中蕴含的老庄哲学。亦即，因为做事情老老实实、循序渐进、合乎道，所以愚公最终是成功的；而夸父则因为逆天道而行事，故最终失败了。

另一位师范生在讲授《小石潭记》时，为了让中学生深入理解柳宗元观赏小石潭时，意脉由开始时的闲适喜悦发展变化到最后的孤凄悲凉，适时引入了多个相关文本：柳宗元的《江雪》、苏轼的《赤壁赋》和《记承天寺夜游》，以及张岱的《湖心亭看雪》。如《江雪》是从另一面的柳宗元来帮助学生理解这一面的柳宗元：在形而上的诗歌《江雪》中，柳宗元追求的是禅宗入定般无喜亦无悲的境界，而在形而下的散文《小石潭记》中，他作为常人"以物喜、以己悲"的一面就显现出来了。其他三篇作品也都可以从不同侧面帮助中学生更好地理解课文内涵。

师范生对教材的灵活运用，还体现在对选文作者创作原意的超越，对常人课文解读的超越，以及对教材编辑的编辑行为的超越。如教读《卖油翁》一文，在中学生不费多少力气就总结出"熟能生巧"和"实践出真知"这样的道理之后，非常明智地将欧阳修原文中被教材编辑删掉的关键句"此与庄生所谓解牛斫轮者何异"进行还原。接下来引领中学生认识到：如果缺少正确的方法，熟未必能生巧，实践也未必出真知；又带领他们进一步分析出崇文的宋文化对"尚武"的轻视（相对于卖油翁倒油的简单技能，射箭是一项极复杂的高级专业技术，倒油和射箭两种技能其实并不能在同一个层面上加以谈论），进而认识到宋文化的这一重大缺陷。

此外，在教读《渔家傲·秋思》时，讲到"浊酒"这个意象，能够引导学生把其他诗词中的"淡酒""清酒"和"美酒"等相关意象拿来一并分析其内涵；在教读《老王》时，能够提出牵一发而动全身的主问题——杨绛先生对老王明明比别人对老王要好得多，为什么在回想起往事时会产生愧疚感？为什么在和老王交往的当时却没有产生这种感觉？这两个主问题可以催生很多次问题，从而带动中学生对整篇课文做深入细致的解读；在教读《我的叔叔于勒》时，能够设计出让中学生分别以菲利普夫妇和于勒的口吻再讲一遍这个故事的活动，这非常有利于中学生理解作者精心选用的叙事视角之妙。这些，都体现了师范生在熟练运用教材的基础上对教材的灵活运用。

三、培养批判技能，提升师范生批判性运用教材的能力

作为课程的积极开发者和课堂教学的主导者，教师要有教材为课程和教学服务的意识，不能只做教材的忠实执行者。因此，一方面，师范生必须能够准确地理解教材、灵活地运用教材，另一方面，他们还须具备批判性运用教材的能力。能够批判性地用好教材，表明师范生的教材驾驭能力已经显著提升到了另一个更高的层面，也为他们下一步创造性地运用教材奠定了良好基础。为达到这个目标，首先要帮助他们树立批判性思维的意识，但更重要的是要帮助他们掌握批判性思维的基本技能，避免走入批判性思维的误区。比如，师范生在和教材对话的过程中，要学会搁置自己的意见，倾听与自己信念相冲突的观点，准确理解教材原意，在此基础上对教材进行理性评估。当然，这些相关技能也必须在长期的练习和实践中才能真正转化为自己的能力以至专业素养。以下是师范生对统编教材批判性运用的实例。

指出教材中的语文知识错误。有位师范生看到教材中有这样的写作知识——记事时，事情的经过是记叙的主要内容，要重点写。联想到读过的《资治通鉴》中司马光对赤壁之战的叙述（详细叙写战前决策，而庞大的战争过程本身则写得比较简略），认识到教材中此项知识的讲述是不正确的。鉴于此，这位师范生将这个写作知识做了以下修改完善：实际上，作者记叙时，事件的哪一环节或要素应该是记叙的主要内容并要重点写，取决于写作宗旨，并无一定之规。

指出教材中的选文定位错误。在试讲《大雁归来》这篇课文时，有位师范生敏锐地发现：这篇课文中不仅有相关生物知识的介绍，更有作者由此产生的相关感受、情绪和哲理性的思考；教材将《大雁归来》定性为说明文，而说明文的写作规范是必须客观介绍事物或科学知识，并严格限制作者的主观感受、情绪和想法。基于这样的考虑，这位同学将此文文体修正为融记述、描写、说明、议论和抒情为一体的散文。也有师范生敏锐地注意到多数中学语文教师在教《纪念白求恩》这篇课文时，将其文体定位于议论文，进而在课堂教学中让中学生寻找文章的论点和论据，分析文章的论证方法和结构。这直接造成了文本解读中的牵强和不畅，而且没有任何教学价值。而实际上这篇课文的文体应是实用文的悼文。鉴于此，这位同学最终决定：要引导中学生"把悼文当作悼文来学"。无疑，这是正确的教学路径。

指出教材中的练习设计失误。如《智取生辰纲》一课的思考探究题认为本节小说采用了明暗结合的双线结构，进而让学生讨论明线和暗线各是什么，小说采用双线结构有什么好处。有位师范生经过认真的思辨，发现这段小说节选中，杨志一方和晁盖一方实际上均直接出场，自己表现自己，亦即小说并未使用明暗双线结构，而是采用了处于暗处的杨志一行人的"第三人称有限视角"叙事，教材编辑混淆了这两种叙事艺术手法。因此，此处应该采取对比法，用调换其他叙事视角的方式着力引导学生去体会小说采用的这种叙事视角之妙。

四、培养创新精神，提升师范生创造性运用教材的能力

对于师范生来说，一方面要拥有一定的创造性运用教材的能力，但另一方面，因为这种能力实际上体现了极高的教师专业素养，所以，我们也只能帮助他们初步掌握此种能力，要求他们像吴泓、刘胐胐和洪宗礼等老师那样，做有卓越建树的教材专家，去创制有自己教学风格的教材，这无疑是不现实的。

为培养师范生初步的创造性运用教材的能力，首先要帮助他们树立创新精神。当然，此种创新精神不能凭空培养，而要将其放到运用教材的点点滴

滴的过程中来进行。此外，继续强化相关的教材理论，通过名师创造性运用教材的经典范例开阔师范生的视野，以及鼓励他们解放思想，将自己对教材独特的理解和处理拿出来研讨、打磨并落实到中学语文课堂教学当中来实践、反思，都是非常重要的工作。经过一段时间的努力，师范生也积累了一些创造性运用教材的初级经验，具体表现如下。

首先，站到课程的高度，尝试对教材中的语文课程知识进行一定的增删调补。如对教材中缺席的"如何聆听"及"如何劝说"这样的口语交际知识进行补充，对教材中缺席的书信类文本和非连续性文本的阅读方法和策略进行补充。此外，写作知识方面，还为教材增加了一些实用文体的写作方法和策略。

其次，立足于"用教材教"的理念，尝试对教材中的个别选文进行替换。如将教材中由于文体认定失误而选入的课文《大雁归来》替换为另外一篇科普作品《奇异的激光》，以更好地教中学生学会"如何阅读科普文"这样的方法性知识。

最后，还能够创造性选用合适的教学方法来展开教材中的选文教学。如教读《智取生辰纲》一课，一位师范生首先带领中学生展开文本细读，又将原著和电视剧中的相关内容进行对比分析，接着引入萨孟武教授将梁山人物定性为"流氓集团"[1]的论述，引导中学生对"梁山好汉是不是真正的英雄"产生深入的思考。教读《秋天的怀念》一课，为了让中学生更好地理解回忆性散文中的两重叙述视角，进而更好地理解作者所抒发的情感，采用了这样的教学方法：选两位男同学分别扮演不同时期的史铁生（一个是课文中所写事件正在发生时年轻的史铁生，一个是多年以后回忆往事并写下这篇散文时的史铁生），再选一位女同学扮演母亲，让这两个"史铁生"分别用各自的口吻和母亲说几句话。当然，面对同一个母亲，两个"史铁生"说出来的话内容截然不同，产生的情感效果也截然不同。由此，让中学生充分体验两种叙

---

[1]　萨孟武.《水浒传》与中国社会［M］.北京：北京出版社，2005：1.

述视角产生的不同的艺术效果。

总之，通过为期四年的统编教材驾驭能力提升的分级训练，师范生在教材的准确理解、灵活运用、批判性运用和创造性运用几个方面，相关能力都有了较为显著的提升。但是，学无止境，教亦无止境，对教材的研究和使用，还需要他们在正式走上教师岗位以后付出终身的努力，以不断提升自身对教材的驾驭水平。

附1：高校汉语言文学专业师范生教材驾驭案例

以下是平顶山学院汉语言文学专业2020届师范生刘鹤瑶在笔者指导下完成的教学设计，该设计较好体现了师范生准确、灵活地驾驭教材的能力，并在一定程度上体现了师范生驾驭教材过程中的批判精神和创新精神。

《核舟记》教学设计

【教材分析】

此文为部编版语文教科书八年级下册第三单元的第三篇课文，为自读课文。因此，教学过程须充分体现"三主"思想。本单元选文均为经典文学文化作品，即"定篇文"。所以，教学中教师要引导学生从方方面面深入、细致地挖掘、领会作品丰厚的文化内涵和艺术内涵。

【教学目标】

根据文言文教学"一体四面"理论，制定以下教学目标。

1. 文言层面：掌握"贻""轩""奇""属""诎""简""曾""罔不""因势象形"等文言词语的意义和用法，理解"为人五、为窗八""为字共三十有四"等文言数量表达方式。

2. 文章层面：理解本文作为"记"这一文体在状物抒情方面的功能。

3. 文学层面：欣赏文中描写细致、富于想象、层次井然的文学表现手法，并从中获得愉悦的审美体验。

4. 文化层面：感受中华民族在器物、工匠精神、天人合一理念等层面的传统文化魅力。

【教学重点】

王荣生教授指出："章法考究处"和"炼字炼句处"往往就是作者言志载道的关节点和精髓处。因此，学习文言文，研习和体会文本"章法考究处"和"炼字炼句处"所言之志、所载之道及其体现出来的写作艺术，应是教学重点，即上述教学目标2和教学目标3。

【教学难点】

本文所体现出来的中国传统文化既表现在物质层面，也表现在精神层面，学生不易领会。因此，将教学目标4"感受中华民族在器物、工匠精神、天人合一理念等层面的传统文化魅力"设为教学难点。

【教学过程】

第一课时

一、激趣导入

以《庄子》的"一尺之棰，日取其半，万世不竭"导入，向学生介绍中国古人的微观观念及探索微观世界的兴趣，再以故事和相关视频播放激发学生探究课文的兴趣。

话说，清朝时广州有一手工艺人陈祖章，以微雕技术名扬天下，被召至清宫内务府造办处为宫廷服务。爱好书画古玩的乾隆帝读了魏学洢的《核舟记》后，对王叔远的绝技赞不绝口，但王叔远所雕核舟已经失传，乾隆帝深感遗憾。于是就问内廷众工艺师：谁能为此？陈祖章自告奋勇，表示自己可再作核舟，并且还要超过王叔远的工艺。后来，陈祖章真的就向乾隆帝呈上了自己新雕的一只核舟。乾隆帝一见到这件作品，立即眉开眼笑，爱不释手。现在陈祖章所雕的这只核舟还保存在台北故宫中。但可惜的是，王叔远所雕的那只核舟现在我们谁也看不到了。

二、初读，读懂文言

学生第一次诵读课文，并借助工具书和教材注释自主解决文言字词。在此过程中，教师视具体情况或基本放手，或适度介入。

（1）基本放手。以下情形通常不需要教师介入：①教材无注解，但学生理解不易产生困难（如"能以径寸之木"中的"以"）；②教材注解已经很清楚（如"清风徐来，水波不兴"中的"徐"和"兴"，教材分别注解为"慢慢地"和"起"）；③教材无注解，但学生通过工具书查阅可以解决阅读中的困难（如"雕栏相望焉"中"焉"的用法：语气词，置于句尾，表示陈述或肯定，相当于"矣"或"呢"，也可不翻译）。以上情形，要放手让学生自己去学习。

（2）适度介入。另有一些字词，学生较难深入理解和掌握，教材亦无注解，或虽有注解但不够突出，就需要教师重锤敲响，对学生进行点拨指导。如"盖大苏泛赤壁云"中的"盖"，就需要教师引导学生根据语境辨析其具体意义和用法："盖"在此处为助词，用在句首，无须翻译，它和同样置于句首，表推测原因（可译为"大概是因为""原来是"）的连词词性的"盖"（即课文中"盖简桃核修狭者为之"中的"盖"）易混，但也有较大差别。又如"罔不因势象形"中的"因"，教材解释为"顺着、就着"，这个解释没错，但还需要教师另举"因势利导""因树为屋""因陋就简"等例子来对学生的认知加以强化。对于文中几处通假字的意义和用法，在以学生自学为主的前提下，也需要教师适度介入进行点拨指导。

基本字词（尤其是关键字词）弄通弄懂以后，原则上只要求学生翻译一些特殊句式，如"为人五、为窗八"和"为字共三十有四"（此处目的是引导学生以古今对比的方式理解文言数量表达方式）等。其他大量的句子主要通过诵读的方式感知其含义即可，无须翻译。

三、再读，品读文章

品读文言作品，须品味出作者所抒之情、所言之志、所载之道。

（1）学生第二次诵读课文，并说出文章结构。此步骤并非等同于传统意义上的分段，而是借此让学生明白文章写了什么内容。学生不难发现：文章第一部分概述了王叔远精湛的微雕工艺，以及核舟的由来和内容；第二部分对核舟进行详细描述；第三部分对核舟上所雕人和物的种类与数目进行归纳总结，并对王叔远的精巧技艺表示赞叹。

（2）提问：任何一篇文章的写作都有其特定的目的。想一想：本文的写作目的是什么？

此问题意在引导学生认识本文的写作宗旨。可能有学生会认为本文的写作目的就是向读者客观地介绍事物——这只核舟，这种看法实际上是将本文当作了一篇说明文。说明文作者的使命，按徐江教授所言，就是作为一个"二传手"，让读者知道他们原本不知的科学知识。因此，说明文中并不含作者强烈的情感倾向。但《核舟记》一文并非如此，它的抒情意味是很浓郁的。

（3）为了使学生对此有深刻认识，教师补充《核舟记》被教材编辑基本删掉的最后一段（教材只保留了一句）。

魏子详瞩既毕，诧曰：嘻，技亦灵怪矣哉！《庄》《列》所载，称惊犹鬼神者良多，然谁有游削于不寸之质，而须麋了然者？假有人焉，举我言以复于我，亦必疑其诳。乃今亲睹之。由斯以观，棘刺之端，未必不可为母猴也。嘻，技亦灵怪矣哉！

（4）继续引导：即使在最后一段的前几段，作者主要对核舟进行描绘，没有直接抒情，但对雕刻者的敬佩之情实际上是隐含于其中的，作者的文人雅趣也由此得以反映。可见，文章的主体部分并非平实的说明和客观的介绍。因此，本文文体应是一篇主体性色彩非常浓厚的书画杂物记（褚斌杰先生在《中国古代文体概论》中将"记"分为台阁名胜记、山水游记、书画杂物记和人事杂记四类，此分类极有价值），在记"杂物"中表达个人见解、抒发独特感受。

提问：在本单元我们刚刚学过的《桃花源记》和《小石潭记》中，作者表达了什么样的个人见解、抒发了什么样的独特感受？

（5）最后明确：在表达方式上，本文将记叙、描写、抒情和议论结合起来，以状物为主，而以表达个人见解和抒发独特感受为目的，反映出了作者的文人雅趣。因此，按现代文体划分，这是一篇杂记类散文，不可误读为说明文。夏丏尊、叶圣陶先生的《国文百八课》将《核舟记》划归"记叙文"下的"记述文"一类，并特意与"说明文"区分，是极有道理的。

第二课时

一、三读，品味文学

1.学生阅读明李日华在《六研斋笔记》中对王叔远所雕另一只核舟的记载。

长仅八分，中作蓬栊，两面共窗四扇，各有枢，可开合，开则内有栏楯；船首一老，皤腹匡坐，左右各一方几，左几一书卷，右几一炉，手中仍挟一册；船尾一人侧坐；一橹置蓬上，其一旁有茶炉，下仍一孔炉，上安茶壶一，仍有咮有柄；所作人眉目衣褶皆具；四窗上每扇二字，曰"山高""月小""水落""石出"；船底有款"王叔远"三字，仍具小印章，如半粟，文云"王毅印"。

2.提问：你觉得李日华和魏学洢对王叔远所雕核舟的分别记载哪个更生动？学生思考、讨论。

预设：学生应该普遍认为魏学洢对王叔远所雕核舟的记载更生动。

3.进一步思考并讨论：魏学洢的记载比李日华的记载高明在哪些地方？并通过问题引导学生思考的方向。

●像《核舟记》中"（佛印）左臂挂念珠倚之——珠可历历数也"这样细腻的描写在李日华的记载中有没有？你读了这些细腻的描写以后产生了什么样的感受？这些描写可不可以简略一点？

●像《核舟记》中"居左者右手执蒲葵扇，左手抚炉，炉上有壶，其人视端容寂，若听茶声然"这样在纪实中又充满想象力的描写在李日华的记载中有没有？你在已学过的课文里有没有发现这样的写法？这样的描写有什么高明之处？

●魏学洢和李日华对核舟的记载都很有条理，读起来都很顺畅。两位作者分别是依照什么条理来写的呢？

预设：通过对问题的思考，学生会发现魏学洢的《核舟记》对核舟的记载描写细腻、富于想象、层次井然，乃是具有浓郁审美情感色彩的生动描绘；而李日华在《六研斋笔记》中对核舟的记载乃是平实的说明和客观的介绍。二者在美学上的价值是完全不等同的。

4.学生第三次诵读课文，品味文学之美，获得愉悦的审美体验。

二、四读，感悟"文化"

1.安静地默读课文，感受王叔远大师微雕技术和艺术设计的高超，进而感受这只核舟不朽的艺术价值，以及由此体现出来的工匠精神。

2.学生默读课文之前教师可视情况进行必要的重点点拨。

●哪些地方最能体现王叔远大师微雕技术的高超？

示例：通过"旁开小窗，左右各四，共八扇""启窗而观"和"闭之"，可见核舟上所雕小窗竟然可开可关。

●哪些地方最能体现王叔远大师微雕艺术的创造性？

示例：用"山高月小，水落石出"和"清风徐来，水波不兴"十六个字将苏轼两次游赤壁的情景结合起来，这个构思极富创造性。

●什么地方最能体现王叔远大师身上的工匠精神？

示例："'天启壬戌秋日，虞山王毅叔远甫刻'，细若蚊足，钩画了了，其色墨。又用篆章一，文曰'初平山人'，其色丹。"在这些细节上大师如此用心，可见其精雕细琢、精益求精、追求完美的工匠精神。

3.向学生重点介绍苏轼《赤壁赋》和《后赤壁赋》的核心内容和关键句子（如"惟江上之清风，与山间之明月，耳得之而为声，目遇之而成色，取之无禁，用之不竭，是造物者之无尽藏也，而吾与子之所共适"），然后学生细读文中描写苏轼游赤壁的相关内容，体会其中反映出来的中国人亲近自然、天人合一的理念和洒脱自如的生活方式，以及核舟雕刻者和文章作者对这种文化的认同和倾慕，从中感受中国特有的传统文化的巨大魅力。

三、布置作业

作业为教材课后练习一、二、三、四题，此四题基本照应"一体四面"的教学目标，出题质量还是较高的。

第三节　高校汉语言文学专业师范生语文教材
经典篇目误读研究

对语文教材中的经典篇目进行深入而细致的文本解读，是高校汉语言文学专业师范生应该掌握的一项硬功夫。文本解读质量的高低，在很大程度上决定着师范生在课堂教学试讲中能够"教什么"，进而决定着他们"怎么教"。因此，作为准教师，师范生要积极主动地提高自己的文本解读能力，让自己成为和语文教材经典篇目对话的高手。而避免在经典篇目解读中出现种种不合情理的误读，是对师范生的基本要求。

一、师范生经典篇目误读的诸种表现

师范生对语文教材经典篇目的误读，表现各异。这些误读，不仅表现在文本的字词句段等局部，也表现在全篇这个整体上；不仅有对文本思想内容方面的误读，也有对作品形式和写法方面的误读；不仅有对文本本身的非典型误读，也有由于读者所依据的阐释体系与作者创作时所处的阐释体系不同而产生的典型误读；不仅有对实用文本的误读，也有对文学文本的误读；不仅有对中国传统经典篇目的误读，也有对西方经典篇目的误读。

解读刘禹锡《陋室铭》中的"可以调素琴、阅金经"一句，师范生一般

都是参照课文注释，轻易地将"素琴"解释为"不加装饰的琴"。如果这样解释是正确的，就意味着"素琴"虽简朴，但依然是可以发声的，这就和下句又出现的"无丝竹之乱耳"产生矛盾了。实际上，"素琴"在这里是一个偏正结构的名词，意为"无弦琴"，将其理解为定中式短语"素 + 琴"是一种误读。在唐诗中，"素琴"多指没有弦和徽的琴，即有名无实的空琴（如白居易《赠苏炼师》中"明镜懒开长在匣，素琴欲弄半无弦"句）。这种用法和陶渊明的一个典故有关。《晋书》对陶渊明有这样的记载："性不解音，而畜素琴一张，弦徽不具，每朋酒之会，则抚而和之，曰：'但识琴中趣，何劳弦上声！'"[①]刘禹锡这样用典，并非因为自己不解音律，而是以此来表明自己追慕陶渊明的优雅脱俗。如果师范生熟稔这个典故，或对教材注解有一定的批判质疑能力，就不会产生这样的误读。

对于杜甫《绝句》（两个黄鹂鸣翠柳）诗的音律，有师范生分析后认为：按格律，本诗应为仄起仄收、首句不入韵式，即：

仄仄平平平仄仄，平平仄仄仄平平。平平仄仄平平仄，仄仄平平仄仄平。

遵循"一三五不论、二四六分明"的原则，这位同学觉得本诗第四句中的"泊"字不合平仄要求。这当然也是误读，因为"泊"字在中古音中应读为入声（属仄声），而非现代汉语所读的阳平。

分析《世说新语·咏雪》中为什么谢太傅赞扬谢道韫时，有师范生解释道："这是因为谢道韫'柳絮因风起'的比喻比胡儿'撒盐空中'的比喻好：后者显得庸常化和市俗化，而前者更有意境和文学气息，让谢太傅看到了家族兴旺的未来。"而实际上，前者获得赞扬，并非因为其更浪漫，而是因为其更准确。我们知道，雪有飞絮状的，也有盐粒状的。如果当时下的是盐粒状的雪，那么，无论谢道韫的比喻有多么精彩，也不可能得到肯定；而胡儿比喻的失败，主要是对外物观察不细所致。

讲授著名的《六国论》时，有师范生查阅相关资料后，对苏洵"六国破

---

① 房玄龄，等.晋书［M］.北京：中华书局，1974：2462.

灭，非兵不利，战不善，弊在赂秦"的观点产生了怀疑，认为：六国内部严重的政治、经济和军事问题才是他们破灭的根本原因，秦国取胜，乃是其大力度的政治、经济和军事改革之功；六国之间长期不团结、不断发动战争也是其破灭的重要原因。这个观点固然很有道理，但其实也是对苏洵的严重误解。苏洵当然不会不知道六国失败而秦国取胜，虽和"赂秦"有关，但绝不会限于"赂秦"一端，而是与综合国力、外交政策和人心向背等深层次原因有更直接的关系，但他还是要片面地断定"弊在赂秦"。这是为什么呢？苏洵写作《六国论》，绝不是要从史学学术上探讨战国形势，而是有其现实意图。也就是说，这篇文章要当作政论文来解读，而不能当作史论文来对待。从史论文视角出发，当然本文在很大程度上站不住脚；但从政论文视角出发，就可以发现：作者故意这样从某一个点生发出去来立论，片面强调某一端，是为了达到"借古讽今"的现实目的，即讽喻北宋统治者面对辽、夏等国的强势入侵不能一味地纳银输绢、割地求和。

同样，有师范生将《高祖还乡》的主题思想解读为"作者对刘邦装腔作势、妄自尊大的嘲讽，并揭露了其流氓和无赖本性"，自然也是误读。《高祖还乡》同样也是借古讽今，借经夸张和想象加工而成的历史事件，针对元代统治者作威作福、地方上趋炎附势、农民承受着赋敛烦苛的社会现实而发的。

恩格斯著名的《在马克思墓前的讲话》，是一则悼词。悼词是对逝者表达哀痛、敬意与缅怀等情意的一种实用性文体。因此，它不同于一般意义上的议论文。议论文是一种剖析、论述事理、发表意见、提出主张的文体，又称说理文。作者通过摆事实、讲道理、辨是非，来树立或推翻某种观点和主张。因此，好的议论文都有明确的观点、充分的论据、精练的语言、合理的论证和严密的逻辑。可见，悼词和议论文是差别很大的两种文体（尽管悼词可以以议论为主）。但由于种种原因，师范生经常将《在马克思墓前的讲话》误读为议论文，并认为文中"这个人的逝世，对于欧美战斗的无产阶级，对于历史科学，都是不可估量的损失"是文章的中心论点。如果将文章当作议论文来解读，势必以分析其论点如何鲜明、论据如何充分、论证如何严密为要务。

这样，文本解读就偏离了正确轨道，就会将恩格斯如何表达对马克思的哀痛、崇敬和缅怀之情这样的本应是教学关注重心的言语智慧置于边缘位置。这是典型的本末倒置。

同样，讲授《罗布泊，消逝的仙湖》，师范生很容易将这则报告文学误判为说明文来解读。将其当作后者，在当前语文知识状况下，势必以分析其说明对象、说明方法、说明语言和说明顺序为要务。这样，文章如何以文艺化的手法真实、及时地报道罗布泊的生态环境现状，如何发出拯救生态环境的强烈呼声、表达出强烈的忧患意识和社会责任感，这些本应该作为课堂教学关注重心的内容也都被严重淡化了。

教学《济南的冬天》，师范生很容易犯的一个错误，就是喜欢引导学生总结出济南冬天的特点：温晴。不错，在文章第一段中，老舍先生将济南和北平、伦敦、热带对比之后，说道："可是，在北中国的冬天，而能有温晴的天气，济南真得算个宝地。"但是，我们不能忘了，本文是一篇抒情散文，而抒情散文最大的一个特点，就是抒发作者对事物主观的体验和感受。也就是说，在作者老舍的心目中，济南的冬天一点都不冷。作为读者，我们虽不太有必要下功夫考证作家当时为什么会有这样的感受，但一定要明白：文学不是严格写实的，实际上济南的冬天还是格外寒冷的，因此不能将"济南的冬天是温晴的"客观化。看来这是一件小事，似乎不必较真，但实际上事关重大，它关系到读者应该以什么样的姿态阅读散文这个大问题。王荣生教授深刻指出：当前散文教学中一个比较严重的问题，就是喜欢"向外跑"，即不去关注文本内部作者独特的认知情感，而喜欢将散文作者的所思所感当成"外在的言说对象"本身所具有的特质，从而造成了"既跑出了'语文'，也跑出了'人文'"的现象[①]。正确的姿态，应是引导学生通过"可是，在北中国的冬天，而能有温晴的天气，济南真得算个宝地"这句话，体验、分享老舍先生在他人生的春风得意之时的心境和对济南格外偏爱的心情，正是这种偏爱，使得他

---

① 王荣生.散文教学教什么［M］.上海：华东师范大学出版社，2014：11-12.

虽身处寒冬而不觉得冷。

沈从文先生的小说《边城》，蕴含了丰富的人生意蕴。但在师范生试讲中，由于缺乏必要的知人论世，缺乏充分的文本细读，其主题思想却经常被简单化地误读为:《边城》通过抒写青年男女之间的纯真爱情、祖孙之间的真挚亲情、邻里之间的和睦温情来表现人性之美，去讴歌一种古朴的、象征着"爱"与"美"的生活方式。在《边城·题记》中，沈先生说:"我这本书只预备给一些'极关心全个民族在空间与时间下所有的好处与坏处'的人去看。"①细读文本，读者会发现:作家除了表现湘西人民人性的"极其伟大"和"极其美丽"这些"好处"以外，也"老老实实"地写了其"极其平凡"和"极其琐碎"这些"坏处"，即:封闭的农业文明社会造成人们精神世界的孤寂和缺乏自觉意识，以及边民们纯朴健康的人性下潜藏着的几千年来的迷信思想等。

作为中华民族最重要的经典文献之一，《论语》可谓影响重大。要读好此书，必须深入了解中国传统文化，否则也会造成误读。在《侍坐》篇中，最容易引起误读的地方，就是对曾皙"莫春者，春服既成，冠者五六人，童子六七人，浴乎沂，风乎舞雩，咏而归"之志的理解。由于传统文化积淀不够，师范生经常在模拟课堂教学中将曾皙理解为道家人物，并进而认为孔子此时年事已高，失去了昂扬斗志，因此才会认同曾皙的退隐思想。这种理解当然也属误读。造成误读的关键，是将曾皙儒家的"无为而治"当作了道家的"无为而治"。实际上，在百家争鸣时期，"无为而治"并非道家的"专利"，它同样也是儒家治道的中心命题②。曾皙主张之"无为而治"，是在推行礼乐教化，尤其是推行"仁"的基础上水到渠成而达到的理想境界，有别于道家主张的"心灵虚寂，坚守清静"的"无为而治"。孔子赞赏曾皙，乃其志达到了儒家治道的最高境界，符合儒家"君子不器"的标准;而其同门三兄弟则因为"不

---

① 沈从文.题记[A].边城[M].长春:吉林大学出版社，2010:2.

② 唐少莲."无为而治"何以可能——儒家的治道理想及其合理性论证[J].广西师范大学学报（哲学社会科学版），2012（4）:24.

知其仁"，只能"规规于事为之末者"①，做一些具体业务，所以在老师看来，其志不高。

《智取生辰纲》也是蕴含着丰富传统文化的语文教材经典名篇，对其误读，很多时候其实也是对传统文化的误读。如有师范生在分析杨志为什么失败时，认为，当时的统治阶级昏庸腐败，而像杨志一样有德有才的梁山英雄们生不逢时，空有一身的本事却无用武之地，他们的失败不仅是个人的悲剧，更是时代造成的悲剧。这样的解读貌似深刻，实际上根本站不住脚。因为这种解读预设了一个前提，即当时的社会分为统治阶级和被统治阶级，统治阶级代表相对的落后，被统治阶级代表相对的进步；而《水浒传》中的人物可以被我们清楚地定位：要么属于前者，要么属于后者。这种预设的本质，是用西方政治理论来解读中国历史，不免产生枘凿方圆的问题。梁漱溟先生深刻揭示中国社会结构的特殊性："我们当然不能说旧日中国是平等无阶级的社会，但却不妨说它阶级不存在。"② 梁先生进而指出："假如西洋可以称为阶级对立的社会，那么，中国便是职业分途的社会。"③ 这也就是说，在传统中国，基本上不存在严格的阶级对立。无论是杨志一方的押生辰纲，还是晁盖一伙的夺生辰纲，都不是出于阶级意识。将杨志美化为英雄，或将晁盖美化为好汉，都是不合适的。

同理，用阶级理论解读《伐檀》，说这首诗是劳动者对统治者不劳而获的讽刺，并发出了反抗的呼声，皆属误读。

当然，拥有较为扎实的西方文化功底，对于相关作品解读来说也必不可少。比如，一位师范生在分析《守财奴》中葛朗台的形象后，又根据"这最后一句证明基督教应该是守财奴的宗教"这句话，得出错误结论：作者的意思是基督教害了葛朗台，而巴尔扎克也肯定不是基督教徒。这是对西方基督教文化不了解所致。尽管不是一个绝对虔诚的信徒，但巴尔扎克无疑还是有

---

① 朱熹.四书章句集注［M］.北京：中华书局，1983：130.
② 梁漱溟.中国文化要义［M］.上海：上海人民出版社，2005：138.
③ 梁漱溟.中国文化要义［M］.上海：上海人民出版社，2005：124.

宗教信仰的。他声称："思想是善恶之本，只有宗教才能培植、驾驭、指导思想。唯一可能的宗教是基督教。"[1]不过，需要注意的是，巴尔扎克所推崇的基督教，是基督教中的天主教派。在作品中，巴尔扎克正是通过葛朗台太太这个虔诚的天主教信徒的形象（作品所描写的相关宗教仪式正是天主教的宗教仪式），诠释了宗教劝人向善的普世价值（如《新约·提摩太后书第三章》：你该知道，末世必有危险的日子来到。因为那时人要专顾自己，贪爱钱财）。同时，我们还要知道，站位于天主教，巴尔扎克又特别反对基督教中的新教，尤其是新教中的加尔文教派（主张积极参与世俗活动、勤勉从事世俗劳动；同时最大限度地节俭，抵制一切享乐性消费，认为积累财富的勤俭在道德上是无可指责的，骄奢纵欲是有罪的[2]）。《守财奴》最后一句话，即表明作家对新教的强烈嘲讽。

二、如何尽量避免师范生经典篇目误读现象

如上所述，汉语言文学专业师范生在课堂教学试讲过程中，对语文教材经典篇目的分析和理解经常出现失误。问题产生的具体原因可能多种多样，但挖掘深层次根源，不外乎必要的知识和理性精神的欠缺。具体包括：一般性的百科知识、语言学和文字学知识、文艺学和文体学知识、文本解读的方法性知识、中外传统文化知识和批判性思维知识等。

按说，师范生在长达四年的本科教育中，以上各方面知识都在相关课程里专门学习过，为什么在课堂教学的文本解读中却屡屡出现相关问题呢？

语文教师应掌握的知识体系，包括通识性知识、本体性知识、条件性知识和实践性知识四个组成部分。通识性知识和本体性知识主要解决一般情况下教什么的问题，条件性知识主要解决一般情况下怎么教的问题，而实践性知识则将上述静态知识整合为特定情境下的"教什么、怎么教"的动态知识。

---

① 赵沛林．外国文学史［M］．长春：东北师范大学出版社，2005：321.

② 文军．西方社会学理论：经典传统与当代转向［M］．上海：上海人民出版社，2006：94.

也就是说，没有实践性知识的参与，其他三类知识是很难真正发挥作用的：通识性知识和本体性知识不能转化为"实际上最好教什么"，条件性知识不能转化为"实际上最好怎么教"。实践性知识，则要通过师范生长期的、大量的教育教学实践来获得和生成。但实际上，由于狭义知识观的影响，长期以来，我国高校的教师教育专业极度缺乏对师范生的实践训练，师范生也很少得到实践的机会。

在这种情况下，作为通识性知识和本体性知识，上述"一般性的百科知识、语言学和文字学知识、文艺学和文体学知识、文本解读的方法性知识、中外传统文化知识和批判性思维知识"只能规规矩矩地安处于静态知识范畴，而不能投入到生动活泼的教学实践中去转化为动态的实践性知识的组成要素。正是狭义知识观，严重制约了上述知识（当然也包括条件性知识）应有活力的释放。这就是汉语言文学专业师范生虽然可能"学富五车"，但还是会经常误读经典文本的根本原因。

因此，要想提高师范生的文本解读水平，尽量避免他们对语文教材经典篇目的误读，就必须加大师范生实践力度，将师范生掌握的静态的各类知识放到实践中转化为应用型的动态知识。也唯有如此，师范生才能真正掌握知识，知识才能通过实践的桥梁转化为应用能力，知识的力量也才能真正体现出来。

比如，我们的一位师范生在教《白杨礼赞》的象征手法时，遇到了一个问题：通常，象征手法中是只出现象征体，而不出现本体的，象征体所象征的意义需要读者自己体悟，但《白杨礼赞》却是本体和象征体都出现了。那么，这篇散文是不是违背了象征手法的使用规则呢？执教过程中，这位师范生在参阅大量文献的基础上，在和文本、学生深度对话中，创造性地意识到：作家在创作的时候，不会拘于一格，他要根据预设受众的具体情况、根据当时的时代背景灵活处理、使用某种特定的写作手法；《白杨礼赞》中的象征手法，并没有用错，之所以打破常规，奥妙正在于此。这样，既把知识用活了，同时也避免了对文本写法的误读。

第四节　高校汉语言文学专业转型发展与师范生
教学技能提升研究

不断推进的新课程改革对教师的教学技能提出了越来越高的要求。作为不久的将来就要登上讲台的准语文教师，高校汉语言文学专业的师范生是否具备了扎实的教学技能，在很大程度上决定了语文新课程改革的成败。因此，高校汉语言文学专业对学生的教学技能培养也应该跟上形势，以培养出适应新课程改革发展所需要的师资。以下，我们基于对河南省相关高校的调研，对此问题展开论述。

一、高校汉语言文学专业师范生教学技能现状

师范生教学技能大赛是观察师范生教学技能表现的一个重要窗口，从师范专业毕业生教学技能大赛，可以在很大程度上看出一个地区高校师范生的培养质量。以河南省为例，在历届师范专业毕业生教学技能大赛中，汉语言文学专业的师范生展现出了良好的教师专业素养，尤其在普通教学技能层面更有良好表现。但也无须讳言，他们的核心教学技能较弱，尤其在课程研发技能和教学实施技能两个方面表现欠佳。

在我们对全省六所相关院校290名师范生的问卷调查中，对以下相关问题的调查结果并不令人乐观。

1. 你认为一名语文教师应该具备哪些教学技能？（　　）

A. 教学设计的技能　B. 教学实施的技能　C. 教学评价的技能

D. 教学反思的技能　E. 课程研发的技能

在回收的272份有效问卷中，有超过二分之一的问卷（达146份）答案同时包含了A、C、D三项，而答案同时包含B、E两项的不足三分之一（85份）。可见，课程研发和教学实施这两项核心技能在师范生的心目中还没有应有的

地位。在和几所中学语文教师进行的访谈中我们也发现，越是有教学经验的教师，对这两项核心技能重视的程度也越高，而新手教师最需要提高的，也正是这两项核心技能。缺乏这两个核心技能的支撑，师范生的整体教学素养就只能停留在"技"的层面。

先看课程研发技能。不少选手缺乏明确的课程意识，对所确定的语文课程内容缺乏学理上的批判性思考。因此，在"教什么"层面，他们所确定的语文课程内容经常出现较大问题。

以2018年河南省师范毕业生教学技能大赛为例。本次大赛指定说课篇目之一为《首届诺贝尔奖颁发》。本篇课文出现在语文教材中，目的是让学生通过这一篇的学习，掌握这一类的读法。也就是说，要将本文处理成样本文，教学生学会如何读消息。这样，在教学目标上，就要以特定文体为出发点，从如何读消息这个角度，设置教学需要达成的目标。考虑到八年级的中学生还没有系统学习过消息这种文体，因此，必须从以下几个方面来设置目标才能让他们比较系统地掌握消息的读法：

1.进一步掌握消息的六要素；

2.进一步掌握消息的特点；

3.理解消息的内部结构和外部结构；

4.学会将消息中的客观事实和作者的立场观点区分开。

但遗憾的是，对于第四个教学目标，没有一个选手能够关注到。这充分表现出选手们对课程、对教材的理解程度还是很不够的。而第四个目标实际上又是非常重要的一个教学目标。根据新课标"阅读新闻和说明性文章，能把握文章的基本观点"[1]的要求和语文教材中"要学会边读课文边揣摩作者的态度和倾向"[2]的提示，设置本教学目标很有必要性，它对学生新闻阅读素养的发展极为重要。

---

① 中华人民共和国教育部.义务教育语文课程标准［S］.北京：北京师范大学出版社，2011：15.

② 中华人民共和国教育部.义务教育语文教科书（八年级上册）［M］.北京：人民教育出版社，2017：2.

在说课过程中，还出现了一个严重的问题：一位教学基本素质较好的选手竟然将本文体裁"消息"从头到尾误读为"通讯"。当然，该选手设置的相应的教学内容也出现了严重偏差。

以上表现，也和我们通过问卷调查取得的结论基本一致。

2. 在语文教学设计中，你感到最困难的是：（　）

A. 教学内容的确定　B. 教学目标的设计　C. 教学重难点的确定

D. 教学方法的选择　E. 教学环节的衔接　F. 其他

3. 在教学内容的确定上，你认为最应考虑哪三个因素：（　）

A. 教材内容　B. 课程目标　C. 教学环境　D. 教学条件　E. 学情

在第2个问题中，回收问卷中选择A、B、C、D、E、F六个选项的，分别为25份、48份、52份、72份、38份和37份。可见，语文教学中最核心的问题——语文教学内容的确定——还没有引起充分重视，师范生的兴趣主要集中在教学方法上。

在第3个问题中，正确选择A、B、E三个选项的，只有137份。也就是说，有近一半的师范生能够意识到要从教材内容、教学目标和学情出发来科学地确定"教什么"，而另一半师范生则做不到这一点。

再看教学实施技能。不少师范生没有充分认识到教学方法的使用是为了服务于教学内容的落实，因此，普遍存在只喜欢选用"时尚"的教学方法的问题。以下是一位选手《湖心亭看雪》一课教学设计的一部分。

教学目标：

1. 整体感知文意，理清文章思路。

2. 了解写作背景，理解文章思想情感。

3. 品味、鉴赏文章的艺术性。

4. 体会文章叙事、写景、抒情相结合的写法。

教法：导读法

学法：自主、合作、探究法

对于《湖心亭看雪》这样的经典篇目教学来说，只注重教师的引导，只注重学生的探究和发现，排除教师的讲授和学生的接受，很难保证有好的教学效果。实际上，发现学习与有意义的接受学习二者是相互包含、相互依存的。目前中学语文教学中存在两个极端：一是过分重视学生自主、合作、探究的学习方式；二是过多采用"教师讲学生听"这样的授受式教学方式。师范生应走出这两个误区，从教学内容和具体学情出发来选择合适的教学方式方法。

二、汉语言文学专业要由学术导向型向实践能力导向型转型

作为一名准教师，高校汉语言文学专业的毕业生是否具有相应的教师核心素养去实施新课程，成为决定新课程改革成败的关键。因此，高校汉语言文学专业对学生的教学技能培养也应该进行改革与转型发展，以适应新课程实施的需要。但是，从河南省相关高校的具体情况来看，该专业的课程与教学运行还跟不上形势的发展，基本上仍停留在纯学术导向阶段。也就是说，多数教师的科研和教学基本上还是以学科和学术为中心，以新课程实施为导向的、密切关注师范生教学实践能力生成的师范生教学技能培养机制还没有形成。师范生在接受完四年的本科教育之后，其自身的教学素养在很大程度上还不能满足新课程实施的需要。

因此，改革汉语言文学专业师范生教学技能培养机制，从本专业的课程体系和教学体系两个方面双管齐下，推进汉语言文学专业由学术导向型向实践能力导向型转型，就成为非常重要的事情。

（一）汉语言文学专业要积极构建适应转型发展的课程群

汉语言文学专业要对现有的课程体系进行吐故纳新式的改革，密切关注中学语文课程和教学的实际需要，建构起适应转型发展的课程体系。

考察目前河南省多数师范院校文学院的课程设置，不难发现：现有的课程体系一味模仿综合性重点院校汉语言文学专业的课程设置，带有很浓重的学术色彩。也就是说，课程设置集中指向的不是师范生的"师范素养"，而是

汉语言文学研究工作者的"学术素养"。以下某院校的专业必修课程设置就很有代表性。

专业课程教学计划表（必修）

课程名称	课程编号	学分	学时				开课学期	考核方式
			合计	讲授	实践	周学时		
古代汉语（一）	31050223	3	54	54		3	三	考试
古代汉语（二）	31050224	2	36	36		2	四	考试
语言学概论	31050225	2	36	36		2	五	考试
中国现当代文学（一）	31050101	3	45	45		3	一	考试
中国现当代文学（二）	31050102	2	36	36		2	二	考试
中国现当代文学（三）	31050103	2	36	36		2	三	考试
中国古代文学（一）	31050104	2	36	36		2	三	考试
中国古代文学（二）	31050105	4	72	72		4	四	考试
中国古代文学（三）	31050106	4	72	72		4	五	考试
中国古代文学（四）	31050107	4	72	72		4	六	考试
外国文学（一）	31050108	3	54	54		3	四	考试
外国文学（二）	31050109	2	36	36		2	五	考试
美学	31050305	2	36	36		2	五	考试
形式逻辑	31050336	2	36	36		2	二	考试
心理学	31030401	2	36	36		2	二	考试
教育学	31030402	2	36	36		2	三	考试
教育科研方法	31030702	2	36	36		2	六	考试
现代教育技术	31190101	2	36	18	18	2	四	考查
语文教学论	31050504	2	36	18	18	2	五	考试

据统计，在西方主要国家的教师教育课程体系中，教育教学类课程在整个课程体系中所占比重非常大，有着绝对分量，如美国和德国的教育教学类

课程分量在总课程设置中均占到33%。而上述这所高校汉语言文学专业的课程体系中，必修教育教学类课程只占20%。我们做的调查结果也反映了全省普遍存在此类问题。

4. 作为师范类专业，在你所学的课程中，你认为学科专业类课程和教育教学类课程分配比例合适吗？（　　）

A. 非常合适　　　　B. 合适　　　　　C. 不合适　　　　D. 非常不合适

以上问题，回答A、B、C、D四个选项的问卷分别是48份、68份、127份和29份。这个结果说明，汉语言文学专业的学科专业类课程和教育教学类课程分配比例还存在较大问题。

专业重心过于向学科专业倾斜，也导致师范生对本专业开设的某些课程意义不清楚。

5. 作为一名准语文教师，你对所学各门课程在语文教学中的功能清楚吗？（　　）

A. 非常清楚　　　　B. 比较清楚　　　　C. 不太清楚　　　　D. 完全不清楚

回答A、B、C、D四个选项的问卷分别是46份、69份、143份和14份。

因此，建构与基础教育语文新课程改革密切对接的新的汉语言文学专业课程体系势在必行。

平顶山学院在此方面进行了大力改革。首先，大力加强教育教学类课程，尤其是语文教育类课程在整个课程体系中的分量，设置了如语文教学论、教师语言艺术、语文多媒体创作设计、现代教育技术、语文教材研究、演讲与口才、板书设计、中学语文名师名课观摩、中学语文教学设计和语文课程标准解读等课程。其次，积极设置活动课程，每学期都要举办书法大赛、说课比赛、教学技能大赛、演讲比赛、板书设计比赛和教案设计比赛等活动，让师范生积极参与到演讲、辩论、板书、说课、讲课、备课和评课这些有益的活动中去。再次，大幅度删去与师范生教学素养关联不大的课程。为防止急功近利的做法，我们也审慎地对待现有课程体系中那些暂时看起来没有太多实用价值、但将来有实用潜能的课程，如中国文化概论和西方文化概论。经过课程体系改革，目前教育教学类课程在整个课程体系里所占比重已由过去的不到20%提升到30%左右。

安阳师范学院新修订的汉语言文学人才培养方案也大力突出了师范特色。在整个课程体系中，教育教学类课程有教育学、教育心理学、现代教育技术、语文课程与教学论、教师礼仪、书写技能、说课训练、教师基本功训练、教学名师观摩、地方基础教育调查、书法、教育哲学、教师职业道德、教师语言艺术、中外教育史、教师专业发展、听评课与面试技艺、微格教学、中小学生心理辅导、中学语文经典课文导读、教学研究方法、班级管理、语文教材研究、语文教学艺术和口才学等20余门。有了这样的课程体系，再加上认真落实，就为师范生具备较为全面的师范素养奠定了良好基础。

当然，本专业每一门具体的课程也要突出师范特色，这就要求相关课程在课程内容上做出相应的调整。如现代汉语课程，要突出语用这一部分内容，简化语素、音位、义素等内容；文学理论课程，要简化理论性过强的"文学创造的价值追求""文学作为特殊的精神生产"和"文学理论的基本形态"等内容，强化"文学活动构成——世界、作者、作品、读者""文学作品的类型与体裁""文学接受"和"文学欣赏"等内容；语文教学论课程则要突出"阅读教学的过程与方法""写作教学的过程与方法"和"口语交际教学的过程与方法"等内容，简化"语文课程的性质""语文课程的功能"和"语文课程理念"等内容。在这一点上，平顶山学院文学院进行了一番努力。现在，本专业为提升师范生的实践能力而精心对每一门专业课的课程内容进行调整，删去大而不当的内容，增加实用性强、能够有效促进师范生实践能力形成的内容。当然，为防止急功近利的做法，我们也审慎地对待每一门课程中那些暂时看起来没有太多实用价值、但将来有实用潜能的课程内容，对这些内容不仅不删除，还会予以重视和强调。

（二）汉语言文学专业要积极打造适应转型发展的实践教学链

除了上述课程改革，河南省相关院校还应对近乎僵化的汉语言文学专业教学方式方法体系进行改革。目前，相关改革已走出几大步伐。

考察目前河南省多数师范院校文学院的教学方式方法，不难发现：所用的教学方式方法仍然基本上固守在课堂授受式的教学模式上，这种模式用来进行理论教学尚可，要提高师范生的教学实践能力则存在明显的局限性。地方高校汉语言专业培养出来的学生普遍存在眼高手低，社会适应性不强，动手实践能力较差，缺乏务实、创新、深入实际的精神等问题[①]。这些问题的产生，和近乎僵化的教学方式方法有直接关系。

以下表格还可以看出：上述某院校的课外实践教学环节仍采用集中实践教学的模式，希望师范生在集中的某一时间段内"毕其功于一役"。

课程类别及学时、学分构成比例表

课程类别		学时数			学时比（%）	学分数	学分合计	学分比（%）
		讲授	实践	学时合计				
通识课程	通识必修课	472	403	875	35.9	39	49	28.0
	通识选修课	–	–	–	–	10		
学科基础课		216	66	282	11.6	17	17	9.7
专业课	专业必修课	867	54	921	37.8	52	72	41.2
	专业选修课	330	30	360	14.8	20		
课外实践教学环节	集中实践教学	–	–	–	–	20	28	16.0
	毕业论文（设计）	–	–	–	–	8		
	第二课堂	–	–	–	–	9	9	5.1
合计		1885	553	2438	100	175	175	100

当然，这种做法和"全程实践"理论相去甚远，亟须改革。我们需要学习省外"观摩体验、假日模拟、顶岗实习、课题研究、论文写作"五环节立

---

① 黄高锋.转型背景下地方高校汉语言文学专业人才培养模式建构［J］.教育观察，2019（1）：72.

体式实践教学模式[①]，以及其他行之有效的师范生全程实践教学模式，形成有河南地域特色的实践教学模式，建构适应基础教育语文新课程改革需要的教学方式方法体系。在此方面，河南省已经积累了一些成功经验。

如南阳师范学院实施的"1-2-4-18-N"全程实践模式就非常有特色。具体内容包括专业精神教育1周、教育见习2周、模拟教学4周、校外教育实践18周、就业实践N周。五个实践环节组成的实践教学体系，不间断地贯彻在本科四个学年中。五个环节虽然是相对独立的，但它们在具体的教学过程中又彼此融合、相互渗透。

平顶山学院的汉语言文学专业也积累了不少行之有效的做法。首先，在课堂教学中推行"对分课堂"模式。也就是说，课堂教学时间要大致切分为两部分：一半左右来进行教师讲授，一半左右来让学生讨论、练习和实践。过去，汉语言文学专业的课堂教学基本上是教师讲授的天下，教学效果不佳。现在，教师精简讲授内容，让理论更加简明扼要，更加突出其对实践的引领作用；而充足的讨论、练习和实践，则让学生在反思中、在运用中体验理论知识的价值，从而将理论和实践融合在了一起。这么做，使得师范生对本专业课程的学习兴趣大大提高，而他们的教学技能也最终得到了提高。

在师范生学业成绩评定上，平顶山学院的汉语言文学专业也进行了较大幅度的改革。过去，师范生学业成绩评定，基本上采用纸笔考试。这导致相当一部分师范生不注重平时的学习，而将精力放在应付期末考试上，平时不学习，考前突击一周左右，也可以在考试中过关。为了解决这个问题，我们将考核重心放在平时，放在实践能力上。如语文教学论课程，考核内容由平时考勤、平时课堂表现、平时教学方案设计、期末课堂试讲几部分组成。这么做，表面上看大大淡化了理论知识的价值，但实际上其价值不仅没有被降低，反而得到了强化，因为学生如果不认真学习理论知识，不在运用中、在实践中领会理论知识的奥妙，他们的教学水平就很难得到提高。现在，师范

---

① 韩光明.全程立体式五环节实践教学模式的构想［J］.伊犁教育学院学报,2006,19（4）：135.

生不仅重视实践练习，也注重理论知识学习，当然他们的理论知识学习不是靠过去的死记硬背，而是活学活用。

以上改革，充分体现了这样的理念：未来教师学习教学不是在"模拟场景"中，而应在真实的场景中进行，培养教师的关键是让他们在实践中学习理论、在实践中学习教学，从而将临床实践和理论学习充分地结合起来，形成持续的"实践—理论—再实践"的螺旋式上升过程①。

河南省高校汉语言文学专业实施的教学体系改革使师范生得以在充足的教学实践中，将所学到的本体性知识和条件性知识相融合，继而形成可贵的实践性知识。这对他们以后发展成为优秀的语文教师，是非常必要的。

---

① 徐今雅，刘玉．美国第三种教师培养模式研究——以波士顿驻校教师计划为例［J］．教师教育研究，2011（6）：70.

第五章

新课程背景下语文教学的几个重要问题研究

第一节　统编版初中语文教材中的知识状况考察

语文教材的编写、发行及使用已由过去的"一纲多本"时代走向当前的由教育部统一组织编写、然后全国统一发行及使用的时代。那么，较之于过去，统编版语文教材编写质量的高下，对全国的语文教学来说，就更有着非同一般的意义。

语文知识，指的是能够有效提高学习者的言语能力的各种相关的事实、概念、原理、技能、策略和态度。学习者合宜的语文能力要由适当的语文知识来支撑和建构，而不适当的语文知识反而会阻碍学习者语文能力的形成。当然，语文知识除了可以支撑学生语文能力的形成，其内部隐含的人文因素对学生的精神成长、人格发展也会产生潜移默化的重要影响。

当前，语文教学中出现的问题非常繁杂，"少慢差费"仍然是课堂教学的心痛，其病根则在"教什么"层面上，也就是说，语文课程内容（尤其是其中的语文知识）问题依然严重。而"怎么教"的问题也基本上是由语文知识方面的问题派生出来的。因此，高度重视语文知识问题，是十分必要的。

综上可见，深入细致地对统编版初中语文教材中的知识状况进行调查，考察其成败得失，对提高语文教材编辑质量及语文教师使用教材、驾驭教材的能力，均有着重要意义。

我们分别从以下五个方面展开论述。

一、通识性百科知识

语文学科因其特殊的综合性，要涉及大量的通识性百科知识，这也内在地要求语文教育工作者要成为"杂家"。语文教材中涉及的通识性百科知识也很多，对此类知识，教材的处理必须谨慎。整体上看，统编版教材对通识性百科知识的讲述是准确的，但也有失误之处。

八年级上册《唐诗五首》对"鹦鹉洲"的注解"长江中的小洲，在黄鹤楼东北"即属误注。实际上，唐宋时期的鹦鹉洲形态基本稳定，它既非小洲，亦不在黄鹤楼东北。郦道元《水经注》曰："江之右岸有船官浦，历黄鹄矶西而南矣，直鹦鹉洲之下尾……"[1] 即是说，黄鹄矶（古黄鹤楼所在地，现武昌蛇山靠近长江边处）正对着鹦鹉洲的洲尾（即鹦鹉洲北端，洲头即鹦鹉洲南端则在现鲇鱼口附近）。类似"鹦鹉洲。旧自城南，跨城西大江中，尾直黄鹄矶"[2] 的古籍记载也是很多见的。因此，古鹦鹉洲的准确位置应该在古黄鹤楼的西南（也在今黄鹤楼的西南）。鹦鹉洲在唐宋时期具体面积虽无定论，但它是长江中著名的商业和军事重镇却属无疑，很多文献都有相关记载（如范成大《吴船录》等）。因此其面积不仅不会小，还一定是相当大（一般估计为十四五平方千米）。

八年级上册《愚公移山》对"太行"做的注解"太行山在山西与河北之间"，也欠准确：太行山位于黄土高原与华北平原之间，纵跨北京、河北、山西、河南四省市。

二、语言学和文字学知识

在语言学和文字学知识方面，统编版教材首先对一些讹误之处作了修正。

如《岳阳楼记》中"越明年"一词，旧版教材误注为"到了第三年"，统编版教材九年级上册准确地将其修正为"到了第二年"，这个修正是有充足的

① 郦道元.水经注［M］.陈桥驿，注释.杭州：浙江古籍出版社，2013：459.
② 王象之.舆地纪胜［M］.李勇先，校点.成都：四川大学出版社，2005：2390.

学理依据的。而在各种古籍中，该词词义也一律为"到了第二年"。如在"咸丰丁巳嘉平月，余南游至吴门，赵静山中丞馆余于沧浪亭之可园。过从谐际，犹辛亥、壬子间在武昌官寓时也。越明年，戊午正月穀日……"[1] 的记载中，"丁巳"年过后的第二年是"戊午"这个常识可以明确地告诉我们"越明年"指的是"到了第二年"。考察滕子京修建岳阳楼的时间，也正是他贬谪岳阳之年（庆历四年，即1044年）的第二年（庆历五年，即1045年），范仲淹写《岳阳楼记》的时间则因为种种原因而较晚（在庆历六年，即1046年）。

在语言学和文字学知识方面统编版教材也有失误之处。

七年级下册《陋室铭》"可以调素琴、阅金经"一句中的"素琴"，教材将其解释为"不加装饰的琴"。这个解释意味着"素琴"虽简朴，但还是可以发声的，这就和下句"无丝竹之乱耳"产生了矛盾：能够发声，怎么会无丝竹之音呢？有人认为，"丝竹"在此指代民间俗乐或宫廷乐曲，这是毫无根据的，也和事实上刘禹锡精通并喜欢民乐及宫廷乐在逻辑上相矛盾。实际上，"素琴"在此处义为"无弦琴"。《晋书》中有关于陶渊明的一个典故："性不解音，而畜素琴一张，弦徽不具，每朋酒之会，则抚而和之，曰：'但识琴中趣，何劳弦上声！'"[2] 陶渊明这么做，表现出了他对道家"大音希声"的理解和追求。唐诗中的"素琴"，也多指无弦无徽之琴。如唐李益诗《闻亡友王七嘉禾寺得素琴》中"抚琴犹可绝，况此故无弦"句，明确指出得到的"素琴"本就是"无弦"的。刘禹锡也"调素琴"，并非因为自己不通音律，而是要用以表明自己对陶渊明优雅脱俗境界的追慕。

八年级上册《三峡》一文首句"自三峡七百里中，两岸连山，略无阙处"中，"略"字为程度副词，可表"完全、几乎、略微"等不同的程度，此处当表"几乎"义而非教材注解之"完全"义。根据《三峡》在《水经注·江水》中的上下文可知，本文首句中"自三峡七百里中"为整句状语，"两岸连山，

① 何绍基.东洲草堂诗集（下）[M].曹旭，校点.上海：上海古籍出版社，2012：544-545.

② 房玄龄，等.晋书[M].北京：中华书局，1974：2462.

略无阙处"前省略主语"巫峡"。整句意思即：在七百里长的三峡中，"巫峡"两岸连山，略无阙处。那么，"巫峡"两岸之高山是否完全连为一体而"无阙处"呢？这要靠实地考察而不能凭主观想象。考察结果，发现此江段有少量支流注入，因而其两岸高山势必会有一些中断。所以，此处"略"应释为"几乎、差不多"。

九年级下册《词四首》之《破阵子·为陈同甫赋壮词以寄之》一词中"梦回吹角连营"的"梦回"，教材释为"梦中回到"，也是不准确的。其实，当"回"和"梦"结合时，其义为"醒来"。因而，"梦回"在所有的古诗文中意义皆为"梦中醒来"，如"梦回灯影斜"（语出唐牛峤词《菩萨蛮·画屏重叠巫阳翠》）、"梦回诗思不可遏"（语出元王冕诗《红梅》）和"梦回山枕隐花钿"（语出宋李清照词《浣溪沙·淡荡春光寒食天》）等。将其理解为"梦中回到"是以现代汉语思维来解读古诗文的结果，属望文生义。以下例子更能说明问题："楚兵人人耀武，个个扬威，分明似海啸山崩，天摧地塌。晋兵如久梦乍回，大醉方醒，还不知东西南北"（语出冯梦龙《东周列国志》第54回《荀林父纵属亡师 孟侏儒托优悟主》）。"梦回吹角连营"的意思是：从"吹角连营"这样的梦境中醒来，而非梦醒以后却发现自己正在"吹角连营"之中。

九年级下册《曹刿论战》一课中，"必以分人"，指的是鲁庄公一定要把衣食分给身边的近臣和贵族，其中"人"绝非教材注释中所说之"别人"。这种释词的笼统是解释者未充分考虑语境所致。

七年级上册《狼》一课中教材将"假寐"的"寐"解释为"睡觉"，也欠准确："寐"强调睡着的状态，"寝"或"卧"才表示"睡觉"这个动作。

八年级上册《记承天寺夜游》中"盖竹柏影也"中的"盖"，在此义为"原来是"，表示恍然大悟、最终明白了原因所在。教材释为"大概是"，也不妥帖。

在语言学和文字学知识建设方面，统编版教材还大力度地恢复了旧版教材极度淡化的语法学和修辞学知识，对词类、短语、句子成分、复句、语序、句子结构及常见修辞格等方面的知识进行了较为系统的讲授。这些知识，对提高学生的语文能力有很大的潜在势能。但遗憾的是，这些知识几乎完全以陈述性知识形态呈现，教材没有进一步采用手段将其"语用化"和"动姿化"，将它们引入活生生的言语实践中，从而导致它们缺乏对言语实践的直接引领作用，只能以静态形式存在于教材之中，"知识就是力量"的势能也难以转化为动能显现出来。鉴于此，统编版教材亟须将此类知识向程序性知识和策略性知识方向转化。对于修辞格知识，教材采用的是"定义＋表达效果＋例子"的知识讲解模式。这其实是对修辞格做的极其肤浅的描述。刘大为教授说得好：对修辞格做的真正的深度分析，应该是"从表达效果回溯使用意图"[①]。也就是说，教材要引导学生对辞格中蕴涵的修辞者的表达意图加以体验和感受，在此基础上，再来认识表达效果。脱离对表达意图的分析，势必会严重影响学生对辞格内蕴涵的修辞智慧、修辞奥妙的有效解读。

在语言学和文字学知识建设方面，统编版教材还需做好一件非常有意义的事情，就是将汉文字的起源、发展、构造及书写等知识以适当的形式呈现于教材之中。这些知识一方面对学生语文素养发展很有价值，另一方面可以增强学生的民族文化自信心。教材对此几乎完全忽略，应是一个重大失误。

三、文艺学和文体学知识

较之于旧版教材，统编版教材的文艺学和文体学知识建设是非常成功的，能够从相关学科研究成果中汲取一些新知识来丰富和完善语文学校知识体系，体现了教材编辑理念的开放性。王荣生教授早年批评我国语文课程知识状况时说道："与相关学科有严实的隔膜，语文学校知识近乎凝固。"[②]现在，我们欣喜地看到：语文课程知识体系长期存在的这个故步自封的状态已经开始改观。

七年级上册《从百草园到三味书屋》一课，教材编辑提示道："文中那

---

①　刘大为.比喻、近喻与自喻——辞格的认知性研究［M］.上海：上海教育出版社，2001：47.

②　王荣生.语文科课程论基础［M］.上海：上海教育出版社，2003：262.

个活泼可爱、尽情玩耍的小鲁迅宛在眼前，你看到文字后面那个拿笔写作的'大'鲁迅了吗？你觉得这个'大'鲁迅是带着怎样的情感来写本文和《朝花夕拾》中其他文章的？"七年级下册《阿长与〈山海经〉》一课，教材编辑又提示道："这是一篇回忆童年生活的散文，作者将写作时的回忆与童年的感受彼此交错转换。"这两段话，实际上是在给学生讲回忆性散文的重要特征之一：双重叙述视角。但可惜的是，在《秋天的怀念》《老王》《背影》和《藤野先生》等篇目里，这个知识没有得到应有的强化。在九年级教材中，教材编辑通过《我的叔叔于勒》《孔乙己》《变色龙》和《刘姥姥进大观园》等选文，呈现了小说的"叙述视角"和"阅读期待"等旧版教材严重忽略的文艺学知识。尤其是《孤独之旅》一课，教材编辑用"这里的描写体现出怎样的情味"的点评式提问，难能可贵地将小说的"表达意蕴"引入我们的视野，打破了小说教学过去绝对倚重的中心思想分析套路。通过以上分析，我们看到：统编版教材中的小说阅读知识体系，已经初步摆脱了过去"三要素"的理论框架束缚，将小说的"表达方式、表达对象和表达意图"三者同时纳入了我们的关注视野之中。但这个关注面还可以加以拓展，如小说阅读还需要学生关注的"叙事者"和"叙述空间"等理论知识都可以通过合适的篇目（如《孔乙己》和《刘姥姥进大观园》）在教材中初步呈现。将这样的课程知识做合适的教材化处理以后，初中生是完全可以接受的。

当然，统编版教材中也偶有文艺学方面的知识谬误。如九年级上册《智取生辰纲》一课，教材编辑错误地认为"小说围绕着生辰纲的斗争，采取了明暗结合的双线结构"。实际上，小说中杨志一方的活动属明线不假，晁盖一方的活动却并非就是暗线。所谓暗线，指的是文学作品中没有直接描写的人物活动或事件进展所构成的故事线索[1]。晁盖一方在小说中的活动，是直接由自己来展现的，而非通过别人的活动来间接展现。教材之所以误认为本文用了"双线结构"，恐怕是把小说采用的以杨志一行人"被蒙蔽者"的眼光来

---

[1]　李行健.现代汉语规范词典［M］.北京：外语教学与研究出版社，2004：11.

观察晁盖一行人有预谋的活动的"第三人称有限视角"误当作了以杨志一行人的活动间接展现晁盖一行人的活动的"间接描写"。须知：晁盖一方的一举一动在小说中不是没有直接展现，只是杨志一方被蒙在鼓中、不知内情而已，普通读者对此内情恐怕也不是太清楚，所以需要故事叙事者在最后跳出来以"我且问你……"的方式加以解说。

统编版教材对各类文体知识也非常重视，这种重视当然也是非常必要的。因为，学生拿到一个特定的文本，要有效地从中读出合适的意义，需以明确的文体判断为前提：不同的文体，内在地要求读者读出不同的意义。过去，我们过分淡化文体的做法，实际上在很大程度上伤害了学生阅读能力的发展。统编版教材对科幻小说、消息、新闻特写、传记、哲理散文、科学小品、散文诗、演讲稿等不同文体的特点都给予了适当关注，有利于强化学生的文体意识，值得肯定。更值得一提的是，教材还将议论性文体的性能划分为"直接阐释道理"和"运用材料论证"两种，这一点有着突破性意义。它实际上在提醒广大师生：议论性文体不一定都以论证为主，以阐释为主的文章（如《纪念白求恩》）就不必劳心劳力再去寻找什么"论点、论据和论证"三要素了，此类文章自有它特有的要素需要我们去分析。

统编版教材在文体知识方面也有失误之处。如八年级下册《大雁归来》一文的文体，教材将其界定为"阐释事理的说明文"，这是不对的。《大雁归来》一文选自美国生态学家利奥波德的《沙乡年鉴》，此书既有对生态环境知识的介绍，亦有关于人与自然和谐相处的土地伦理的哲学思考，还有很高的审美情感价值，可作为自然主义文学来欣赏。《大雁归来》是《沙乡年鉴》中一篇典型的代表作品。因此，其文体应界定为融说明、抒情与哲理于一体的散文。

另外，教材中还有些文体知识讲授不够科学。如在进行消息写作时，导语是否要如教材说的那样"集中呈现最重要、最新鲜或最有特点的新闻事实，提示消息的要旨"？不一定。从直接性导语与延缓式导语的消息导语分类来看，前者直截了当地、一语中的地叙述主要的新闻事实，后者则意在引起受众的"读欲",是"一语不中的"的,它无须去揭示消息的核心内容。

四、听说读写的方法性知识

授人以鱼不如授人以渔。在语文课程知识体系中,听说读写的方法和策略无疑应是教材和教学共同关注的重心。但自从新课改以来,淡化知识的潮流使得语文知识一度从教材中全面撤退,语文教材也越来越像选文集锦了。统编版教材的最大功绩之一,就是及时扭转这种喧宾夺主的局面,使听说读写的方法和策略逐步恢复其应有的主体地位。总体来看,在统编版教材的听说读写知识中,程序性知识和策略性知识所占比重逐渐加大,已在很大程度上打破了20世纪八九十年代几乎完全由陈述性知识一统教材知识系统的局面,知识也逐渐变得有血有肉、有情有义、有语用价值。这是一个巨大的、历史性的进步。

口语交际方法和策略方面,教材讲授了如何进行新闻采访、复述与转述、应对、演讲、辩论、即席讲话和讨论等语用价值很高的口语交际知识。当然,教材还可以将如何聆听、如何进行劝说性发言、如何进行研究性发言等知识融入现有的口语交际知识中以使之更丰富、更完善。

阅读方法和策略方面,教材更是不遗余力地积极建构,目前已初成体系。该体系包括如何阅读诗歌、散文、演讲文、新闻、纪实性作品、科普作品、讽刺作品、外国小说和中国古典小说等文体的方法和策略,以及经典阅读、精读与跳读、圈点与批注、快速阅读、选择性阅读、摘抄与做笔记等方面的方法和策略。我们也关注到,教材还注重让学生从多个维度(选文的内容和形式、选文的写作过程和方法、选文的写作情境)立体性地展开文本解读,较之于过去,这也是一个巨大的历史性进步。

该体系需要丰富和完善的地方,是继续将更多的文体(如随笔、调查报告、日记、书信类文本和非连续性文本)阅读方法和策略吸纳进来,将已经涉及但做得尚不够扎实的文体(如各类散文、童话、寓言和神话)阅读方法和策略加以强化。及时从相关研究中(如王荣生教授近年来《散文教学教什么》《实用文教学教什么》等系列成果）汲取营养，是很必要、也很明智的做法。

写作方法和策略方面，统编版教材同样给予了充分关注，完全改变了旧版教材中写作知识极度空泛的不正常状态。这些知识，与上述阅读方法和策略一起，将逐渐成为语文课程与教材的骨架。统编版教材中呈现的写作方法和策略包括：记事、写作抓住特点、突出中心、发挥联想和想象、写出人物精神、抒情、抓住细节、选材、文从字顺、语言简明、新闻写作、传记写作、景物描写、说明事物抓住特征、语言连贯、表达得体、仿写、说明顺序、读后感写作、演讲稿写作、游记写作、故事写作、扩写、审题立意、布局谋篇、修改润色、创意表达、诗歌写作、观点明确、议论言之有据、缩写、合理论证和改写等方面的方法和策略。该体系不仅庞大，更可贵的是，教材编辑还能够从"文章写作—过程写作—交际语境写作"三种范式出发来研发相关写作知识，这样的写作知识就具有了明朗的语用精神和实践品格，和活生生的写作实际发生了密切联系。

该体系需要丰富和完善的地方，是继续增加各类实用文体写作方法和策略，继续强化"交际语境写作"范式以更好地改善写作知识现状。另外，教材对某些写作知识的表述有失严密，需要予以修正。如"中心，是文章中传达出来的作者的基本观点、态度、情感和意图，也就是作者写作文章的主旨所在"。根据三种文本解读理论（分别为基于作者中心论、文本中心论和读者中心论的文本解读理论），文章的中心通常可以是多元的，而作者的写作主旨一般只能有一个。所以，中心≠主旨，尽管有时候二者是重合的。对"每篇文章都要有一个相对集中而明确的中心"这样的提法，也要保持谨慎，毕竟这样的提法事实上是无视了文章写作中主题蕴涵和主题分散的其他写法。尽管一篇文章一个中心的写法比较常见，中学生学习写作也应该从这样的写法学起，但在进行写作知识讲授的时候，教材还是应让学生们知道：主题蕴涵和主题分散的写法客观上是存在的，也是合理的（当然绝不能要求他们这样来写作）。还有，"记事时，事情的经过是记叙的主要内容，要重点写"，"写作记事文章的时候，也要记真实的事"，这样的知识都有违科学性。有时，根据表达需要，我们可以将事情发生的原因作为写作重点；有时，记事时也可以发挥想象进行一定程度的虚构（如散文《散步》就是如此），不可"把真绝对化到僵化的程度"[①]。

五、中外传统文化知识和理性思维知识

统编版教材对中外传统文化知识的呈现和解释，同样有得亦有失。其中最值得肯定的地方，就是教材编辑能够以较好的中外传统文化素养来解读经典。如七年级下册《木兰诗》的主题，教材解释为"既展现木兰的英雄气概，也表现她的女儿情怀"，这个解读是非常符合中国文化刚柔相济、儒道互补的特征的。此外，对《西游记》《聊斋志异》《简·爱》和《名人传》的解读，都体现了优秀的中外传统文化内涵。

但问题也在一定程度上存在。如对七年级上册《论语》"学而时习之"中的"习"，教材解释为"温习"，这个解释，可以说脱离了儒家"砥砺君子人格，须联系实践"的理念。"博学而笃志，切问而近思，仁在其中矣"，说得很明白，对仁的精神的追求，需要博学和坚定的志向，还需要恳切的发问和联系当前实际问题进行思考，也就是理论与实践密切结合。因此，"学而时习之"和"传不习乎"中的"习"，都是"实践"的意思，即把理论知识放到实践中体验和运用。九年级上册对《水浒传》的解读，也不尽符合中国传统文化。教材讲道："《水浒传》是一部奇书。它为'造反者'树碑立传，渲染他们豪侠仗义、除暴安良的英雄壮举，是中国历史上第一部歌颂农民起义的长篇小说。"这个解读，笼统地将这群"造反者"称为"英雄好汉"和"农民利益代言人"，将他们的举动称为"壮举"和"官逼民反"，实际上是没有正确认识中国传统社会状况所致，是不符合中国传统社会"化阶级为职业"[②]的特点的。

---

① 孙绍振."真情实感"论在理论上的十大漏洞［J］.江汉论坛，2010（1）：96.
② 梁漱溟.中国文化要义［M］.上海：上海人民出版社，2005：250.

至于理性思维的知识，虽然对学生语文素养的生成至关重要，但遗憾的是，统编版教材对此涉及甚少。值得肯定的是，教材对理性思维中的批判性思维还是非常重视的，多次鼓励学生对相关问题进行批判性思考，如九年级上册第五单元，让学生在阅读议论性文章时"联系实际进行质疑探究，养成独立思考的习惯"。但对于如何批判性地展开文本解读这样非常具体的知识，教材基本上采取了避而不谈的处理方式，很令人遗憾。

总体来看，统编版初中语文教材的知识建设取得了不凡的成绩，反映了教材编辑付出的艰辛努力。我们高兴地看到，我国的语文课程知识体系建构已经走上了长期以来一直偏离的正轨，这对推动语文教学走出"少慢差费"的困境，是一件善莫大焉的好事。当然，教材在知识建设方面仍有一定的不足和缺陷，需要加以改进。

第二节 知识与理性视角下的语文教材经典篇目误读

在过去相当长的一段时间内，学生在语文课堂上，少有自主阅读的机会和权利，导致阅读教学"少慢差费"。为化解这一弊端，新课程极力强调对话意识，希望通过学生与文本间多元、自由而平等的对话来提升阅读的品质，进而提高阅读教学的效益。这个出发点当然很好，但由于在新课标的倡导中和教学实践中，我们过分倚重对话的精神和态度，而对学生与文本展开对话所需的资本没有充分关注，导致这种对话实际上很难深入有效地展开。目前课堂教学中出现的大量不可接受的误读，与此密切相关。

要想与文本展开成功的对话，光有渴望对话的满腔热情是不够的，有无对话的资本更为重要。在与文本对话中，充分而必要的知识，带着自信、勇气和冷静的理性，对保证对话品质来说，是更为关键的要素。如果说热情是对话的动力，作为资本的知识和理性则是对话的支撑。要避免学生与经典文本对话中产生的大量误读，更需丰富他们的对话资本，以提升他们的对话实力。拿不出这个资本，在与经典的对话中赤手空拳、愚昧无知和盲目冲动，是不可能有什么收益的。在语文课程知识状况堪忧、理性精神式微的当下，谈论知识和理性资本显得更有必要。金生鈜教授说得好："在教育的任何领域中否定知识的价值或以一种片面的知识充塞人们的心灵，都将是非常危险的。"①

以上论述虽然是从学生这一端说的，但同样适用于和文本对话的其他主体。如果知识积累不足、理性精神缺失，语文教师、语文教材编辑，甚至某些专家都会出现文本误读问题。

一、一般百科知识与经典作品误读

一般百科知识包括天文、地理、哲学、历史、民俗、植物、动物、气象、水利、建筑、饮食、服饰和人情世故等相关知识，在经典作品解读中起着基础性的支撑作用。这一块知识的缺失，可能导致作品误读。

郦道元《三峡》中"夏水襄陵，沿溯阻绝"句，就需要借助相关地理知识作为解读的支撑。有研究者认为："长江三峡，诚如郦道元所云，'两岸连山，略无阙处，重岩叠嶂，隐天蔽日'。然而夏季江水上涨时，再涨也不至于漫上岸上的山丘。"他进而指出："陵"为动词，义为"上升"，"襄陵"为并列式动词性短语②。但实际上，"襄陵"为动宾式动词性短语，义为"冲上山陵"。

这位老师这个误读，主要是不了解三峡地形地貌。长江三峡虽名曰"峡"，但实际上并非全段皆为峡谷，险峻的峡谷和低阔的宽谷在三峡是交替出现的。郦道元所谓"两岸连山，略无阙处，重岩叠嶂，隐天蔽日"，并非在说整个长江三峡如此，而是指巫峡。在峡谷地段，由于山高谷深，确实夏水"再涨也不至于漫上岸上的山丘"。但在宽谷地段，江面开阔，两岸有低缓的山丘分布，夏季的洪水完全可以冲上这些山丘。文中"夏水襄陵"至"不以疾也"句，实际上不仅在说巫峡之水急，而是扩展开来，说整个三峡之水急。

---

① 金生鈜.教化与规训［M］.北京：教育科学出版社，2004：355.

② 马斗全.释《水经注》之"襄陵"［J］.江汉论坛，1987（4）：79.

本文写景状物，主要写巫峡，有时则泛指整个三峡，需要仔细辨别。

《三峡》最后一段中的"每至晴初霜旦，林寒涧肃"句，则很容易让课堂上的师生认为此段写的是秋景。但如果了解了巫峡地区的亚热带湿润性气候特点，就会知道：本地常年无霜期通常可长达300天左右，即使考虑到高山气候因素的影响，也可断定有霜的日子几乎都在冬季，所以此段其实在写冬景而非我们想当然的秋景。

关于《论语·侍坐》篇要表现的主题，语文课堂上历来争论纷纭。如果懂得中国儒家哲学和道家哲学之间殊途同归的特殊关系，就可以避免"曾皙的话暗合了老师的退隐之意"之类的误读。在低层次上，和阴柔的道文化相反，儒文化主张刚健进取；但在高层次上，则和道文化殊途同归："无为而治"同样是儒家治道的中心命题[①]，这就是曾皙和孔子共同向往的最高的理想境界。

《庄子·秋水》篇的解读，同样需要深入了解道家文化。懂得了道家哲学的相对观、虚无观和出世主张，就不会将文中河伯由盲目自大到望洋兴叹段肤浅地误读为"做人要谦虚"。此段论述大小之辩，目的在于说明宇宙中一切事物的存在都是相对的，因而俗人对富贵的偏执追求根本没有任何终极价值，融入自然、体会宇宙真谛才是正道。

二、语言学、文字学知识与经典作品误读

语言学、文字学知识作为专业知识，直接影响到作品解读的质量，也是经典作品解读的基础。

王安石诗《泊船瓜洲》"京口瓜洲一水间"句中的"间"字，某版语文教材曾错误地注音为jiàn，并解释为"间隔"，这是不懂诗律造成的。此诗诗律为首句仄起入韵式（仄起，看的是第二字，因为第一字可平可仄）：

（仄）仄平平仄仄平，（平）平（仄）仄仄平平，

（平）平（仄）仄平平仄，（仄）仄平平仄仄平。

---

① 唐少莲．"无为而治"何以可能——儒家的治道理想及其合理性论证［J］．广西师范大学学报（哲学社会科学版），2012（4）：24.

首句尾字应为平声，所以"间"应读为jiān。"一水间"为常用语，即（只有）一水之遥，强调的是距离的近，这与下句"钟山只隔数重山"强调钟山距离瓜洲也很近是契合的。如果读为去声，则指两地被一水隔开，强调的则是虽近实远。

对这个问题，有教师发表了如下见解。

从近体诗的平仄格式来看，认为《泊船瓜洲》一诗为首句入韵的仄起平收式，首句入韵，则"间""山""还"三字均为韵脚，以此推断，"间"应读作"jiān"。其主要的理由是该诗首句第五字"一"为仄声。笔者认为这就犯了用普通话去判断古音的主观错误。现代汉语普通话规定"一"在上声字之前念去声。因为"水"是上声，则"一"就必须念去声，我们现在这样读，古人是否也这样读呢？古汉语"一"的读音只有一个，这首诗的平仄格式正好是仄起仄收式首句不入韵（仄仄平平平仄仄），"间"的读音也显然是"jiàn"而非"jiān"了。[①]

很明显，上述论见之所以站不住脚，就在于作者掌握的相关知识是错误的知识，从而导致了文本误读。

《诗经·关雎》中"窈窕淑女"句，在大众化语境中很容易被学生误解为身材好的美女。但实际上，"窈"，表示女子内心美，"窕"则表示女子仪态美。合起来，"窈窕淑女"是指女子内外品质皆美。只是身段好、面容俏，则称不上"窈窕淑女"。

对于贺知章《回乡偶书》"儿童相见不相识，笑问客从何处来"句中的"儿童"一词，理解历来存在分歧。有学生认为，诗中"儿童"只有几岁，大概不会轻易地去主动问候一个外地来的陌生老爷爷；有学生猜测：此"儿童"乃是几十年前的儿童，也就是和诗人小时候一起玩耍的小伙伴。这其中存在因用该词的今义理解古义而造成的误读。如果知道该词此处用来指"大于婴儿的未成年人"，也就是成年人心目中的"年轻人"（杜甫《羌村三首·其三》

---

① 张富银.《〈泊船瓜洲〉中"间"的读法》商榷［J］.小学教学研究，2003（2）：17.

有"兵戈既未息，儿童尽东征"句可帮助理解），问题就可迎刃而解。

三、文艺学、文体学知识与经典作品误读

从文艺学和文体学中适当汲取学科最新研究成果指导文本解读，当然很有必要。即便是其中常识，对于经典文本解读也至关重要。

韦应物《滁州西涧》有"春潮带雨晚来急"句。诗人作此诗，正任滁州刺史，滁州城西正有一河名"西涧"。但有人因滁州"潮所不至"，认为诗中西涧并非滁州城外之西涧。张继《枫桥夜泊》中"江枫渔火对愁眠"句，有人认为，江边所植应为乌桕，其叶与枫叶相似，诗人误认为是枫叶，而枫树则生于山中，不喜在水边。这些质疑，是因为没有认识到诗的想象性和创造性，将诗等同于求真的科学文本来考量了。有某专家考证《水浒传》中的地理知识错误和官职名称错误若干，认为与宋时不符，并一一订正。对一部虚构文学作品来说，这种做法同样毫无必要。

对于鲁迅散文《从百草园到三味书屋》的主题，多年来莫衷一是，其中误读甚多。如果拥有一定的叙事学知识，多种误读即可避免。《从百草园到三味书屋》这篇散文的叙事，采用了经验自我和叙述自我两种视角，但两者的运用并不平衡：经验自我力图削弱甚至取代叙述自我。这种叙事策略在文中一再重复，就造成了一种美学效果，我们可以从中发现很多奥妙。文中的百草园和三味书屋，基本上都是经验自我视角中的事物，这使得在成人心目中"并没有什么看头"的百草园和从某种意识形态来看"压抑人性"的三味书屋都充满了童真和童趣，成了生活在成人世界中的作者异常留恋的温馨港湾和心灵家园。在这个港湾和家园中，饱尝成人世界甘苦的作者可以借此童年回忆来"哄骗"自己一生、安慰自己受伤的心灵。

《十八岁出门远行》属于现代主义作品，这样的作品喜欢用反讽、暗喻和象征手法来曲折地表现当代人的被异化，反映人的心理世界的真实。如果用现实主义作品的解读套路来读这篇小说，就可能出现有学生认为的"汽车司机和抢苹果的农民其实是一伙的"这样的误读，而读不出来余华要表现的人

生的荒诞和理性的丧失这个意味。

从文体学来看，著名的《过秦论（上）》和《六国论》，都属政论文。虽然政论文和史论文同样都是议论文，但二者仍有不同。史论文以求真为目的，须客观表述历史事实及发展规律，而追求实用目的的政论文则须根据形势发展，提出虽不一定符合历史真实，但符合时代需要的观点。从这个角度来看，上述两篇文章有不少观点确实因缺少立论根基而多少显得有些主观，如《过秦论（上）》将秦灭亡的原因仅归结为"仁义不施"，将多人共同努力推翻秦朝的过程夸张地说成是"一夫作难而七庙隳"，这无疑具有片面性；《六国论》则将六国破灭的原因只归到"赂秦"，无视了秦朝因深度改革而实力大增，六国却无此方面改革这个更重要的原因。有对历史了解较多的学生对这些不符合客观的"主观"论述予以批判，还得到了教师的鼓励，实际上这是误读。因为以上两文提出的"主观"观点，其实都是有意为之，并有其重大的现实意义，目的分别是促成当权者的"以儒治国"和暗讽当权者的割地求和。看出来这些才会做出明智的解读。

四、文本解读的方法性知识与经典作品误读

工欲善其事，必先利其器。文本解读的方法性知识对于准确揭示作品内涵也至关重要。此类知识包括社会解读、知人论世、文本细读、以意逆志等，知识的缺失或不恰当运用，必然造成文本解读出现失误。下面主要以知人论世法为例展开论述。

睢景臣《高祖还乡》，在同类题材元曲中最为出色。但对作品主题的认识，却出现不少谬误。课堂上很多师生认为，作品揭露了刘邦年轻时候的无赖本性，剥下了其帝王的神圣外衣，还其欺压百姓的真面目。这种解读实属无知。须知睢景臣作为一个身受未很好汉化的异族统治者残酷压迫的元人，他通过作品真正想讽刺的并非1500年前的刘邦，而是当时的元朝皇帝。这从作品中"社长排门告示"和"车前八个天曹判"的元代社会制度和仪仗制度也可看出。

作为读者，如果了解了杜牧的喜论军事和深谙兵法，并对赤壁之战中各路英雄无比倾慕；再了解了诗人所处的晚唐不断遭到回纥等异族南侵，自己却空有一身军事才能而不被唐朝重用，便可知道：《赤壁》中"东风不与周郎便，铜雀春深锁二乔"两句，绝无有学生误读出来的轻视周瑜之意，诗人并非认为周瑜的胜利只是靠偶然机遇。此诗只是借"东风"喻人事，感叹自己无周公被人赏识的幸运。

再来看岑参《白雪歌送武判官归京》中的名句"忽如一夜春风来，千树万树梨花开"。语文课堂上常见的解读是：以春花喻冬雪，比喻新奇，字里行间透露出浓郁的春意和诗人心中的惊喜。这个误读同样是因为没有知人论世。了解了当时内忧外患的时代大背景，以及诗人所处的无依无靠、孤身漂泊绝域、功名无望这个特定的小环境，再结合本诗写作前后诗人的其他诗篇（如《天山雪歌送萧治归京》），可知诗人这时的心境是如何的愁苦和沉重。其实，只对本诗进行细读，也可品味出其中难以化解的乡愁和无奈。所以，若说有惊喜的话，"忽如一夜春风来，千树万树梨花开"这两句诗中奇特的异域风光给诗人带来的惊喜是短暂的，惊喜很快就变成了无边的怅惘。李振中说得好："岑参以前，咏梨花诗往往表现诗人闲适的心情，岑参诗中梨花意象不仅使梨花与雪之间的关系更为人所熟知，而且用来表达想家乡、悲春暮、伤别离、怀友人等情怀，为后世以梨花表现幽怨孤寂、惜春伤己的主题提供了艺术借鉴。"①

五、理性精神与经典作品误读

理性精神，指认识事物时，必须具备独立、冷静、自信、勇敢及实事求是的精神与态度，以及辩证的思维方法。海涅认为，"照耀人的唯一的灯是理性"。在康德哲学体系中，理性具有无上的地位，它对人的认识行为具有重要作用。因而，理性在读者高质量地解读文本过程中也须臾不可缺失。在当前，

---

① 李振中．谈岑参诗中梨花意象意义及成因［J］．牡丹江师范学院学报（哲学社会科学版），2006（4）：29．

除了上述基础性知识和专业知识，理性精神的缺失也是造成经典作品误读的重要原因。

关于《诗经·伐檀》的主题思想，语文课堂上经常可以听到这样的观点：作品反映了社会上业已存在的阶级对立，奴隶阶级是生产者，奴隶主阶级是所有者，生产者不是所有者，所有者不是生产者；劳动果实应该归生产者，不劳者不应该获食。这种观点，需要我们以理性精神尤其是其中的批判性精神来考量。批判性精神需要批判性思维来落实和支撑。批判性思维，指的是"发现假设——检验假设——多角度看问题——做出明智的行动"这样一个过程①。也就是说，作为一名读者，首先要发现并检验此观点立论的假设。此观点的假设，无疑就是阶级斗争论。且不说中国历史上有没有如西方社会发展史上那样发育形态典型的奴隶社会，即便有，说奴隶主因为是所有者而不劳动，因此不配享有劳动成果，也是站不住脚的。奴隶主虽然不从事奴隶所从事的劳动，但他有别的劳动（如内部管理、对外防御、文学艺术生产等），这些劳动同样推动社会发展和进步，所以，奴隶主应该享有部分劳动成果。当然，如果占有的太多，或是没有付出应有的劳动，那他就是贪、鄙，就是"素餐"。这才是本诗所讽刺的。

以批判性思维来考量《扁鹊见蔡桓公》的寓意，应该也不是课堂教学中通常认定的"讳疾忌医"。讳疾忌医，成语词典里本义是指隐瞒疾病、不愿医治，比喻怕人批评而掩饰自己的缺点和错误。这里有一个前提，那就是"讳疾忌医"的病人是知道自己有病的，然后才是他有想法，不想让别人知道自己有病，也不去医治。在《扁鹊见蔡桓公》这个故事中，蔡桓公因为自己身体没有症状而不相信医生的话，他认为自己"无疾"，很健康；他怕的不是别人知道自己有病，而是怕医生想得到什么好处而来骗自己。所以，本故事和"讳疾忌医"根本就不搭边。在《韩非子·喻老》中，韩非讲这个故事，是为了以形象化的手段解说老子的"图难于其易，为大于其细"（《道德经·第

---

① 布鲁克菲尔德.批判性思维教与学：帮助学生质疑假设的方法和工具［M］.钮跃增，译.北京：中国人民大学出版社，2017：11–12.

六十三章》）这个道理。也就是说，大和难是由小和易一步步发展而成的，即"天下难事必作于易，天下大事必作于细"。因此，好医生不治大病，他善于发现大病未形成之前的小病然后就及时地治好它；圣人也"终不为大"，他不会让天下发展出不可收拾的大事然后再去治理，而是在大事发生之前就敏锐地发现其苗头并将其消灭，"故能成其大"。当然，读者有权利做出不同于作者原意的创造性解读，但前提是不能脱离文本。

六、避免经典作品误读通常需要多种知识和理性的综合运用

为了方便，以上论述分别从文本解读所需的某一种知识及高于知识的理性出发来展开。但实际上，经典作品的正确解读（包括与作者本义不一致的创造性解读）通常需要多种知识和理性综合运用才能奏效。要避免误读，当然需要以上因素共同参与。

陆游《钗头凤》首句"红酥手"通常被广大师生误读为"（唐氏）红润细腻的小手"，认为此句不仅写出了唐氏为作者殷勤把盏时的美丽姿态，同时还写出了她对作者的恳切情意。这个误读产生的原因有二。

一是望词生义，认为此处"手"即指女子纤纤细手。实际上，如果不是因为冬季严寒或在风吹日晒中常年劳作，女子的手通常并不是红色的。况且在文学作品中，文人描写心上女子之手，不管其实际情形如何，总爱用"素手"来表现其白皙。"红酥"，一般用来描写女子的面部红润细腻（徐渭《赵君将买妾戏寄之》诗之三："宫髻一鬟堆燕雏，胭脂两朵晕红酥"）。二是解读作品时没有做到知人论世。周密《齐东野语》（卷一）记载："（游）尝以春日出游，相遇于禹迹寺南之沈氏园。唐以语赵，遣致酒肴。翁怅然久之，为赋《钗头凤》一词，题园壁间。"[1] 宋人陈鹄《耆旧续闻》（卷十）也有相似记载，说陆游至沈园后，"去妇闻之，遣遗黄封酒果馔，通殷勤。"[2] 这表明，陆游到

---

① 朱东润.中国历代文学作品选（中编第二册）[Z].上海：上海古籍出版社，1980：70.

② 朱东润.中国历代文学作品选（中编第二册）[Z].上海：上海古籍出版社，1980：70.

达沈园，前妻唐氏听说以后，是在告知现任丈夫赵士程以后，派人给心上人送了礼物，而绝无为其亲手斟酒之事。唐氏不会在当时那样的场合给前夫亲手斟酒，这一点凭一般的人情世故也可推知。

那么，唐氏为前夫送了什么礼物呢？就是黄封酒和果馔。黄封酒就是词中的"黄縢酒"，果馔则是词中的"红酥手"，一种下酒用的点心（王建《宫词》"一样金盘五千面，红酥点出牡丹花"可供参考）。这里，陆游用"黄縢酒"对"红酥手"，属诗词中严格的工对。

《乐府诗集·陌上桑》之首句"日出东南隅"，被绝大多数师生乃至教材编辑误读为"太阳从东南方升起"。但从诗中描写来看，故事应发生在四月份的春季。我们知道，每年春分以后太阳直射点开始从赤道北移，四月份日出的方位应该是正东稍偏北。那么，诗中为什么要说"日出东南"呢？

原因有二。其一，作为主情的文学作品，诗歌表现的是美，而不追求科学的真。对于杜牧《江南春》"千里莺啼绿映红"一句，明杨慎认为，千里莺啼和绿映红，范围太大了，恐怕谁也不能听见、看见；写成十里则比较合适。清何文焕对此则讽刺道："余谓即作'十里'，亦未必尽听得着、看得见。"并提出精辟见解："此诗之意既广，不得专指一处，故总而命曰'江南春'。诗家善立题者也。"[①] 应该说，比起没有认识到文学作品的抒情和审美特性的杨慎，何文焕的见识要高得多。其二，和"西北"一样，"东南"在汉乐府诗中，或说在汉文化中，已经不单是一个方位词，它还有丰厚的文化内涵，即"光明、温暖、春意、爱情"等美好的意味。这个文化内涵和《陌上桑》的主题也是协调统一的。

结论

以上论述表明，即便是一个较为成熟的文本解读者，由于知识积累不足和理性精神缺失等原因，也会出现文本误读问题。作为一个需要学习如何合

---

① 何文焕，辑.历代诗话考索［A］.历代诗话（下）［M］.北京：中华书局，1981：832.

适地阅读的不成熟的读者，学生更是这样。拥有较为丰富的知识积累和较为成熟的理性精神，学生才有了与经典作品展开对话的资格。因此，除了继续倡导对话的精神和态度而外，我们更要高度重视学生知识与理性的培育。知识与理性的缺失，只能使对话中"多元、自由、平等"这些美好的理念悬在空中。

第三节　小说教学内容的确定不能重回"三要素"理论框架

在"语文课程的问题主要出在教什么上"的特定情形下，教学内容的确定成为语文教学过程中至关重要的一环，它在很大程度上制约着语文课堂教学的有效性。因此，小说教学的重要前提，就是合理制定"小说教学教什么"。对小说教学内容的确定来说，发挥着深远影响的主导因素，恐怕就是"人物、情节和环境"这个"三要素"理论了。

长期以来，"三要素"理论成为小说课堂教学的实际操控者，广大师生正是按着这样的思维模式来分析一篇篇的小说文本。但实际上，也正是这样的处置方式，妨害了一代代读者小说鉴赏能力的生成。当然，也有不少有识之士为突破这一理论框架束缚而付出了艰辛的努力，并取得了不少成绩，这是非常可喜的。但也有一些论者坚信这样的理论框架是合理的，因而无须解构。代表性论见如张心科老师在论文《重回"三要素"：小说教学的问题与对策》（载《语文建设》2018年第5期，以下简称《重回》）中发表的观点。那么，小说教学到底应不应该重新回到"三要素"理论的怀抱呢？以下，我们主要基于小说形态学来探讨这个极有价值的问题，并对张心科老师的论点进行回应。

一、课堂教学中的小说鉴赏不能以获取文本的内容信息为旨归

张心科老师认为："阅读小说，主要是获取小说的内容信息。"[1] 这个论点是其整篇论文立论的基石，并在文中被反复强调。但这个立论的基石实际上是不稳固的。在语文课程中，不考虑教材选文的具体类型而笼统地发表一刀切式的议论，是很危险的。事实上，不同的选文类型，内在地要求确立、选择相应的教学目标、教学内容和教学方法。王荣生教授指出：语文教学注重内容还是注重形式的问题，与选文类型的不同有直接关系；对定篇文来说，内容和形式是呈平面融合在一起的，对于样本文来说，内容和形式则是纵向地连贯在一起的，例文偏重形式，用件文则偏重内容[2]。考察语文教材中的小说文本，可知大多数都被当作定篇和样本来编辑，而极少被当作例文和用件文来处理。如统编版语文教材九年级上册《智取生辰纲》和《范进中举》被定位为定篇文，要求学生深入领会作品方方面面的内涵；九年级下册《孔乙己》和《变色龙》则被定位为样本文，要求学生通过学习"这一篇"，举一反三地掌握阅读"这一类"的方法。这也就是说，小说教学必须把文本内容和形式都放在举足轻重的地位上。

从小说形态学来看，小说不只是故事，更是一门讲述故事的艺术。它不缺乏故事，但更超越故事。徐岱教授指出："小说本体形态并不是说什么故事，而是如何说故事。"[3] 可见，小说文本包含两个层面：故事层和话语层。故事层关注所讲故事的内容，按常规，其内容一般都会有故事人物、故事情节和故事发生的环境，即我们熟知的小说三要素。话语层关注故事如何讲述，即故事的讲述方式和讲述艺术。对于小说艺术而言，和其他艺术形式一样，其内容和形式是融合而不可分割的。小说形式不仅是内容的转达者和传递者，它本身也是内容；同时，小说内容也是被形式化了的内容，不存在游离于小

① 张心科．重回"三要素"：小说教学的问题与对策［J］．语文建设，2018（5）：28.

② 王荣生．语文科课程论基础［M］．上海：上海教育出版社，2003：371–372.

③ 徐岱．小说形态学［M］．杭州：杭州大学出版社，1992：27.

说形式之外的内容。如霍达的小说《穆斯林的葬礼》中，作品对韩新月葬礼的描写极其细致，并融入深沉的感情，而对梁君璧的去世却只字不提。这个写作形式本身就意味深长，很好地说明了形式就是内容。《世说新语·咏雪》的讲述者让谢道韫最后发言，在"公大笑乐"后又补充介绍了她的身份（"即公大兄无奕女，左将军王凝之妻也"）。同样，这样的写作形式也是内容（含蓄地告知读者：谢道韫的文采远超于胡儿，并体现出作者对其文采的肯定）。余华的小说《十八岁出门远行》中，作家将自己在社会生活中亲见的一些不合理事件在作品中以非和谐性、非逻辑性的情节和陌生化的语言形式表现出来，以"虚伪"的形式表现了"真实"的内容，也很好地说明了没有形式之外的内容。

高明的故事讲述者，总能够将故事内容和形式天衣无缝地融为一体。因此，对于小说艺术创作而言，作家如若缺少对故事内容和形式任何一个方面的关注，都会使故事讲述行为最终失败。同样，对于小说艺术欣赏而言，一位合格的读者在阅读小说时不会单看故事内容，他会同时关注这个故事是如何被讲述的，并在这个过程中品味小说的滋味，感受小说的魅力，从而获得一种独特的愉悦感。但是，对一个不成熟的读者来说，他在小说阅读中可能对故事内容更感兴趣，而对故事是如何被讲述的则兴致不高。这时，这位读者从小说阅读中得到的，仅是获知发生了一个什么样的事件而已。由于小说艺术的内容和形式是不可分的，所以，他名义上是关注小说内容，而到最后，实际上并没有真正了解小说讲了什么内容——"发生了一个什么样的事件"只是小说内容的表层，真正的内容则融解在形式之中。

朱自清先生说过："只注重思想而忽略训练，所获得的思想必是浮光掠影。因为思想也就存在语汇，字句，篇章，声调里；中学生读书而只取思想，那便是将书中的话用他们自己的语汇等等重记下来，一定是相去很远的变形。这种变形必失去原来思想的精彩而只存其轮廓，没有甚么用处。"[①]朱先生的意

---

① 朱自清.《文心》序［A］.朱自清经典［M］.北京：北京联合出版公司，2013：124.

思很明白：脱离了形式去欣赏内容，最后只能是欣赏不了内容。这话对小说欣赏来说，也是很合适的。

张心科老师却认为："阅读时固然可以通过了解怎么写来获取写了什么，但了解怎么写只是小说阅读的手段之一。"[①]类似这样的话很容易让人产生这样的感觉：小说的写作形式是外在的，并独立于写作内容的，它只是包装内容的外壳，因而内容和形式是可以割裂的。当然，这样老旧的认识远落后于相关学术发展的步伐。

换个角度来看，如果说人物、情节和环境就是小说的三要素，那么，我们不禁要追问：在很多叙事性散文中（如《藤野先生》和《范爱农》）、叙事长诗中（如《长恨歌》和《孔雀东南飞》）和戏剧影视剧剧本中（如《威尼斯商人》和《陈毅市长》），不都有上述三个要素吗？在民间故事文本中，以及大众读物《故事会》的故事文本中，尤其在视听效果更好的电影和电视剧作品中，这三要素的地位可能更为关键和突出。但它们都不能称为小说。那么，小说凭何种资质而成为小说呢？实际上，小说之所以能够成为小说，不仅是这种文体对故事天然的兴趣和依赖，也不仅是因为其内容的基础就是故事，更由于其故事讲述的方式（当然这种讲述方式要上升到艺术高度）。法国文艺理论家热奈特"叙述体的特殊性存在于它的方式中"[②]正深刻揭示了这一点。正是小说的话语层而非故事层，使之从数量庞大的叙事作品中获得了独立地位，形成了一门有独特资质的小说艺术。清代诗论家叶燮深刻指出了诗歌的独特价值："可言之理，人人能言之，又安在诗人之言之！可征之事，人人能述之，又安在诗人之述之！必有不可言之理，不可述之事，遇之于默会意象之表，而理与事无不灿然于前者也。"[③]同理，小说也有其独特的使命，这个使命不是一般性地讲故事，而是用独特的小说话语方式来艺术性讲故事，使

① 张心科.重回"三要素"：小说教学的问题与对策［J］.语文建设，2018（5）：28.

② 热奈特.叙事话语·新叙事话语［M］.王文融，译.北京：中国社会科学出版社，1990：8.

③ 叶燮，沈德潜.原诗·说诗晬语［M］.孙之梅，周芳，批注.南京：凤凰出版社，2010：35-36.

读者从这种话语中获得不一般的人生意味和审美享受，而这种意味和美感是从其他叙事作品欣赏中不易产生的。读者所要欣赏的，正是在故事基础上生成的这种独特意味和美感。故事的题材可能是一样的，但是，写成叙事长诗让人来读，是一种感受；写成戏剧剧本让人来读，是一种感受；拍成影视作品让人来观看，是一种感受；写成小说让人来读，则是另一番感受。这也正如美食制作，用的食材同样都是稻米，蒸成米饭、打成糍粑、做成米粉和酿成米酒，其风味是完全不同的。当然，不同的美味，其品味的方式也应有所不同。同理，不能以一成不变的"只关注三要素"的阅读方式来欣赏叙事诗、叙事散文、影视剧和小说，即使它们共有同一个故事题材、共有大致相同的三要素。夏德勇老师说得好："同一素材用戏剧、图表和用小说处理，其内容和意味是不可能相同的。"[①]

因此，如果将人物、情节和环境当作小说教学要教的主要内容，甚至全部内容，就把小说这门故事讲述的艺术降格成了单纯的故事，或者变形成了别的艺术形式，甚至简单还原成了生活本身（这时，学生可以不读小说文本，而通过看影视剧，甚至直接观察生活也能获知三要素的相关信息）。这样，小说文本就失去了其独有的艺术魅力。或者说，三要素理论把小说文本独有的艺术魅力甚为可惜地给过滤掉了。这也正如书法欣赏，如果把书法作品书写的文字内容当作欣赏的主要内容，而忽视了书法作品的书写艺术，那就是舍本逐末。又如戏剧欣赏，如果要把戏剧的故事内容当作欣赏的主要内容，以弄明白故事中的人物、情节和环境为宗旨，而忽视了戏剧内在的、更为核心的唱腔美、念白美、舞蹈动作美、舞台布景美以及伴奏音乐美，那么，这种戏剧欣赏者永远只是看热闹的外行，戏剧艺术对于这样的欣赏者来说，就失去了其独有的艺术魅力。一句话，欣赏一门艺术，不能将其内容和形式割裂开来。

张心科老师在《重回》中设计了《林教头风雪山神庙》一文的教学内容，

---

① 夏德勇.小说史研究的逻辑起点——对小说文体特殊性的重新认识［J］.常德师范学院学报（社会科学版），2001，26（2）：20.

并用多个问题将教学内容串联了起来。

1. 题目中包含的主要人物是谁？关键事件是什么？主要地点在哪里？

2. 从风雪山神庙这段文字所描述的林冲言行来分析其心理发生了何种变化？此时，他的身份怎样？在以上四个地点中哪两个十分关键？为什么？为什么主要人物会聚集在这两个地点？

3. 作者对林冲、陆虞候等人的态度是怎样的？他想借这个故事说明什么？

以上问题所关注的，就是小说的故事内容（人物、情节和环境，即小说的故事层）。当然，在此基础上还顺乎情理地关注了小说的主旨。但是，却将小说的技巧和形式（即小说的话语层）完全弃置于视野之外。对于小说来说，没有好的技巧形式，是不会让人喜欢、让人感动的。杰出小说和平庸小说的差别，关键不在于题材，而在于讲述艺术，正如大厨和平庸厨师之间的差别主要不在于所用食材一样。现代小说理论越来越强调：小说的技巧和形式不只是手段，它同时更是构成小说的本体，并由此生产出比故事实体更丰厚的内涵和意味。因此，小说的技巧和形式更是重要的教学内容，微妙之处在于如何在小说欣赏过程中把内容赏析和形式赏析二者有机地统一起来。

总之，课堂教学中的小说鉴赏不能以获取文本的内容信息为旨归。我们需要引导学生仔细品味的，主要是小说使得自身超越了故事而上升到艺术的那些特质。

二、课堂教学中的小说鉴赏突破三要素理论框架，拓展鉴赏空间

课堂教学中的小说鉴赏要突破三要素理论框架，拓展欣赏空间。那么，这个空间该向何处拓展呢？李冲锋博士指出：小说的文本世界由表达方式、表达对象、表达意图三个方面构成①。其中，表达方式就是故事讲述方式（即

---

① 王荣生.小说教学教什么［M］.上海：华东师范大学出版社，2015：93.

小说的话语层），表达对象就是故事直接描写和刻画的内容（即小说的故事层），表达意图就是作家通过作品的故事层和话语层想要表达的意图或写作目的。应该说，这个理论框架内涵丰富，和小说形态学的相关论述在学理上是相通的。从这个角度来看，以往的课堂教学中的小说鉴赏主要关注小说文本的表达对象，然后再加上对表达意图的关注（虽说是有"三要素"理论，但实际上，在常规教学中师生对文本主题也不敢掉以轻心，因而也关注表达意图，正如张心科老师设置的第三题），而极少关注表达方式。所以，课堂教学中的小说鉴赏要拓展鉴赏空间，就是要引导学生在了解小说三要素的基础上充分关注其表达方式，把小说当作艺术而不只是当作故事来鉴赏。

具体来说，小说文本独特的表达方式包含以下方面。

（一）小说文本通过语气、语调、句式和修辞等手段表现出来的独特魅力和滋味

小说文本通过语气、语调、句式和修辞等手段表现出来的独特魅力和滋味，只能由充满张力的语言营造出来，而且也只能属于语言。在电影和戏剧等其他媒介中，以下文段中的小说特质是很难表现出来的。

但未庄也不能说是无改革。（鲁迅《阿Q正传》）

这句话的句式属于双重否定句。双重否定的结果，在此处并非加强语气，而是要削弱语气。小说之所以要削弱语气，就是要表达对未庄所谓改革的失望。读者只要细心，是不难品味出这种意味的。

我是雨和雪的老熟人了，我有九十岁了。雨雪看老了我，我也把它们给看老了。如今夏季的雨越来越稀疏，冬季的雪也逐年稀薄了。它们就像我身下的已被磨得脱了毛的狍皮褥子，那些浓密的绒毛都随风而逝了，留下的是岁月的累累瘢痕。坐在这样的褥子上，我就像守着一片碱场的猎手，可我等来的不是那些竖着美丽犄角的鹿，而是裹挟着沙尘的狂风。（迟子建《额尔古纳河右岸》）

毫无疑问，这段文字之所以拥有打动我们的力量，绝对离不开那充满浓

郁伤感语调的抒情表达，我们从中可以咀嚼出一种直抵心灵的情愫。

詹大胖子是个大胖子。很胖，而且很白。是个大白胖子。（汪曾祺《詹大胖子》）

从句式来看，这段文字好像很喜欢重复因而显得很不简洁，初读给人一种啰唆、拖沓的感觉。但叙述滋味就在其中，读者甚至可以通过语言推测出隐含作者那种优雅的、不疾不徐的士大夫风范。

夏天吃个瓜，豪气满乾坤！伏天抱个瓜，清风浴灵魂！盛夏抱个瓜，飞天怀满月！春风风人，夏雨雨人，何如西瓜瓜人！有物日西瓜，食之脱俗尘！（王蒙《踌躇的季节》）

这段工于修辞的文字本身就很值得品味，读来让人品到一种幽默、爽快又雅致的意味。

以上作品的语言魅力与意味已经超越了故事层，和三要素无关了。心目中只有三要素，就和这种语言魅力与意味无缘了。

（二）小说文本表现在语言和叙事节奏等方面的音乐美

叔本华认为："世界在音乐中得到了完整的再现和表达。它是各种艺术当中第一位的，帝王式的艺术，能够成为音乐那样，则是一切艺术的目的。"[1]小说艺术积极从音乐艺术中汲取养分，也是顺理成章的事情。在小说创作中，尤其是诗化小说创作中，随着作家情绪的发展波动，小说语言自然会产生音乐般的旋律和节奏方面的变化。关海潮准确地分析了萧红《呼兰河传》在音乐性上的表现："乐句"间的"重复"与"变奏"，"乐段"里的"对位"与"和声"，"乐章"串联出"奏鸣曲"[2]。又如孙犁的小说《荷花淀》中写青年妇女们去看望各自的丈夫而不遇，只好摇船回家。这时，作品中妇女们悠闲的对话，以及用抒情式笔调描写的优美的淀上风光，读来给人以一种舒缓的感觉。而接下来紧张的对敌作战场面描写则与之形成了鲜明的对照，如同乐章中的行

---

[1] 王延松.音乐心理学导论［M］.北京：中央音乐学院出版社，2013：108.

[2] 关海潮.萧红小说的音乐性分析——以《呼兰河传》为例［J］.唐山师范学院学报（社会科学版），2018，40（1）：67-70.

板转为急板，也给人一种音乐式的美感。

这种由音乐性而产生的美，在过去只要知道"什么人在什么环境中做了什么事情"即可得以获知文本内容信息为旨归的小说教学模式中几乎是无人顾及的。

（三）小说文本用心打造的建筑美

王蒙先生说过："一部小说就像一座建筑……没有一个大的总体设计就去写，那是一件不设计就施工的冒险，其结果很可能是建筑坍塌，作品变成混乱的呓语。"①另有不少作家也谈过小说艺术与建筑艺术的一致性。因而，我们欣赏小说时，文本用心打造的建筑美若是轻易放过也甚为可惜。

托尔斯泰的小说《安娜·卡列尼娜》，由两条线索构成：一条是安娜、卡列宁和渥伦斯基三人之间的情感纠葛；另一条是列文和吉提的爱情生活以及列文进行的探索与改革。这两条线索既平行不相交，又有一种内在的深度联结，体现了作家高超的小说建筑艺术。刘心武的小说《钟鼓楼》则采用橘瓣式结构来叙事，也体现了独具匠心的小说建筑艺术。

（四）精心选择的叙述视角带来的人生意味和审美享受

法国结构主义文学批评家托多罗夫指出："视角的重要性应属小说创作技巧的首位……对同一事物的两种不同的视角便产生两个不同的事实。事物的各个方面都由使之呈现于我们面前的视角所决定。"②因此，叙述视角鉴赏在小说欣赏中绝对应占有重要席位。

袁远的小说《一墙之隔》，就多次使用这样的叙述方式：同一件事，用一种叙述视角讲述完之后，在接下来的文本中还要再换用另外一种视角将这件事重叙一遍。借助于这种方式，作者成功铸就了作品的多维立体结构，不仅

---

① 王蒙.漫话文学创作特性探讨中的一些思想方法问题［A］.王蒙文集（第七卷）［M］.北京：华艺出版社，1993：201.

② 托多罗夫.文学作品分析［A］.王泰来.叙事美学［C］.重庆：重庆出版社，1987：27.

表现了"隔"的主题，也给读者带来了一种独特的叙事美。鲁迅先生在小说《孔乙己》中，通过一个独特的叙述视角（一个不谙世事并和孔乙己没有什么情感和利益纠葛的小伙计的眼光）来讲述这个极其平常但又令人战栗的生活悲剧。作品情调的渲染和主题的表达之所以能够产生极好的效果，离不开这个独特而精巧的构思。《林黛玉进贾府》的叙事中所采用的多元视角，也有助于表达深刻的内涵，创造特殊的接受效果和阅读趣味。

在《重回》文中，张心科老师认为，不经过叙述视角分析，一样可以得知故事的内容信息。这一点我们表示一定程度的认可。但正如上文所指出的，获知故事内容仅仅是小说鉴赏的第一步，成熟的读者绝不以获知故事层的这些基础信息为归宿。在了解了小说的故事层之后，我们还要欣赏其话语层，并从话语层中获得更加丰富的人生意味和审美享受。故此，在学生阅读《林教头风雪山神庙》的过程中，教师一定要引导他们理解：小说运用了第三人称有限视角（包括李小二的人物视角和林冲的人物视角）和全知视角来叙事，从而增强了故事的生动性和文本的艺术性，并深化了作品主题。笔者多年以前读某作家改编的《水浒传》（因其对原著艺术水平不完全认可），其中就将林冲躲在山神庙里偷听外边几个人说话这一段叙事所用的第三人称有限叙述视角自作聪明地改成了全知叙述视角，这是不懂艺术的表现。

（五）叙述者或明或暗的态度和评论

叙述者在小说中，可能会通过各种或明或暗的方式对作品中的人物、事件表现出某种态度、发表某种评论。为此，叙述者会将某些特定的话语信息附加在故事层上。这时，读者绝不能仅关注文本故事层面的信息，因为这时的话语信息"也往往是主题意义和审美效果的重要载体"①。

如钱锺书小说《围城》中，叙述者谈到方鸿渐买文凭的行为时说道："父亲和丈人希望自己是个博士，做儿子女婿的人好意思教他们失望么？买张文凭去哄他们，好比前清时代花钱捐个官，或英国殖民地商人向帝国府库报效

---

① 申丹.叙述学与小说文体学研究［M］.北京：北京大学出版社，2004：228.

几万镑换个爵士头衔，光耀门楣，也是孝子贤婿应有的承欢养志。"这个讽刺态度是叙述者直接通过评论式话语表达出来的，尽管用的是反语，但读者不难看出。写方鸿渐和鲍小姐在西菜馆吃饭，又写道："上来的汤是凉的，冰淇凌倒是热的……"此处讲述中提到的"冰淇凌倒是热的"，话语形式和故事内容就很难根据生活经验区分开，二者已经高度融合。叙述者之所以让方鲍二人吃饭这一段过程充满了不顺畅和不痛快，目的就是要借机在轻幽默的表象下挖苦讽刺两人行为的不检点。这里，叙述者对两人的态度在文本中是暗含的、隐蔽的，需要读者细心体会。

以上列举了小说文本基于故事层面的话语艺术在若干方面的表现。当然，列举是不完整的。除了以上几个方面，小说的话语艺术还表现在语词选择、细节处理、叙述时间和叙述空间的加工等方面。一位合格的读者，在欣赏小说时不会只盯着故事看，他还会积极主动地从文本的故事层中跳出来，在话语层上进行作品解读和鉴赏。不同的小说文本，在话语层面上的艺术表现不一，因此，读者在解读和鉴赏时不可能在话语层面的每个方面都步调均匀地驻足徜徉，而是有所选择和侧重的。

第四节　褚斌杰古代文体分类与文言文教学的依体定教

在阅读教学中，明确的文体意识、精准的文体判断和有效的文体知识，是语文教师合理确定教学内容的重要前提。依据文体特征确定教学内容，展开课堂教学，这是语文教学的基本原则①。然而，由于新课程改革以来较长一段时期内语文界文体意识的淡化，以及合宜的文体知识的欠缺，语文教师在确定教学内容的时候，时常会有不考虑选文文体，或错误判断选文文体的情况发生。在当前的阅读教学中，以上情况仍有较为突出的表现。在此背景下，北京大学褚斌杰教授的文体分类理论就显示出非常重要的现实意义。以下，

---

① 郭跃辉.基于文体特征的初中语文统编教材解读策略［J］.教学与管理（初中版），2020（5）：57.

我们主要结合褚斌杰教授《中国古代文体概论》中的相关理论展开相关论述，以期对阅读教学中文言文教学的质量提升有所裨益。

一、褚斌杰古代文体分类简述

在《中国古代文体概论》中，褚斌杰教授首先将古代文章分为论说文、杂记文、序跋文、赠序文、书牍文、箴铭文、哀祭文、传状文、碑志文和公牍文十大类，又将这十大类文体中的多数大类细分为若干小类，并分别举出大量实例具体阐释。如将论说文分为论和说、辨与议、原与解六小类；将杂记文分为台阁名胜记、山水游记、书画杂物记和人事杂记四小类；将序跋文分为序、跋二小类，前者包括主叙事的序文和主议论的序文，后者则包括学术性跋文和文学性跋文；将箴铭文分为箴、铭二小类，前者包括官箴和私箴，后者则包括器物居室铭、山川铭和座右铭，其中山川铭又含警戒性和颂赞性二种；将传状文分为史传文、散篇传记和传记小说三小类；将碑志文分为记功碑文、宫室庙宇碑文和墓碑文，其中墓碑文含墓志铭和墓表文二种；将公牍文分为表文和檄文等多个小类。

二、褚斌杰古代文体分类的学理性

褚斌杰教授立足于严格的学术，对中国古代文体进行分类，因而此分类有着充足的学理性。

首先，从宏观上看，褚斌杰教授对中国古代文体的以上分类充分尊重了我国几千年来"杂文学"的文章理论和写作实践传统。当前占主导地位的文体分类法，是两分法。首先将文本分为凸显实用价值的文章类作品，以及凸显审美价值的文学作品两大类，然后再将文章分为消息、通讯、报告文学、调查报告、演讲稿、书信、科普文、人物传记、书评影评、日记和序言等形式，将文学作品分为诗歌、散文、小说和戏剧剧本等形式。但实际上，我国的文章理论和写作实践传统却并非如此，而是有着自己独特的民族特性，即"杂文学"观念与"杂文学"写作，实用性文章中可以包含丰富的审美因素，文艺性很强的文学作品亦会有鲜明的实用倾向。有名家论及此点时曾指出，古文写作"对各种应用文体都提出艺术性、文学性的要求"①，此语极是。也就是说，实用性与审美性融而为一，一直是我国传统写作的主流，尽管魏晋南北朝以降，我国开始进入"文学自觉的时代"。若以"纯文章"或"纯文学"的观念来解读我国古代的很多文本，就极易出现圆凿方枘、扞格不通的情况。比如，从重形象、重抒情的要求出发，以文学性散文的概念来观照孟子的《鱼我所欲也》和苏洵的《六国论》，就极不利于准确评价此类作品经世致用的实用价值；相反，将《鱼我所欲也》和《六国论》只看作实用性文本，也不利于读者对作品中文学因素的审美欣赏和品味。

如褚斌杰教授在谈及政论文《过秦论》的实用价值时，又指出其"极尽铺张渲染之能事、逐层推进、气势磅礴、行文波澜起伏、文笔淋漓酣畅、势不可犯"的艺术性。此种分析，极为合宜地使用了契合我国写作传统的批评范畴和术语"气""势""法"等。论及韩愈《进学解》这篇解疑释难的实用性文章时，又指出其"有生活感受、构思巧妙、别具一格、文学性强"。此外，还指出：作为应用文的公牍文可因其"表志陈情、语言简洁明畅、用典精切和辞藻清丽"而成为文学史上的名篇（如李密的《陈情表》和诸葛亮的《出师表》），书牍文可因其"情文相生、趣味隽永和辞藻明丽"而成为文学史上的佳作（如曹丕的《与吴质书》和丘迟的《与陈伯之书》），墓志铭也可因其"独运匠心、精心构思和富于文采"而在文学史上占有一席之地（如韩愈的《柳子厚墓志铭》和欧阳修的《泷冈阡表》）。反过来说，以上作品虽可称为文学史上的名篇佳作，有着巨大的审美价值，但其文以载道的实用价值绝不会因此而受到削弱，反而会得到更好的发挥。

其次，从微观上看，褚斌杰教授对中国古代文体的分类能够做到细致入微、精准辨析，又能够尽量结合中学语文教材中的大量经典名篇来展开具体阐释，因而此分类有着很强的可操作性，对中学语文课程的文言文教学也有

---

① 王水照，朱刚.三个遮蔽：中国古代文章学遭遇"五四"［J］.文学评论，2010（4）：21.

着很高的指导价值。如将"论"分为政论、史论和学术论文三种，同时指出，"论"（如苏洵的《六国论》）和"说"（如周敦颐的《爱莲说》）虽相近，但实为两种不同的文体，"论"重在论理，"说"则重在说明和申释，即阐明或阐释。对于"记"文，指出，某些有山水风光内容的作品不可简单误当作"山水游记"来读，因为它们的记事可能只是一个引出议论的由头，重点却在下边所发挥的议论，而所记之"游"很可能就是作者对间接资料之撮取，并非亲身游历（如范仲淹的《岳阳楼记》），或者此"游"乃是作者长期生活的记述，并非某次游历所记（如欧阳修的《醉翁亭记》）；且另有一些作品记"游"，目的是客观介绍地理科学知识，而非抒发作者个人观景后的主观心情和感受，故而亦不能将其认定为山水游记（如郦道元的《水经注》）。对于以"序"为名的作品，则指出，一些"序"为写在一部书或一篇诗文前边的"序文"，而另一些"序"则是在送别宴会上写的表示惜别、祝愿或劝勉的"赠序"（如韩愈的《送东阳马生序》），二者虽同有"序"之名而性质实不相同；还有一些"序"虽谓之"序"文，实则"记"体文（如王勃的《滕王阁序》）。论及箴铭文，指出，有些以寓言故事体出现的作品也起到对人进行规劝、警戒之目的，也应归属箴铭文范畴（如柳宗元的《黔之驴》）；箴铭文中的铭文则应与刻碑以记功颂德的"碑铭"区分开来。论及传状文，指出，一些以"传"为名的作品实则寓言故事而非真正的传状文（如柳宗元的《蝜蝂传》），一些传奇小说和笔记体小说虽有传记之形，实则应归属小说之类（如乐史的《绿珠传》）。

三、褚斌杰古代文体分类理论对文言文教学依体定教的重要意义

褚斌杰教授的中国古代文体分类理论，对文言文教学的依体定教有着极为重要的启示意义。

首先，在进行文言文教学时，要深入细致地从实用和审美两个层面来挖掘作品丰厚的内涵，只关注作品的文章内涵或文学内涵，都是片面的。这也正如童志斌教授所言："文言文，是'文章'和'文学'的统一。文言文都是

历久传诵的经典名篇。它们既是经世致用的实用文章，又是中国文学中的优秀散文作品。"①

如《核舟记》一文，过去我们通常将其定位于实用文中的说明文，进而引导学生分析其事物特征、说明方法、说明顺序和说明语言。而实际上，此文不仅具有鲜明的实用价值，同时也具有很高的审美价值。从文章角度来说，作为一篇纪实的书画杂物记，此文不仅向读者如实介绍了核舟的来历、核舟的结构及所雕刻内容，也抒发了作者观赏核舟巧夺天工的雕刻工艺后生发的个人感受。从文学角度来说，此文有着浓郁的抒情味道（虽然直接抒情不算太多，大部分抒情隐含于对核舟生动的描述之中），在介绍核舟的过程中也隐隐表现出了作者的文人雅趣，而且全文构思精巧、层次井然、描写生动细腻、富于想象。这些文学特征，不是纯文章作品所具有的，教学中不可忽视，应引导学生重点欣赏。

又如《论语》（节选十二章），选文属于语录体，偏重于记载孔子及孔门弟子的片段言行，以宣传、弘扬儒家伦理为宗旨，不主抒情，不刻意追求文采及章法。因此，从严格意义上说，《论语》不能算是文学作品。但孔子也说过："质胜文则野，文胜质则史。文质彬彬，然后君子。"是故，作品中实际上还是内蕴有不少文学因素的。如其语言言简而意赅、语约而意丰，表现出一种鲜明的简约美，不少话语已积淀成为今天我们耳熟能详的格言警句和成语。此外，其语言还表现出亲切、含蓄、典雅、生动的特点，和抽象讲述伦理的学术语言截然不同。这些，都是其能够吸引、征服一代代读者的巨大魅力所在，也是语文教学中不可忽视的重要教学点。

再如《答谢中书书》一文，因其语言骈散结合、音韵和谐、平仄交替、对仗工整，加上写景生动、文笔清丽，典型地体现了六朝极力追求形式美的文风，故在教学中一直被当作优美的文学作品让学生来欣赏。这当然是没有问题的。但实际上，此文也并非完全在卖弄文学技巧，在内容上，作品也深

---

① 童志斌.在文本"语辞世界"中感受文言文的魅力［A］.王荣生.文言文教学教什么［M］.上海：华东师范大学出版社，2014：24.

刻体现了作者在动荡不安的社会环境中以娱情山水的生活方式来寻求精神慰藉和解脱的知识分子的一种清高，同时这也是对友人的一种真诚的问候和安慰，是和友人在特殊的时代背景下进行的一场亲切的思想交流。也就是说，书信中确有"修辞立其诚"的成分存在，教学中也应引导学生仔细揣摩体会，以使他们认识到作品内隐的实用性交际价值。

还如郦道元的《三峡》。此文作为地理科学著作的节选，介绍了三峡尤其是巫峡一带的地形地貌和水文知识，从本质来看乃实用性文本，具有很高的科学价值。但另一方面，由于语言优美、构思精妙，文章还具有一定的文学价值，因此，教学中要引导学生从文本解读中获得美的体验和享受。但在教学中须注意：此文的文学价值是第二位的，它从属于作品实用价值的发挥。因此，在文本解读中，要有分寸、有节制地分析其文学性，尤其是作者在文中的抒情。如对文章最后一句（故渔者歌曰："巴东三峡巫峡长，猿鸣三声泪沾裳。"）解读时不可过度发挥，不能从主观情感角度分析为什么巴东三峡中巫峡最长。实际上，巴东三峡（瞿塘峡、巫峡和西陵峡）中，瞿塘峡、巫峡所指古今相同，而郦道元时代的所谓西陵峡，只是当今西陵峡中之一小段。故此，"巴东三峡巫峡长"的说法只能从科学角度来解释。此外，还有人说，此句中作者对民间歌谣的引用可能无关乎山水，而只关乎人情，即通过猿鸣"流露了自己对于人民利益的关怀"[①]。这些都是不考虑文本所属文体的误读，毕竟《三峡》不是抒情散文。

其次，在进行文言文教学时，要精准、细致地辨析每篇选文的文体，进而依体定教。在辨析过程中，尤其要注意不能只根据作品的题名和部分内容来简单地进行文体判断。有的文章虽有相同之题名和相似之内容，未必为相同文体；有的虽题名和内容不同而文体实同。

如语文教材中有大量以"记"为名的文章，包括《岳阳楼记》《醉翁亭记》《核舟记》《桃花源记》《小石潭记》《石钟山记》《游褒禅山记》和《病梅馆记》

---

① 夏秀云. 关于《三峡》中"四季"的两个问题［J］. 现代语文（教学研究），2011（5）：120.

等。在教读这些篇目时，一方面要承认它们作为"记"的共通之处，一方面还要仔细辨析其间的文体差异，并在尊重文体差异的基础上来合理确定教学内容。其中，《岳阳楼记》和《醉翁亭记》是杂记文中的台阁名胜记。对于此种文体来说，记事和写景只是写作的缘起，作品重点在议论和抒情，写个人胸襟和抱负，往往包含着充实的思想内容和社会意义。有人因《醉翁亭记》中有游历内容而将其当作杂记文中的山水游记来展开教学，是不正确的。《核舟记》如上文所说，不是说明文，而是杂记文中的书画杂物记，此文虽偏重于如实记物，但又在此基础上生发开去而发感慨和议论，因而有较强的抒情性。至于《桃花源记》，其体为志怪小说，也不能看作山水游记，因为作品中渔人的游历纯属虚构，故此文只是空有游记的形式而已。但自梁代以降，因为文化变迁等原因，《桃花源记》被广大读者当作了散文体作品来欣赏，其被赋予的稳定的文化内涵也得到了一代代读者的广泛认可。因此，从散文和小说两个视角解读此篇经典在学理上是可行的。《小石潭记》《石钟山记》和《游褒禅山记》则确属杂记文中的山水游记。教学中要引导学生关注作者所游之景物、所游之行踪，游历中及游历后作者产生的独特的个人感受，以及作品所使用的艺术手法。当然，与《小石潭记》不同，《石钟山记》和《游褒禅山记》属宋人游记，更"尚理"，作品中有着更浓郁的理性思辨色彩，这一点应对学生予以点拨。《病梅馆记》则属于杂记文中的人事杂记，重在写人叙事，进而对所写之人和所叙之事进行抒情和议论。

值得一提的是，另有些作品虽无"记"之名，但也可归为"记"之类。如《项脊轩志》可理解为《项脊轩记》，《兰亭集序》和《滕王阁序》可理解为《兰亭集序记》和《滕王阁序记》而一并归为杂记文来解读。

又如，《过秦论》《六国论》《师说》《马说》和《原君》等篇目，我们在教学中通常不辨其间差异而一概统称之为"议论文"，接着让学生分析各篇的论点、论据和论证方法。这种做法也是不合适的。诚然，以上篇目中都包含有作者的大量议论，但不能因此而不顾及其间差异，笼统地将它们视作同一文体。合适的做法是，在承认以上篇目之共同点的基础上，仔细区分其间细微然而却很关键的差异，并在教学中予以高度重视。忽视细微之处，很有可能造成文本误读。

以上篇目均属论说文。《过秦论》和《六国论》为论说文中"论"体文之下的政论文，虽然二文均谈及历史，但目的却是以史鉴今，作者真正感兴趣的其实是当前重大的政治问题，因此不宜将其视作史论文，史论文作者真正感兴趣的才是真实的历史。也就是说，政论文写作追求的主要是对当前政治治理有用的"善"，在此前提下，写作中可以本着为我所用的原则，将历史叙述在一定程度上加以加工修饰。当然，这不免会产生对"真"的违背。这也正如苏轼在《念奴娇·赤壁怀古》中，为了文学表达的"美"而在一定程度上牺牲了"真"。如《过秦论》"秦人拱手而取西河之外""一夫作难而七庙隳"的论述，就不无夸张成分，在很大程度上不合史。《六国论》从"善"出发的"六国破灭，非兵不利，战不善，弊在赂秦"的论述，也有失于浅表化而未能揭示历史本质之"真"。在语文教学中，我们不可以历史的"真"来评判这两篇作品的"失真"，否则就会产生文本误读。有一些论者将二文当作史论文来分析甚至批判，这么做实际上并没有什么价值。钟岳文先生则将包括《过秦论》在内的《新书》称作贾谊的政论经典，应是真知灼见。

《师说》和《马说》则属"论说文"中的"说"体文。此种文体按柳斌杰先生所说，主要功能为申释、解说作者个人的一时感触或一得之见，不重论证，因此和"论"有所不同。因此，教学中不宜引导学生分析文本的论点、论据和论证。有教师设计《师说》的教学目标之一为"了解作者观点，学习文章对比论证、引用论证等论证方法"，另有教师分析《马说》时说此文运用了比喻论证、事实论证和反证法等三种论证方法，均为剑走偏锋。用解读"论"的思路来分析"说"的文章结构，费力找论点、分析论据和论证，这是长期以来语文教学习以为常的做法，这种庸人自扰和作茧自缚式的做法，事实上给语文教学的文本分析带来了很多并无任何意义的困惑和麻烦，反而把真正需要分析的内容给遮蔽了。在解读"说"类文体时，要引导学生认识到此类文体和"论"的正式性不同，它在表达作者的观点和感受时行文较为宽松、自由、随意、灵活，并且通常以机巧的、匠心独运的方式来展开"说"。这才是教学中重要的教学点。

至于《原君》一文的解读，则应紧扣"原"这一文体的特点，即"推本求源"，分析文章是如何以历史的眼光推求事物的本原，并进而论述事物致用于当下的现实意义的。黄宗羲在本文中，先是从历史演变的角度分析了君主的产生、性质和作用，还比较了历史和当下君主职分及人民对待君主态度的不同，最后落脚到对当时君主的告诫：君主的职分就是服务百姓，千万不可因私心而将君主利益凌驾于百姓利益之上，否则将会导致无穷悲剧的产生。泛泛地从三要素的角度对本文解读是不得要领的。

总之，借助褚斌杰教授的中国古代文体分类理论，可以使我们在文言文教学中更好地对具体的文本进行准确的文体定位，进而确定好合适的教学内容。因而，认真研读好、运用好此文体理论，有着重要的实践意义。

主要参考文献

［1］金生鈜.教化与规训［M］.北京：教育科学出版社，2004.

［2］顾祖钊.文学原理新释［M］.北京：人民文学出版社，2000.

［3］韩雪屏.中国当代阅读理论与阅读教学［M］.成都：四川教育出版社，2000.

［4］蒋济永.现象学美学阅读理论［M］.桂林：广西师范大学出版社，2001.

［5］金元浦.接受反应文论［M］.济南：山东教育出版社，1998.

［6］南帆.文学理论［M］.北京：北京大学出版社，2008.

［7］王荣生.语文科课程论基础［M］.北京：教育科学出版社，2014.

［8］钱理群，孙绍振.对话语文［M］.福州：福建人民出版社，2005.

［9］王荣生.阅读教学教什么［M］.上海：华东师范大学出版社，2016.

［10］王荣生.实用文教学教什么［M］.上海：华东师范大学出版社，2014.

［11］王荣生.文言文教学教什么［M］.上海：华东师范大学出版社，2014.

［12］王荣生.散文教学教什么［M］.上海：华东师范大学出版社，2014.

［13］王荣生.小说教学教什么［M］.上海：华东师范大学出版社，2015.

［14］李绪文.语文教师专业发展实践研究［M］.贵阳：贵州人民出版社，2020.

［15］陈斐.初任语文教师专业发展导论［M］.武汉：华中科技大学出版社，2016.

［16］李斌辉.职前语文教师专业发展［M］.广州：广东高等教育出版社，2017.

［17］芦康娥.语文教师专业发展十四讲［M］.西安：陕西师范大学出版社，2021.

［18］赵年秀.新课程视界下语文教师专业发展研究［M］.长沙：湖南人民出版社，2007.

［19］吴云鹏.乡村振兴视野下乡村教师专业发展的困境与突围［J］.华南师范大学学报（社会科学版），2021（1）.

［20］丁洁.初中语文教师专业发展下的核心素养修炼［J］.教育界，2021（10）.

［21］于学敬.中学语文教师专业发展策略探究［J］.广西教育,2021(14).

［22］胡佳文.农村语文教师专业发展问题研究［J］.文学教育（下），2021（11）.

［23］曹明海，周红心.交流与对话：语文教师专业发展的新场域［J］.语文建设，2021（19）.

［24］郭佳，王莹莹.“国培计划”视野下农村语文教师专业发展的问题与策略［J］.吉林省教育学院学报，2021（10）.

［25］韦芳.在文本细读中实现语文教师的专业发展［J］.教育探索，2010（10）.

［26］张悦.初中语文教师专业知识掌握情况的调查研究［J］.齐齐哈尔师范高等专科学校学报，2020（3）.

［27］凌雅君.新媒体时代乡村初中语文教师专业阅读力发展研究［D］.南宁：南宁师范大学，2021.

［28］钱欣宇.初中语文教师专业发展现状的调查研究［D］.阜阳：阜阳师范大学，2021.

［29］张姣.河南省商城县农村初中语文教师现状调查及对策研究［D］.新乡：河南师范大学，2015.

［30］孙彦荣.初中语文教师学科素养的调查研究［D］.成都：四川师范大学，2018.

［31］蔡晓颖.乡村语文教师专业发展的困境与突围［D］.扬州：扬州大学，2018.

［32］汪莹.中学语文教师专业知识素养调查研究［D］.长春：东北师范大学，2013.

［33］沈妙君.高中语文教师专业发展现状及影响因素研究［D］.漳州：闽南师范大学，2019.

［34］王倩倩.发展师范生批判性思维的混合式学习评价活动设计与应用研究［D］.兰州：西北师范大学，2020.

［35］汤容.语文名师成长与教师专业化发展［D］.汉中：陕西理工大学，2019.

［36］郎绪妍.职前语文教师学科教学知识发展及其影响因素研究［D］.哈尔滨：哈尔滨师范大学，2020.

后 记

这本书是我的第二本专著，书稿定稿的时候，距离第一本专著《语文知识转型与课程改革》正式出版已经过去五年时间了。《语文知识转型与课程改革》论述的话题是后现代语境下的语文知识转型以及知识转型语境下的语文课程改革。可以说，对于语文课程与教学领域种种纷繁复杂的问题，我的第一本专著更关注的是语文课程问题而非语文教学问题。这当然不是因为语文教学不重要，而是因为长期以来，我国语文学科多数问题的根源都在"教什么"层面而非"怎么教"层面上。考虑到这一点，第二本专著《经典文本解读与语文教师专业发展》的主要兴趣点仍聚焦在"教什么"上，这可以从本书的主要内容框架反映出来。这本书论述的两个主要话题，首先是语文教材中的经典文本解读，其次是语文教师的专业发展（包括语文知识发展、思维能力发展、教材驾驭能力发展和教学技能发展等方面）。这两块内容，大体都是紧贴着语文教师"教什么"而展开的。

本人自从1992年上大学开始接触语文教育起，到大学毕业后在中学为期八年的从教，再到因"教而知困"远赴桂林深造读语文教学论专业的研究生，直到今天在高校专门从事语文课程与教学研究17年，时间整整过去30年了。这30年的时间里支持我在专业的道路上努力前行的动力就是一个信念：既然决定了一生要跟语文教育打交道，就要对这个领域有真正的贡献，哪怕只有一点一滴也好。正是这个信念，才让我完成了对一个个研究课题的实践和思考，完成了近50篇学术论文和这两本书稿的撰写。

写作期间，看到自己的成果对同行们的教学和研究有了一点启发和帮助，心里自然是欣慰的。不过，也有一些论见虽自己很看重，却不被人认可，引起了同行的争论甚至批判，也泰然接受。这其实也是一件好事。

　　最后，我要真诚地感谢家人和同事对我的支持和帮助！